홀로 하는 공부라서
외롭지 않게 사람in이 동행합니다.

외국어, 내가 지금 제대로 하고 있는지, 정말 이대로만 하면 되는지 늘 의심이 듭니다.
의심이 든다는 건 외로운 거지요. 그런 외로운 독자들에게 힘이 되는 책을 내고 있습니다.

외국어가 나의 언어가 되는 그때까지, 이해의 언어와 훈련의 언어로 각 단계별 임계점에 이르는 방법을 제시하여,
언어 학습의 시작점과 끝점을 확실히 제시하는 정직하고 분명한 책을 만듭니다.

구슬쌤의 예의 바른 영어 표현

예의 바른 영어 표현

지은이 구슬
초판 1쇄 발행 2021년 1월 4일
초판 8쇄 발행 2023년 9월 18일

발행인 박효상 **편집장** 김현 **기획 · 편집** 장경희, 김효정 **디자인** 임정현
본문 · 표지디자인 고희선
마케팅 이태호, 이전희 **관리** 김태옥

종이 월드페이퍼 **인쇄 · 제본** 예림인쇄 · 바인딩

출판등록 제10-1835호 **발행처** 사람in **주소** 04034 서울시 마포구 양화로 11길 14-10 (서교동) 3F
전화 02) 338-3555(代) **팩스** 02) 338-3545 **E-mail** saramin@netsgo.com
Website www.saramin.com

책값은 뒤표지에 있습니다.
파본은 바꾸어 드립니다.

ISBN
978-89-6049-879-2 13740

우아한 지적만보, 기민한 실사구시 사람in

하는 영어마다 듣기 좋고 예쁘게 합니다!

구슬쌤의 예의 바른 영어 표현

상대의 호의를 부드럽게 거절할 때

No, thanks.

I'm good.

내가 커피 사겠다고 할 때는

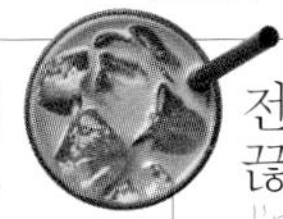

I'll buy you coffee.

My treat.

전화 끊을게요.

I'm hanging up.

I gotta go.

유튜브 24만 구독자 구슬쌤이 알려 주는 말하기 좋고 듣기 좋은 표현들의 결정판!

간단한 질문 하나 할게요.

A simple question.

A quick question.

MANNERS

구슬 지음

사람in

사랑하는 나의 엄마, 아빠

I couldn’t have done this without you.

THANK YOU
for
EVERYTHING.

"넌 너무 말을 blunt (상대방 감정은 배려하지 않고 직설적인, 무딘) 하게 해."

제가 미국에 살면서 영어 관련해 가장 많이 들은 지적입니다. 심지어 발음이나 문법이 어색해도 그냥 넘어가 준 지인들에게서 말이죠. 영어를 하는 것 자체가 서툴 땐 일단 생존을 위해 의사소통을 하는 게 제 목적이었어요. 그냥 아는 단어를 대충 배치해서 툭툭 던지면 선생님이나 친구들이 눈치껏 이해해 주더라고요. 영어를 잘 못했지만 아이러니하게도 참 편하게 영어를 했죠.

그런데 제가 영어를 점점 잘하게 되고 나이를 먹으면서 말투로 인성을 평가받는 때가 오니, 단순히 의사소통을 목적으로 한 제 말투 때문에 저란 사람은 상대의 감정은 생각하지 않고 할 말만 툭툭 내뱉는 사람이 되어 버렸더라고요. 그때부터 관사, 전치사를 틀리지 않고 완벽한 영어를 구사하겠다는 집착에서 벗어나 어떻게 해야 더 부드럽고 예쁘게 말할 수 있을 것인가로 고민을 하기 시작했어요. 그리고 예의 바른 영어가 결코 어렵거나 복잡한 단어로 구성된 게 아닌, 충분히 우리가 아는 단어로도 할 수 있다는 걸 깨달았습니다.

영어를 잘하는 데도 blunt한 영어 때문에 고민이 많았던 10년 전 제 자신에게 돌아가 학습자들에게 aha moment를 연발하게 할 가장 중요한 팁들을 줄 수 있다면 어떤 게 있을까 고민했습니다. 그래서 예의 바른 영어의 가장 기본 틀인, 평소에 쉽게 쓸 수 있는 현실적인 표현들을 아낌없이 담았습니다.

누군가 이런 말을 하더라고요. "전 '갑'의 위치에서 회사 생활을 하는데 굳이 이렇게까지 상대를 배려해서 말할 필요가 있을까요?" 그런데 일을 의뢰하더라도 기분 좋게, 짜증을 내더라도 품위 있게 내는 상사가 퉁명스레 명령하는 상사보다 더 존경을 받지 않을까라는 생각이 들어요. 그리고 제가 이 책에 실은 표현들은 기분 좋은 대화를 나눌 수 있는 배려가 담긴 표현들이지, 절대 비굴해 보이거나 쓸데없이 장황한 부탁 어조의 표현들은 아니니 걱정하지 마세요.

배려 있는 표현을 쓰면 결국 내 말투와 표정에까지 긍정적인 영향을 미치죠. 이 책을 통해 여러분이 네이티브와 더 기분 좋게 대화를 나눌 수 있기를, 여러분의 좋은 모습이 blunt한 영어에 더 이상 가려지지 않기를 진심으로 바랍니다.

처음부터 안 봐도 돼요. 흥미를 느끼는 부분에서 시작하세요!

영어 공부는 재미있게 하는 게 가장 중요하죠. 그래야 부담 없이 꾸준히 할 수 있으니까요. 이 책을 굳이 처음부터 하나하나 찬찬히 볼 필요는 없어요. (물론 그게 편하신 분들은 그렇게 해도 좋아요.) 책장을 휘리릭 넘기다가 관심이 가는 주제나 지금 당장 내게 필요한 부분이 눈에 띄면 그것부터 봐도 괜찮아요. 단, 대충 눈으로만 쓱 보고 넘기지 말고 예문까지 꼼꼼히 읽어 본 다음에 넘어가 주세요.

Good things take time. 좋은 건 시간이 들게 마련이죠.

저는 이 책에 담긴 표현들을 배우고 익히는 데 17년이 넘게 걸렸어요. 그것도 매일 영어에 노출된 환경에서 말이죠. 여러분이 단 일주일 만에, 한 달 만에 제가 알려 드린 표현들을 전부 완벽하게 익힐 수 있다면 좋겠지만, 그것보다 좀 더 시간이 걸려도 속상해하거나 답답해하지 마세요. 내 영어에 빨리 변화가 있어야 한다는 급한 마음은 조금 내려놓고, 매일 표현을 한 개씩 익히더라도 꾸준히 공부해 주세요. '이 책에 있는 건 다 외워 버릴 거야. 단 하루도 빠지지 않고 매일 20개씩 공부할 거야.'라며 자신에게 부담을 주는 다짐을 하는 것보단 부담 없이 꾸준히 공부하는 걸 목표로 세워 주세요. 그럼 실력은 늘 수밖에 없습니다.

꼭 소리 내어 읽어 주세요.

좋은 표현들을 많이 알고 있어도 결국 실전에서 쓰지 못하면 아무 의미가 없어요. 이 책에 있는 표현들은 '아, 이런 근사한 표현도 아는 내 자신이 자랑스럽다'란 자기 만족이 아니라, 예의 바른 배려 영어를 통해 상대와 관계를 쌓는 데 도움이 될 것들이니까요. 네이티브 앞에서 자신 있게 쓸 수 있는 표현들은 머리가 기억하는 표현이 아닌 입 근육이 기억하는 표현이거든요. 특히 내가 꼭 쓰고 싶은 표현들은 입으로 그냥 읽어 보는 게 아닌, 실제 그 상황을 상상하며 표정과 말투까지 완벽하게 연습해 주세요. 진짜 그 상황이 다가오면 나도 모르게 '툭' 하고 튀어나올 수 있게요.

원어민 음성 파일로 복습, 복습, 또 복습!

영어는 자투리 시간을 잘 이용하는 게 정말 중요하다고 하잖아요. 거창한 시간이 아니라 출퇴근길에, 집안일 할 때, 운동할 때 원어민 음성파일을 들으며 꼭 복습해 주세요. 참고로 이 책에 실린 원어민들의 발음 속도는 여러분이 마음 편히 들으시게 배려해서 천천히 말한 게 아닌, 평소 그들이 말하는 현실적인 대화 속도입니다. 약간 빠른 것 같아도 '아, 이 정도는 들을 수 있어야 상대가 얘기하는 걸 무리 없이 이해할 수 있겠구나'란 생각으로 시간 날 때마다 틈틈이 들어보세요. 여유가 된다면 대화 속도에 맞춰 따라 읽어 보기도 하고 상대가 이렇게 얘기했을 때 난 어떻게 답변할지에 대한 생각도 해 보시면 금상첨화지요.

작은 글씨로 쓰여 있는 것도 꼼꼼히 봐 주세요.

한국에서 영어 공부를 하며 많은 분들이 갖는 가장 큰 고민은 '이 표현을 네이티브가 진짜 쓸까?'인 것 같아요. 자연스럽고 실제 쓰이는 표현과 분명 틀리지는 않지만 네이티브에겐 딱딱하고 어색하게 들리는 표현을 구분 짓는 게 참 어렵죠. 여러분이 이 책에 나와 있는 표현들만 익혀도 자연스러운 실전 영어의 기본을 충분히 쌓으실 수 있도록 제가 미국에서 가장 많이 들은 표현들만 엄선해서 꽉꽉 채웠어요. 작은 글씨로 적혀 있는 추가 설명 부분은 결코 덜 중요한 부분이 아닙니다. 정말 중요한 내용이기에 꼭 기억해 주셨으면 하는 내용들은 다시 한번 복습할 수 있도록 구성했습니다. 오히려 '이걸 말씀드리지 않으면 아쉬울 것 같으니 꼭 기억해 주세요!'라고 외치는 것으로 생각해 주시고 꼼꼼히 봐 주세요.

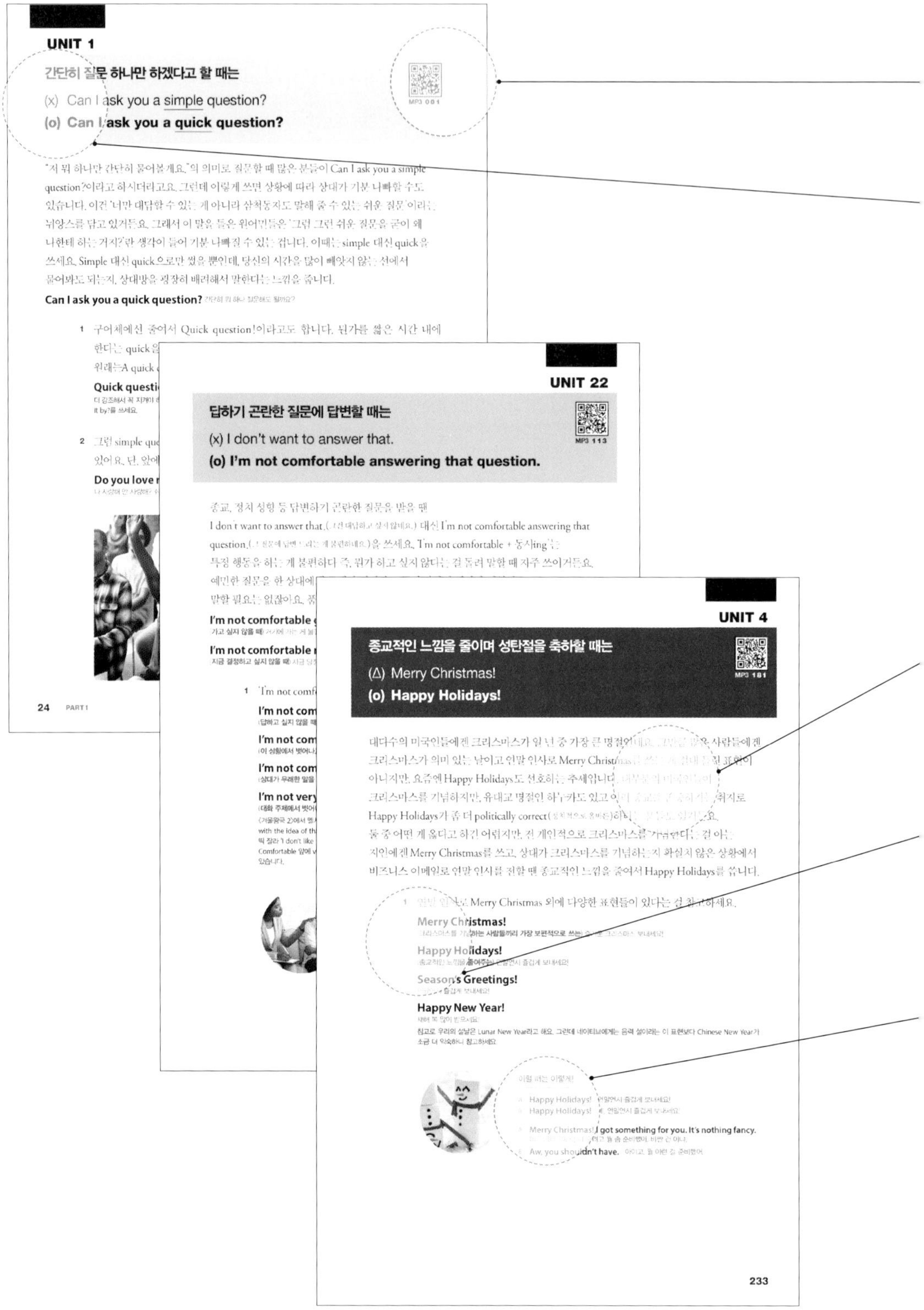
UNIT 1
간단히 질문 하나만 하겠다고 할 때는
(x) Can I ask you a simple question?
(o) Can I ask you a quick question?
MP3 001
"저 뭐 하나만 간단히 물어볼게요."의 의미로 질문할 때 많은 분들이 Can I ask you a simple question?이라고 하시더라고요. 그런데 이렇게 쓰면 상황에 따라 상대가 기분 나빠할 수도 있습니다. 이건 '너만 대답할 수 있는 게 아니라 삼척동자도 말해 줄 수 있는 쉬운 질문'이라는 뉘앙스를 담고 있거든요. 그래서 이 말을 들은 원어민들은 '그럼 그런 쉬운 질문을 굳이 왜 나한테 하는 거지?'란 생각이 들어 기분 나빠질 수 있는 겁니다. 이때는 simple 대신 quick을 쓰세요. Simple 대신 quick으로만 썼을 뿐인데, 당신의 시간을 많이 빼앗지 않는 선에서 물어봐도 되는지, 상대방을 굉장히 배려해서 말한다는 느낌을 줍니다.
Can I ask you a quick question? 간단히 뭐 하나 질문해도 될까요?
1 구어체에선 줄여서 Quick question!이라고도 합니다. 뭔가를 짧은 시간 내에
24 PART 1
UNIT 22
답하기 곤란한 질문에 답변할 때는
(x) I don't want to answer that.
(o) I'm not comfortable answering that question.
MP3 113
종교, 정치 성향 등 답변하기 곤란한 질문을 받을 땐
I don't want to answer that.(그건 대답하고 싶지 않네요.) 대신 I'm not comfortable answering that question.(그 질문에 답변드리는 게 불편하네요.)을 쓰세요. I'm not comfortable + 동사ing는 특정 행동을 하는 게 불편하다 즉, 뭔가 하고 싶지 않다는 걸 돌려 말할 때 자주 쓰이거든요.
UNIT 4
종교적인 느낌을 줄이며 성탄절을 축하할 때는
(Δ) Merry Christmas!
(o) Happy Holidays!
MP3 181
대다수의 미국인들에겐 크리스마스가 일 년 중 가장 큰 명절이에요.
크리스마스가 의미 있는 날이고 연말 인사로 Merry Christmas
아니지만, 요즘엔 Happy Holidays도 선호하는 추세입니다.
크리스마스를 기념하지만, 유대교 명절인 하누카도 있고
Happy Holidays가 좀 더 politically correct(정치적으로 올바른)하
둘 중 어떤 게 옳다고 하긴 어렵지만, 전 개인적으로 크리스마스를 기념한다는 걸 아는 지인에겐 Merry Christmas를 쓰고, 상대가 크리스마스를 기념하는지 확실치 않은 상황에서 비즈니스 이메일로 연말 인사를 전할 땐 종교적인 느낌을 줄여서 Happy Holidays를 씁니다.
Merry Christmas!
Happy Holidays!
Season's Greetings!
Happy New Year!
Happy Holidays!
Happy Holidays!
Merry Christmas! I got something for you. It's nothing fancy.
Aw, you shouldn't have.
233

QR에는 대표 표현과 회화 예문을 녹음한 음성 파일이 들어 있습니다. 원어민들이 평소에 말하는 속도로 녹음했습니다. 표현들의 정확한 발음이 어떤지 확인하고 섀도잉에 활용해 보세요.

너무나 피부에 와 닿는 현실 상황에서 우리가 지금까지 잘못 써 왔던, 혹은 틀리지는 않지만 원어민 귀에는 어색한 표현과 예의 바르고 배려 있는 표현을 대비해 보여줍니다.

그간 써 왔던 표현에서는 뭐가 잘못됐고, 원어민들은 들었을 때 어떤 심정이었고, 정확한 표현은 무엇인지, 마치 귀에 쏙쏙 들어오는 강의를 듣는 것처럼 상세히 설명합니다. 지금까지 어디서도 볼 수 없던 설명은 이 책의 핵심입니다.

해당 표현과 연관된 표현을 알려 주는 이 부분은 이 책의 또 다른 백미입니다. 원어민들의 다양한 사고방식 등 여러 가지를 알 수 있는 부분이라 절대 놓치지 마세요.

해당 표현이 어떤 상황에서 쓰이는지 간단한 대화를 수록했습니다. 간단하지만, 활용력 200%를 자랑하는 것이니 그냥 넘기지 말고 꼭 확인해 주세요. 여기만 읽어 봐도 다른 책에서는 알 수 없는 진짜 유용한 내용들이 가득합니다.

차례

하마터면 무례한 영어를 할 뻔했습니다!
같은 뜻이라면 예쁘고 정중하게 말하는
당신을 응원합니다!

PART 1 오해를 불식시키는 한 끗 차이 단어 & 표현들

CHAPTER 1 오해를 불식시키는 사소하지만 강력한 단어!

CHAPTER 2 넣을 땐 넣고 뺄 땐 빼야 오해를 막는 표현들

CHAPTER 3 같은 말이면 오해를 막고 예의 바르게 1

CHAPTER 4 같은 말이면 오해를 막고 예의 바르게 2

CHAPTER 5 오해 방지 백신 표현

PART 2 나를 한층 돋보이게 하는 표현 & 패턴들

CHAPTER 1 바꿔 말하니 호감도가 쑥 올라가는 표현 1

CHAPTER 2 바꿔 말하니 호감도가 쑥 올라가는 표현 2

CHAPTER 3 예의 바른 영어 패턴의 끝판왕

PART 3 쓸수록 빛나는 매너 표현과 반전 표현

CHAPTER 1 이보다 더 매너 있기 힘든 영어 표현

CHAPTER 2 전율이 느껴지는 반전 영어 표현

PART 1

오해를 불식시키는
한 끗 차이
단어 & 표현들

CHAPTER 1

오해를 불식시키는
사소하지만 강력한 단어!

UNIT 1

간단히 질문 하나만 하겠다고 할 때는

MP3 001

(x) Can I ask you a simple question?

(o) Can I ask you a quick question?

"저 뭐 하나만 간단히 물어볼게요."의 의미로 질문할 때 많은 분들이 Can I ask you a simple question?이라고 하시더라고요. 그런데 이렇게 쓰면 상황에 따라 상대가 기분 나빠할 수도 있습니다. 이건 '너만 대답할 수 있는 게 아니라 삼척동자도 말해 줄 수 있는 쉬운 질문'이라는 뉘앙스를 담고 있거든요. 그래서 이 말을 들은 원어민들은 '그럼 그런 쉬운 질문을 굳이 왜 나한테 하는 거지?'란 생각이 들어 기분 나빠질 수 있는 겁니다. 이때는 simple 대신 quick을 쓰세요. Simple 대신 quick으로만 썼을 뿐인데, 당신의 시간을 많이 빼앗지 않는 선에서 물어봐도 되는지, 상대방을 굉장히 배려해서 말한다는 느낌을 줍니다.

Can I ask you a quick question? 간단히 뭐 하나 질문해도 될까요?

1 구어체에선 줄여서 Quick question!이라고도 합니다. 뭔가를 짧은 시간 내에 한다는 quick을 써서 시간을 최대한 빼앗지 않고 빨리 질문하겠다는 뉘앙스죠. 원래는A quick question이 맞지만 급한 마음에 A는 종종 생략하기도 합니다.

Quick question! When is it due? 질문 하나만요! 그건 언제까지 제출하면 되죠?

더 강조해서 꼭 지켜야 하는 마감 기한은 When is the deadline?, 단순히 언제까지 필요한지 물어볼 땐 When do you need it by?를 쓰세요.

2 그럼 simple question, 이 어구를 쓸 수 있기는 한가 궁금하실 거예요. 물론 쓸 수는 있어요. 단, 앞에서 말했듯이 조언보다는 뭔가 추궁할 때 자주 쓰입니다.

Do you love me or not? It's a simple question!

나 사랑해 안 사랑해? 쉬운 질문이니까 어서 답해 봐!

이럴 때는 이렇게!

Q **Can I ask you a quick question?**
간단하게 질문 하나 해도 돼요?

질문하라고 할 때

A **Of course. That's what I'm here for.**
그럼요. 제가 그러려고 여기 있는걸요.

답변하기 어려울 때

A **Actually, I have a meeting in 5 minutes. Can I call you afterwards?**
저, 실은 5분 후에 회의가 있어서요. 끝나고 전화 드려도 될까요?

가격이 저렴하다고 말할 때는

MP3 002

(x) It's cheap.

(o) It's affordable.

제가 미국 회사에 근무할 때 저렴한 회사 상품을 고객에게 소개하면서 It's cheap.이라고 했더니 미팅 후 상사가 회사 상품에 cheap을 쓰면 상품의 가치를 떨어뜨린다며, 앞으로는 affordable을 쓰라고 하더라고요. Cheap은 품질이 좋다는 것보단 가격이 낮다는 것에 초점이 맞춰져서 원어민에겐 싸구려란 뉘앙스로 느껴집니다. Cheap의 연관 표현인 cheapskate만 봐도 '짠돌이, 구두쇠'란 의미로 부정적인 뉘앙스가 더 강하거든요. 우리말도 '가격이 싼'과 '가격이 저렴한'의 뉘앙스가 다른 것처럼, 영어도 상황에 따라 구분해 써야 해요.
정말 싸다는 걸 강조할 땐 cheap을, 품질이 괜찮은데 비해 가격이 저렴할 때 즉, 가성비가 좋을 땐 affordable(가격이 적당한)을 써 주세요.

It's an affordable car. 가격이 적당한 차네요.

Do you have more affordable options? 더 저렴한 옵션이 있나요?

1 물론 뭔가를 정말 싸게 구매하거나 낮은 가격을 강조할 땐 cheap을 쓸 수 있어요. 단, 품질은 상관없이 낮은 가격에만 초점이 맞춰졌다는 걸 기억하세요.

At least it was cheap. (싸게 산 물건이 하루 만에 고장 났을 때 합리화시키며) 그래도 가격이 쌌잖아.

It was dirt cheap. (먼지만큼 헐값으로 샀다는 걸 강조할 때) 가격이 정말 쌌어.

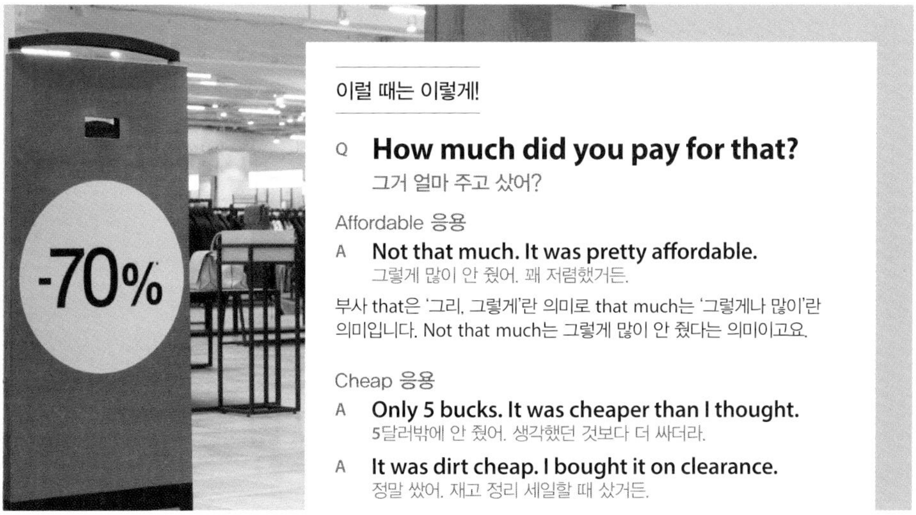

이럴 때는 이렇게!

Q **How much did you pay for that?**
그거 얼마 주고 샀어?

Affordable 응용

A **Not that much. It was pretty affordable.**
그렇게 많이 안 줬어. 꽤 저렴했거든.

부사 that은 '그리, 그렇게'란 의미로 that much는 '그렇게나 많이'란 의미입니다. Not that much는 그렇게 많이 안 줬다는 의미이고요.

Cheap 응용

A **Only 5 bucks. It was cheaper than I thought.**
5달러밖에 안 줬어. 생각했던 것보다 더 싸더라.

A **It was dirt cheap. I bought it on clearance.**
정말 쌌어. 재고 정리 세일할 때 샀거든.

UNIT 3

몸이 아픈 상대가 정말 빨리 낫길 바랄 때는

MP3 003

(x) I wish you could get better.

(o) I hope you get better.

지인이 감기에 걸려 컨디션이 안 좋을 때 빨리 낫기를 바란다며 I wish you could get better.를 쓰면 안 돼요. 'I wish 주어 + 동사'는 '~할 텐데, ~하면 좋을 텐데'로 우리가 원하는 게 현실과 반대되는 상황일 때 아쉬워하며 쓰는 표현이에요. 단순히 감기에 걸린 지인에게 wish를 쓰면 '(감기가 낫진 않겠지만) 나을 수 있다면 좋을 텐데'란 뉘앙스가 돼요. 듣는 입장에서는 황당하겠죠? 이때는 I hope you get better.(곧 나아지길 바라.)를 쓰세요.

'I hope 주어 + 동사(~하면 좋겠다/~하길 바라)'는 가능성이 조금이라도 있는 걸 바랄 때 씁니다.

I hope you are doing well. 잘 지내고 있길 바란다.
오랜만에 지인에게 이메일을 보낼 때 인사말 표현으로 자주 씁니다.

I wish I could help you, but I can't. 널 도와줄 수 있다면 좋을 텐데 그럴 수 없어 아쉬워.

I wish every day were Sunday.
(**매일이 일요일이면 좋겠지만 현실은 그럴 수 없을 때**) 매일이 일요일이면 좋을 텐데.
I wish 가정법에서 be동사는 were로 쓰는 게 문법상 맞지만, 일상 회화에선 그냥 was라고 쓰기도 하니 참고하세요.

1 참고로, We wish you a merry Christmas에서 쓰인 wish의 용법은 달라요. 위에서 설명한 wish는 'I wish 주어 + 동사'일 때고, 크리스마스 노래에 나온 'wish + 명사'는 hope처럼 뭔가를 바랄 때 씁니다.

Wish me luck. = **Please hope that I have good luck.** 잘되길 바라 줘.

2 비즈니스 영어에서는 'wish to + 동사원형'도 자주 쓰이는데 wish to를 want to로 생각하면 해석하기 쉬워요.

I don't wish to discuss this further. 더 이상 이것에 대해 얘기하고 싶지 않아요.

이럴 때는 이렇게!

A **I'm not feeling well.** 컨디션이 안 좋아요.
B **Go home and get some rest. I hope you get better soon.**
집에 가서 좀 쉬어. 곧 나아지길 바란다.

A **Wish me luck!** 잘되길 바라 줘.
B **Good luck, not that you need it.**
행운을 빌어 주지 않아도 잘하겠지만 그래도 잘하고 와.

언제 같이 점심이나 먹자고 인사차 말할 때는

MP3 004

(x) Let's have lunch later.

(o) Let's have lunch sometime.

전 sometime이 빈말의 끝판왕 표현이라고 생각해요. 우리도 언제 같이 점심이나 먹자고 인사차 말하는 것처럼 원어민들도 '언제, 시간 될 때'란 의미인 sometime을 자주 쓰거든요. 빈말일 수도 있지만 상대에게 부담되지 않는 선에서 조심스럽게 제안할 때도 쓸 수 있습니다. 그런데 나중에 점심이나 먹자는 의미로 Let's have lunch 뒤에 later를 쓰면 뉘앙스가 달라져요. '다음에, 나중에'로 우리에게 익숙한 later는 약속을 잡거나 구체적인 계획을 얘기할 때 쓰이면 '이따가'란 의미로, 상대는 당연히 오늘 먹는 걸로 오해할 수 있어요. 그러니 당일에 같이 먹자는 제안이 아닌, 언제 시간 될 때 만나자고 부담 없이 제안할 땐 꼭 sometime을 써야 합니다.

Let's get together sometime. 언제 한번 다 같이 만나자.

지인에게 언제 한번 같이 만나서 시간을 보내자고 할 때는 get together를 씁니다. 특히 오랜만에 보는 지인에겐 만나서 그간 못 나눈 얘기를 나누자는 뉘앙스인 catch up을 쓰세요.

Why don't you let me take you to lunch sometime? I mean, you gotta eat, right? 언제 제가 점심 사 드리는 건 어때요? 뭐, 어차피 식사는 하셔야 하는 거잖아요, 그렇죠?

특히 바쁜 상대를 식사에 초대할 때 어차피 밥은 먹어야 하니 같이 먹자는 식으로 you gotta eat이 자주 쓰입니다. 너무 진지한 말투보다는 장난스럽게 가벼운 말투로 한마디 덧붙이듯 쓰세요.

1 헤어지면서 다음에 보자고 인사할 때 쓰는 'See you later.'처럼 later가 '다음에, 나중에'란 의미로도 쓰이지만, 상대와 약속을 잡거나 구체적인 계획을 얘기할 땐 '이따가'란 의미로 오늘 안에 일어날 일을 계획할 때 쓰입니다.

Why don't we discuss this over lunch later? 이따 같이 점심 먹으면서 얘기하는 건 어때?

I'm not hungry yet. I'll eat it later. 저 아직 배가 안 고파서 그거 이따 먹을게요.

이럴 때는 이렇게!

Q **We should catch up sometime.**
언제 한번 같이 만나서 그간 못 나눈 얘기나 나누자.

빈말로 받아칠 때

A **Yeah, we should!** 응, 그러자. / **Definitely!** 그래!

진심으로 약속 잡고 싶을 때

A **How about later today? We have so much to talk about.** 오늘 이따가는 어때? 할 얘기 진짜 많아.

UNIT 5

전업주부라고 할 때는

MP3 005

(x) I'm a housewife.

(o) I'm a stay-at-home mom.

1990년대 중반부터 국민학교 대신 초등학교란 단어를 쓰는 것처럼, 영어도 시대에 따라 변화해요. '전업주부'라는 의미로 housewife가 틀린 건 아니지만, My mom is a housewife.라고 하면 왠지 엄마가 앞치마를 두르고 열심히 청소나 빨래를 하는 게 연상이 돼요. 그래서 요즘엔 housewife보다 stay-at-home mom을 더 선호하는 추세입니다. 전업주부 아빠도 househusband 대신 stay-at-home dad란 표현을 더 선호하고요. 이처럼 housewife가 homemaker를 거쳐 stay-at-home mom으로 변화한 것처럼 언어는 계속 변화한다는 점, 기억해 주세요.

I'm not cut out to be a stay-at-home mom. 난 전업주부가 체질에 안 맞아.

'I'm not cut out to + 동사원형 또는 for + (동)명사'는 뭔가 내 체질에 맞지 않거나 적합하지 않을 때 씁니다. 예를 들어, I'm not cut out for investing.은 투자가 내 체질에 잘 안 맞는다는 의미입니다. 응용해서 Not everyone is cut out to be a stay-at-home mom.(모두가 전업주부가 체질에 맞을 수는 없는 거야.)으로도 자주 쓰입니다.

1 다음은 영화 〈인턴〉에서 70세 인턴인 Ben이 전업주부인 Jules의 남편을 househusband라고 불렀더니, Jules가 요즘엔 stay-at-home dad란 표현을 더 선호한다고 말해 주는 부분입니다.

Ben: **I've read about these househusbands.** 전업주부 아빠에 대한 글을 읽어 본 적이 있어요.

Jules: **They actually prefer to be called stay-at-home dads.**
사실 전업주부 아빠들은 stay-at-home dad를 더 선호해요.

Ben: **Oh, sorry. Did not know that.** 아, 미안해요. 그건 잘 몰랐네요.

이럴 때는 이렇게!

Q **What do you do for a living?**
하시는 일이 어떻게 되세요?

A **I am a stay-at-home dad.** 전 전업주부 아빠입니다.

A **I was a stay-at-home mom for 3 years, and I just got a job in marketing.**
3년 간 전업주부였다 얼마 전 마케팅 분야에 취업했어요.

A **I'm a stay-at-home mom, but I honestly am not sure if I'm cut out for this.**
전 전업주부인데 솔직히 이게 제 체질에 맞는 건지는 잘 모르겠어요.

집에 조심히 들어가라고 당부할 때는

MP3 006

(x) Get home carefully.

(o) Get home safely.

퇴근하는 동료에게 또는 지인과 헤어지며 인사말로 집에 조심히 들어가라고 하죠. 그때 '조심히'란 의미로 carefully를 쓰면 한 걸음 한 걸음 내디딜 때마다 신중하게 생각하며 집에 가는 느낌이기에 어색해요. 대신 무사히, 탈 없이 집에 들어가라는 뉘앙스를 나타내려면 safely를 써야 자연스러워요. 문어체나 격식을 차린 상황에서는 부사 safely를 써서 Get home safely.를 쓰는 게 맞지만, 구어체에서는 Get home safe.라고도 정말 자주 씁니다. 문법상으로는 어색하지만 네이티브는 자주 쓰는 표현들이 있으니, 너무 세세한 문법에 집착하는 것보다 전체적인 의사 전달에 더 포커스를 맞춰 주세요.

Get home safely. 집에 조심히 들어가.

Drive safely. 조심히 운전해.

1 Safely와 carefully는 해석은 비슷하지만 쓰임새가 달라요. 단순히 신경 쓴다고 컨트롤할 수 없는 여러 변수가 있기에 위험한 상황에 처하지 않도록 노력하라는, 나아가 아무 일도 일어나지 않길 바라는 상황에선 safely를 씁니다. 하지만 carefully는 주의를 기울이고 신경 쓰면 충분히 위험한 상황에 처하지 않을 수 있을 때 써요. 참고로 drive는 carefully와 safely(당연히 구어체에서는 safe도) 둘 다 쓸 수 있습니다.

Please listen carefully.
(**집중하지 않으면 못 듣는 부분이 있을 수 있으니**) 주의 깊게 들으세요.

Think carefully before you decide.
(**신중하지 않으면 잘못된 결정을 내릴 수 있으니**) 결정하기 전에 곰곰이 생각해 보세요.

이럴 때는 이렇게!

A **Get home safely.** 집에 조심히 들어가.
B **I'll. Have a good night.** 그럴게. 좋은 밤 보내.

A **Think carefully before you decide.**
결정하기 전에 곰곰이 생각해 봐.
B **Okay, I'll weigh the pros and cons.**
알았어. 장단점을 잘 따져 볼게.

Weigh는 결정을 내리기 전에 이것저것 따져 본다는 의미로, pros and cons(장단점)와 자주 쓰이는 짝꿍 단어입니다. Weigh the pros and cons는 누군가에게 조언해 줄 때 장단점을 잘 따져 보고 결정하라는 뉘앙스로 자주 쓸 수 있으니 꼭 기억해 두세요.

UNIT 7

(열심히 노력해서 얻은) 기회를 줘서 고맙다고 할 때는

MP3 007

(x) Thank you for giving me this chance.

(o) Thank you for giving me this opportunity.

Chance는 '노력 없이 운 좋게 얻은 기회'이고, opportunity는 한동안 원해 왔고 열심히 노력해서 만든, '성장할 수 있는 기회'를 의미합니다.
면접관이나 고객에게 기회를 주어서 고맙다고 말할 때, Thank you for giving me this opportunity.라고 해야 내가 원해 왔고 이 기회를 잡기 위해 열심히 노력했다는 의미를 전할 수 있어요. 만약 이런 상황에서 chance를 쓰면, 딱히 노력한 건 없지만 운 좋게 온 기회에 대해 고맙다는 의미이기에 어색하겠죠.

1 Opportunity는 열심히 노력해서 얻은, 꼭 잡아야 하는 소중한 기회이기에 앞에 강조하는 단어들도 자주 붙어요. 언어가 참 재미있는 게 우리나라에서도 '금쪽같은 기회'라고 하는 것처럼 영어로는 golden opportunity라고 하고, '일생일대의 기회'는 once-in-a-lifetime opportunity라고 합니다. 참고로 chance는 '우연히 발생할 가능성'의 의미도 있으니 알아두세요.

This is a golden opportunity. 이건 금쪽같은 기회야.

This is a once-in-a-lifetime opportunity. 이건 일생일대의 기회라고.

There's a chance of snow on Christmas day.
(**눈이 올 가능성**) 크리스마스 당일에 눈이 올 수도 있어.

There's no chance of that actually happening, so stop thinking about what-ifs. 실제 그런 일이 일어날 가능성은 없으니 자꾸 일어나지도 않은 일을 미리 걱정하지 마.
What if는 '만일 ~라면 어쩌지, 어떻게 될까?'란 의미로, 특히 일어나지도 않은 일을 미리 걱정할 때 자주 쓰여요. 상대가 이렇게 걱정할 때 미리 걱정하지 말라는 뉘앙스로 Stop thinking about what-ifs.를 자주 씁니다. 매번 Don't worry만 쓰지 말고 이 표현도 기억해 주세요.

이럴 때는 이렇게!

A **You should go to that networking event. It's a great opportunity to meet new people.**
그 네트워킹 이벤트에 가 봐. 새로운 사람들을 만날 수 있는 좋은 기회잖아.

B **Okay, but I don't want to go alone. Will you come with me?**
알겠어. 그렇지만 혼자 가고 싶지는 않은데 같이 가 주면 안 될까?

A **I heard there's a chance of rain this afternoon.**
오늘 오후에 비가 올 수도 있다고 하더라.

B **Thanks for the heads-up. I'll take an umbrella with me.**
미리 말해 줘서 고마워. 우산 가져갈게.

'가지고 오다'는 bring, '가지고 가다'는 take입니다.

'네가 취업하면'을 나타낼 때는

MP3 008

(x) If you get a job

(o) When you get a job

When과 if는 둘 다 '~하면'으로 의역될 때가 많기에 정확한 뉘앙스 차이를 알아두셔야 해요. When은 '~할 때' 즉, 언젠가는 반드시 일어날 거라는 뉘앙스이고, if는 '만일 ~한다면' 즉, 꼭 일어난다는 보장은 없는 단순 가정일 때 쓰여요. 열심히 노력하는 취업 준비생에겐 당연히 when you get a job을 써야 언젠간 반드시 취업할 거라는 뉘앙스가 되겠죠. If you get a job을 쓰면 '(그렇게 될지는 모르겠지만,) 만일 네가 취업을 한다면'이란 뜻이기에 듣는 사람이 속상해할 수 있어요. 하지만, 내 얘기를 할 때는 그런 일이 당연히, 무조건 일어날 거란 생각은 하지 않는다는 뉘앙스로 if를 써야 겸손하게 들릴 수 있어요.

I'll take you out to dinner if I get promoted.
(**꼭 승진할 거란 보장은 없지만**) 내가 승진하면 저녁 사 줄게.

I'll take you out to dinner when I get promoted.
(**내가 승진할 거란 보장이 있다는 뉘앙스로 자칫 거만하게 들릴 수 있음**) 내가 승진하면 저녁 사 줄게.

1 한 단계 더 나아가 if/when you get a chance(기회 되면/시간 되면)도 자주 쓰이는데, 여기서도 when은 시간 될 때 꼭 해야 하고, if는 꼭 해야 하는 건 아닐 때 씁니다.

Give me a call if you get a chance.
(**꼭 전화하지 않아도 되고, 상대에게 조심스럽게 말할 때**) 시간 되면 전화 줘.

Give me a call when you get a chance. (**언젠가 꼭 전화해야 함**) 시간 될 때 전화 줘.

Can we get the check when you get a chance? 시간 되실 때 저희 계산서 좀 주실래요?
식당에서 when you get a chance를 쓰면서 요청할 때는 꼭 해 달라는 의미죠.

이럴 때는 이렇게!

A **There's a new Italian place across the street.**
길 건너에 이탈리아 음식점이 새로 생겼어.

우리도 중국 음식점을 중국집이라 하고, 피자 가게를 피자집이라고 하는 것처럼, 네이티브도 음식점일 때 뒤에 Chinese place, pizza place라고 자주 씁니다.

B **Let's go there when I get paid this Friday.**
(월급이 꼭 나올 예정) 이번 주 금요일에 월급 받으면 거기 가자.

A **I'm throwing a party tonight. You should stop by if you get a chance.** 오늘 밤에 파티 여는데 (꼭 들르지 않아도 된다는 뉘앙스로 부담을 줄여 줌) 시간 되면 들러.

B **Just tell me when and where, and I'll be there.**
시간하고 장소 알려 주면 갈게.

Just tell me when and where, and I'll be there.를 쓰면 마치 상대가 시간과 장소만 알려 주면 내가 짜잔 하고 나타날 것 같은 느낌을 줍니다.

UNIT 9

기분 좋게 약간 술에 취한 상태를 나타낼 때는

MP3 009

(x) I'm drunk.

(o) I'm tipsy.

술 취했다고 무조건 drunk를 쓰지 말고 취한 정도에 따라 달리 쓰세요. 기분 좋게 약간 술 취했을 땐 tipsy, 한 단계 더 나아가 취했을 땐 drunk, 정말 만취했을 땐 wasted라고 합니다. 제가 미국에서 회사 다닐 때 정말 흥미로웠던 게 회식을 세 시 반부터 시작해서 퇴근 시간인 5시까지만 하고 한 사람당 술은 두 잔씩밖에 마시지 못한다는 규칙이었어요. 퇴근 후 가족과의 시간을 정말 중요하게 생각하는 미국 문화에서는 나이가 들수록 만취할 때까지 마실 수 있는 회식 자리나 광란의 파티 기회도 흔치 않기에, 술자리에서 I'm drunk.(나 흥건히 취했어.)라고 하면 자기 주량도 모르고 마시는 무책임한 사람이라고 생각할 수도 있어요.

I'm tipsy. (기분 좋게 알딸딸한 정도) 나 조금 취했어.

I'm getting tipsy. 나 취기가 오르는데.

I was drunk last night. 나 어젯밤에 술 취했어.

I was wasted last night. (drunk보다 한 단계 위) 나 어젯밤에 정말 만취했었어.

1 술을 잘 못 마신다며 bad drunk를 쓰는 분들이 계신데요, 이건 주사가 심한 사람을 뜻해요. 참고로 술 마시면 못되게 행동하는 mean drunk도 알아두세요. 술을 잘 못 마신다고 할 땐 (알코올) 내성이 낮아서 쉽게 취한다는 I have a low tolerance (for alcohol).을 쓰세요. 반대로 잘 마신다고 할 땐 (알코올) 내성이 높아서 쉽게 취하지 않는다는 I have a high tolerance (for alcohol).을 쓰면 됩니다.

이럴 때는 이렇게!

Q **Would you like another drink?**
술 한잔 더 할래?

한잔 더 마신다고 할 때

A **Why not? I'm not even tipsy yet.**
그러지 뭐. 아직 취기도 안 느껴지는데.

A **Sure. The night's not over yet. This round's on me.** 좋아. 아직 밤이 끝나지도 않았으니 이번 잔은 내가 쏠게.

더 이상 안 마시겠다고 할 때

A **I'm good. I'm pretty tipsy already.**
(부드럽게 거절) 난 됐어. 이미 꽤 알딸딸한걸.

A **I've had enough already. Thank you though.**
이미 충분히 마셨는걸. 그래도 고마워.

같이 저녁 먹자고 부담 안 느끼게 제안할 때는

MP3 010

(x) Let's eat dinner.

(o) Let's grab dinner.

일단 네이티브는 점심이나 저녁을 같이 먹자고 할 때 eat을 잘 쓰지 않아요. 사실, 지인과 식사할 땐 만나서 얘기도 나누고 식사 후 커피도 한 잔 마실 수 있는데, eat을 쓰면 정말 음식만 먹기 위해 만나는 느낌이 들거든요. 그래서 같이 식사하자고 할 땐 have, get, do 같은 다양한 동사를 쓸 수 있는데, 정말 친한 사이가 아닌 이상 저녁 같이 먹자고 할 땐 '재빨리 ~하다'란 의미의 grab을 쓰는 걸 추천합니다. 저녁 식사는 아주 친한 지인이나 이성적으로 호감이 있는 사이에서 갖는 의미 있는 자리이기에, 같이 저녁 먹자고 하면 자칫 상대가 자신에게 호감이 있는 건지 오해하거나 부담을 느낄 수도 있으니까요. 하지만, grab dinner라고 하면 간단히 먹자는 뉘앙스로 부담이 훨씬 줄어들어요. 뒤에 dinner 외에 다른 말이 올 수도 있습니다.

Why don't we grab a drink afterwards? 끝나고 간단히 술 한잔하는 거 어때?

Let's grab a bite to eat. 간단히 뭐 좀 먹자.

구어체에서는 줄여서 Let's grab a bite.라고도 합니다.

1 식사 자리를 갖기보다 단순히 뭔가를 먹는 행동을 얘기할 때는 eat이 자주 쓰여요.

Have you eaten here before? (같이 레스토랑에 와서) 여기서 식사해 보신 적 있으세요?

이럴 때는 이렇게!

Q **Do you have plans tonight?**
오늘 밤에 약속 있어?

약속이 없을 때

A **Not really. Do you want to meet up and grab dinner somewhere?**
딱히 없는데. 만나서 어디서 간단히 저녁 먹을래?

A **Not yet. Do you want to grab a drink? I get off work at 6.** 아직 없는데 간단히 술 한잔할래? 나 6시에 퇴근해.

약속이 있을 때

A **Cam and I are thinking about grabbing a drink after work. Do you want to join us?**
Cam이랑 퇴근 후 간단히 술 한잔할까 생각 중인데 같이 갈래?

A **I'm supposed to go to a networking event, but I'm too tired.** 네트워킹 이벤트에 가기로 했는데 너무 피곤하다.

Be supposed to는 '(원래) ~하기로 했어/~해야 해'로 예정돼 있는 가까운 계획에 쓰입니다. Be going to(~할 예정이야/~할 거야)가 예정된 계획을 실행할 의지가 강한 반면, be supposed to는 약속했으니까 실행해야 할 의무는 있지만 변동의 여지를 살짝 남기는 느낌을 줍니다.

UNIT 11

강압적으로 시키는 게 아니라 뭔가 하도록 설득할 때는

MP3 011

(Δ) I'll make her go.

(o) I'll get her to go.

누군가가 특정 행동을 하도록 만드는 make는 사실 정말 강압적이라 함부로 쓰기 어려워요. I'll make her go.가 틀린 건 아니지만, 수단과 방법을 가리지 않고 무조건 가게끔 만들겠다는 느낌이 들기에, 설득해서 하도록 하겠다의 뉘앙스를 전하려면 get(~하게 만들다/설득하다)을 쓰세요. I'll get her to go.라고 하면 make와 달리 그녀에게 가야 하는 이유를 논리적으로 설명하며 설득하는 느낌이 들기에 가장 무난하게 쓸 수 있습니다. 한 단계 더 나아가 그녀에게 가 달라고 부탁 또는 요청할 땐 ask를 넣어 I'll ask her to go.라고 하면 됩니다.

I'll get her to call you.
(**내가 잘 얘기해서**) 그녀 보고 너한테 전화하라고 할게.

My plate's full at the moment, but I'll get Katrina to help you.
지금 내가 처리해야 할 일이 많은데 Katrina 보고 널 도와주라고 할게.
My plate's full.은 처리해야 할 일이 많다는 의미로, I have a lot on my plate.라고도 쓸 수 있어요.
자주 쓰이는 이디엄이니 꼭 알아두세요.

I got him to quit smoking. (**강압적이기보다 왜 금연해야 하는지 설득한 느낌**) 내가 그 사람 담배 끊게 만들었어.

1 강압적인 make는 수단과 방법을 가리지 않고 어떻게든 되도록 만들겠다고 할 때 쓰면 빛을 발해요.

I'll make it work. (**어떻게든**) 되도록 만들게요.
Work는 '일하다' 외에 '작동하다/되다'란 의미로 자주 쓰여요.

I hope you make this a priority.
(**주로 뭔가를 빨리 처리해 달라고 할 때**) 이걸 우선순위로 해 주셨으면 좋겠어요.

이럴 때는 이렇게!

A **Do you still smoke?** 아직도 담배 피우세요?
B **No, my wife got me to quit smoking.**
아뇨. (설득의 느낌) 아내가 담배 끊게 만들었어요.

A **Does Wednesday work for you?** 수요일에 시간 되세요?
B **Well, I'm slammed on Wednesday, but I'll make it work.**
음. 수요일에 정말 바쁜데. 그래도 어떻게든 일정 맞출게요.

반려견을 키운다고 할 때는

MP3 012

(x) I raise a dog.

(o) I have a dog.

'키우다, 기르다'를 생각하면 raise가 떠오르죠. 그런데 반려견을 키운다고 할 때 raise를 쓰면, 번식이나 식용 목적으로 가축을 사육하는 뉘앙스가 돼서 상대는 내가 농장을 운영하는 건가 오해할 수 있어요. 그러니 집에서 가족처럼 함께하는 동물에겐 raise 대신 have를 써 주세요. 내게 형제자매가 있을 때 have를 쓰는 것처럼요.

Do you have a dog? 반려견 키우시나요?

1 반려견이나 반려묘가 있다고 할 땐 raise 대신 have를 쓰면 되는데, 이것도 예외가 있어요. Raise는 뭔가를 성장시키고 다 자랄 때까지 돌봐주는 뉘앙스가 강하기에 단순히 반려견이 있다고 할 땐 raise 대신 have를 쓰는 게 자연스러운데, 반려견을 키우는 방식 즉, 성장 과정 등을 얘기할 땐 raise를 쓸 때도 있으니 참고하세요.

Here are some tips on how to raise a healthy dog.
건강한 반려견 키우기 관련 팁이 몇 개 있어요.

2 아이를 키울 때도 raise를 쓸 수 있는데, 이때 raise는 성장시키고 다 자랄 때까지 돌봐주는 뉘앙스인 거죠. 일상 회화에서 자주 쓰이는 raise가 들어간 이디엄 하나 알아두세요.

I was born and raised in Seoul. (**서울에서 태어나고 돌봄을 받으며 성장**) 저는 서울 토박이에요.
born and raised in: ~에서 나고 자란, ~ 토박이인

이럴 때는 이렇게!

A **Do you have a dog?** 반려견 키우세요?

B **Yes, I have a golden retriever. His name is Max.**
네, 골든 레트리버 한 마리 키워요. 이름은 **Max**고요.

A **Where are you from originally?**
원래 어디 출신이세요?

B **I was born and raised in Memphis.**
전 **Memphis** 토박이에요.

상대가 특정 도시 출신이라고 하면 스몰토크로 자주 쓰는 표현이 'I heard it's nice there.(거기 좋다고 들었어요.)'인데요. 제가 한국 출신이라고 할 때마다 거의 매번 들을 정도로 자주 쓰는 표현입니다. 참고로 I'm from Korea.라고 하면 North or South?(북한이요, 남한이요?)라고 물어보는데, 그건 단순히 몰라서 물어보는 거니 친절하게 South라고 답변해 주거나 아예 처음부터 I'm from South Korea.라고 말하세요.

UNIT 13

오랜만에 만난 지인에게 예뻐졌다고 칭찬할 때는

MP3 013

(x) You became pretty!

(o) You look great!

오랜만에 만난 지인이 예뻐져서 칭찬할 때 You became pretty.라고 하면 예전엔 못생겼는데 이제 예뻐졌다는 뉘앙스가 되기에 상대방이 기분 나쁠 수 있어요. 대신 남녀노소 상관없이 You look great.을 쓰면 정말 보기 좋다는 뉘앙스가 됩니다. You look great.이 가장 쓰기 무난하지만 상대가 좋아 보인다는 걸 더 강조해서 말하고 싶다면, look 대신 현재 상태를 의미하는 be동사를 써 주세요.
예를 들어, 상대가 늘 정말 아름답다고 할 땐 You are so beautiful.,
정말 잘생겼다고 할 땐 You are so handsome.이라고 하면 됩니다. 물론 be동사로 강조해서 쓰면 상황이나 말투에 따라 상대방에게 부담이 될 수도 있으니 참고하세요.

How have you been? You look great, by the way. 그간 잘 지냈어? 그런데 너 정말 좋아 보인다.

You look great! You haven't changed a bit. 정말 좋아 보이세요! 하나도 안 변하셨네요.

You haven't changed a bit.은 말투에 따라 뉘앙스가 달라져요. 긍정적인 말투로 쓰면 오랜만에 만난 지인에게 외관상 예전과 똑같다고 칭찬하는 것이지만, 비꼬는 말투로 쓰면 '넌 참 여전하구나~' 식으로 예전과 변한 게 하나도 없다는 느낌을 줄 수 있어요.

1 제가 볼 때 많은 분들이 become을 필요 이상으로 너무 좋아하는 것 같아요. 변화한다고 무조건 become을 쓰지 말고, 변화의 결과를 강조할 때는 become, 변화의 과정을 강조할 때는 get을 써 주세요.

I'm getting better at speaking English.
(**영어를 점점 잘하게 되는 과정을 강조**) 영어 말하기 실력이 점점 더 나아지고 있어.

I've become fluent in English.
(**영어를 잘하게 된 결과를 강조**) 난 영어를 유창하게 하게 되었어.

이럴 때는 이렇게!

A **How have you been?** 그간 잘 지냈어?
B **I've been busy with work. You look great, by the way.**
일하느라 바빴지. 그런데 너 정말 좋아 보인다.
A **You look great yourself.** 너도 정말 좋아 보여.

A **Wow, this is delicious. This place is getting better and better.**
우와, 이거 정말 맛있다. (음식이 점점 더 맛있어지는 과정을 강조) 이 집이 점점 더 맛있어지는 것 같아.
B **I know. It's become one of my favorite restaurants.** 그러니깐.
(가장 좋아하는 음식점 중 하나가 된 결과를 강조) 내 최애 레스토랑 중 하나가 됐잖아.

점심 맛있게 먹으라고 인사차 말할 때는

(x) Eat your lunch well.

(o) Enjoy your lunch.

MP3 014

우리도 점심 또는 저녁 맛있게 먹으라고 인사차 얘기하는 것처럼 네이티브도 똑같아요. 그런데 이때 '먹다'란 동사가 있어서 많은 분들이 자동적으로 eat으로 시작하시더라고요. 이제부터는 eat 대신 enjoy를 쓰세요. 점심 맛있게 먹으라고 할 때 Enjoy your lunch.라고 하면 단순히 점심을 잘 먹는 것 외에도 점심시간을 즐겁게 보내라는 뉘앙스가 됩니다. 저녁을 맛있게 먹으라고 할 땐 Enjoy your dinner.라고 하면 돼요.

1 네이티브는 enjoy를 다양한 상황에서 자주 쓰는데요, enjoy와 쉽게 정 붙일 수 있는 세 가지 상황 알려드립니다.

Enjoy the rest of your day. 남은 하루 잘 보내세요.
좋은 하루를 보내라고 할 때 늘 Have a good day.만 쓴다면 앞으론 Enjoy the rest of your day.도 써 주세요.

I enjoy travelling. 전 여행하는 거 좋아해요.
Like보다 좋아하는 정도를 강조해서 쓸 수 있는 동사가 enjoy예요. 좋아하는 걸 넘어 정말 즐기는 느낌이 나죠.

Are you still enjoying your sandwich?
(특히 고급 음식점에서 손님 접시에 음식이 조금 남았지만 분명히 다 먹은 것 같아서 치우기 전에)
아직 샌드위치 드시고 계시는 건가요?

2 참고로 우리는 뭔가를 잘한다는 능력을 표현할 때나 음식을 잘 먹었다는 만족감을 표현할 때 다 '잘'이란 표현을 쓰지만, 네이티브는 만족감을 표현할 땐 enjoy를 쓰고, 부사 well(잘)은 능력이나 기능을 얘기할 때 씁니다.

You speak English so well. (영어를 잘하는 능력) 너 영어 정말 잘한다.

Are you eating well? (특히 병원에서 환자의 소화 기능을 물어보며) 식사는 잘하시나요?
잘 먹고 잘 자는지 몸 상태 즉, 신체 기능을 물어볼 때도 well을 자주 씁니다.

이럴 때는 이렇게!

A **I gotta get going. Enjoy the rest of your night.**
가 봐야겠다. 남은 밤 시간 잘 보내.

B **You too. See you tomorrow.** 너도. 내일 보자.

A **How are you enjoying Korea?** 어떻게, 한국은 마음에 들고?

B **I love it. I mean, who wouldn't?**
너무 좋아요. 아니, 누군들 한국을 안 좋아하겠어요?

UNIT 15

상대방의 분위기가 마음에 들어 칭찬해 주고 싶을 때는

MP3 015

(x) I like your mood.

(o) I like your vibe.

Mood의 사전상 의미에 '분위기'가 있긴 하지만, 일상 회화에선 감정적인 상태를 나타내는 '기분'의 뜻으로 더 자주 쓰여요. 그러니 상대나 특정 장소가 풍기는 분위기가 마음에 들 땐 mood 대신 vibe를 써 주세요. '분위기, 느낌, 인상'이란 의미의 vibe를 응용해 상대의 분위기가 마음에 든다고 할 때는 I like your vibe.라고 하면 됩니다. Vibe는 단독으로 쓰이면 '분위기, 느낌'의 의미로, good vibe(좋은 분위기), negative vibe(부정적인 분위기), romantic vibe(로맨틱한 분위기) 등으로도 응용 가능해요. 참고로, atmosphere는 주로 특정 장소의 분위기를 말하는 데 자주 쓰이는 반면, vibe는 장소는 물론 사람의 분위기나 인상을 말할 때도 쓰입니다.

You give off such positive vibes. 넌 정말 (**여러 사람들을 기분 좋게 하는**) 긍정적인 인상을 풍긴다니까.

That place has an awesome vibe. 거긴 정말 분위기가 끝내줘.

1 Mood는 앞에서 설명했듯이, 좋고 싫은 기분을 나타낼 때 자주 쓰여요.

You're in a good mood. 너 기분 좋아 보인다.

2 참고로, 상대가 기분이 좋아 보일 때 'You(너)'를 주어로 써도 되지만, 장난스레 말할 땐 'Someone(누군가)'을 써서 Someone's in a good mood.라고도 해요. 직역하면 '누군가 기분이 좋네'이지만, 의역하여 '여기 기분 좋은 사람 한 명 있네.'로 보면 됩니다.

이럴 때는 이렇게!

Q **How do you like this place?**
어떻게, 여기 마음에 드세요?

마음에 들 때

A **It's nice. I really like the vibe here.**
좋은데요. 여기 분위기가 정말 맘에 들어요.

A **Actually, this is my go-to café. Their coffee puts me in a good mood.** 실은 여긴 제가 즐겨 찾는 카페예요. 여기 커피를 마시면 기분이 좋아지더라고요.

'go-to + 대상'은 평소 내가 즐겨 찾는 걸 의미해요. 예를 들어, go-to place는 내가 평소 즐겨 가는 장소나 음식점을 의미하고, go-to person은 조언이 필요할 때 주로 찾아가는 해결사 같은 사람을 의미합니다.

마음에 안 들 때

A **Honestly, it has a weird vibe in here.**
솔직히 말씀드려서, 여기 분위기가 이상하네요.

웃긴다고 말할 때는

MP3 016

(x) It was fun.

(o) It was funny.

Funny와 fun 둘 다 '재미있는'이라고 외우면 진짜 해석이 어색해질 때가 많아요. 두 표현의 뉘앙스가 사실 다르거든요. 물론 funny가 '재미있는'으로 해석될 때도 있지만, funny의 기본적인 뉘앙스는 즐거운 게 아니라 웃긴 거예요. 빵 터지는 웃음이 나오게 하는 게 funny죠. 정말 순수하게 웃길 때도 쓰지만, You're funny.(너 참 (골 때리게) 웃긴다.)란 식으로 비꼬거나 조롱할 때도 자주 쓰입니다. 반면 fun은 '재미있는, 즐거운'의 의미로 기분 좋을 때 부담 없이 쓸 수 있는 표현입니다.

He's so funny. He doesn't even have to try.
걔는 정말 웃겨. 억지로 웃기려고 노력하지 않는 데도 말이야.

It's not funny.
(**특히 상대가 거슬리는 장난을 쳤을 때**) 하나도 안 웃겨/재미없어.

1 Funny는 '(설명하거나 이해하기 어려울 정도로) 신기한, 이상한'의 의미로도 쓰여요.

It's funny how life works. 인생이 어떻게 돌아가는지 보면 참 신기해.

My stomach feels funny. (**평소와 달리 약간 아플 때**) 배가 좀 이상해.

It feels funny to be home all weekend. 주말 내내 집에만 있으니 기분이 이상하네.

2 사실 네이티브는 평소에 fun을 정말 자주 써요. 특히 have fun은 꼭 외워 주세요.

Have fun. 재미있게 놀다 와.

I had fun the other day. We should do it again sometime.
저번에 즐거웠어. 언제 또 같이 놀자.
우리가 평소 말할 때 '저번에'란 표현을 자주 쓰는 것처럼 네이티브도 the other day, 또는 밤이라는 걸 강조할 땐 the other night을 자주 씁니다. 비교적 최근에 일어난 일인데 정확한 시점이 바로 생각나지 않을 때 써 주세요.

이럴 때는 이렇게!

A **Stop. It's not funny.** 그만해. 하나도 안 웃겨/재미없어.
B **Well, someone's in a bad mood.**
(상대가 기분 안 좋아 보이는 걸 돌려 말하며) 음, 기분 안 좋은 사람 여기 하나 있네.

A **A funny thing happened in the office today.**
오늘 사무실에서 이상한 일이 있었어.
B **Really? What happened?** 정말? 무슨 일이었는데?

UNIT 17

농담으로 바보처럼 굴지 말라고 말할 때는

MP3 017

(x) Don't be stupid.

(o) Don't be silly.

Stupid는 정말 머리가 나빠 바보 같고 멍청하다는 의미라서 기분 나쁜 표현이지만, silly는 상대가 엉뚱한 행동을 했을 때 바보처럼 군다며 장난스레 말할 때 자주 씁니다. 애교로 귀엽게 봐 줄 수 있는 엉뚱한 말이나 행동 즉, 백치미를 silly라고 보면 이해하기 쉽죠. 친구나 동료가 You're silly.라고 하면 '너 어리석어.'라고 시비 거는 게 아닌, '넌 참 엉뚱해.'로 엉뚱하거나 바보처럼 군다고 장난스레 쓸 가능성이 높으니 발끈하지 마세요. 이 말을 할 때는 상대가 기분 나쁘지 않게, 정색하지 말고 장난치듯 미소를 지어 주세요. Silly는 특히 아이들이 순수함을 넘어 엉뚱하게 행동할 때 귀엽고 사랑스럽다는 식으로도 자주 쓰입니다.

Oh, don't be silly. Everybody likes you. 에이, 바보처럼 굴지 마. 다들 널 좋아하는 걸.

1 사람에게는 stupid를 쓰지 않는 걸 추천하지만, 어떻게 한 번도 안 쓰고 살겠어요. 사람과 사물에 쓸 수 있는 현실적인 예문을 제시합니다.

I'm not stupid. (알건 다 안다는 뉘앙스) 저 바보 아니거든요.

참고로 naive를 '순진한'으로 아시는데, naive는 경험이나 지식이 부족해서 세상 물정을 모른다는 부정적인 뉘앙스가 강해요. 제가 솔깃한 과대광고에 속아 뭔가를 구매하려고 할 때 Don't be so naive.(그렇게 순진하게, 세상 물정 모르게 굴지 마.)라고 할 수 있는 거죠.

That was stupid to quit your job like that.
그런 식으로 일을 그만두다니 바보같은 행동이었어.

2 네이티브는 캐주얼한 구어체에서 성가시거나 짜증나게 하는 대상에도 stupid를 종종 써요.

I have to pay the stupid ticket. 짜증나게 딱지 값 내야 해.

이럴 때는 이렇게!

A **Why don't you join us for dinner?** 저희와 같이 저녁 드시는 건 어때요?
B **Are you sure? I don't want to impose.**
정말, 그래도 될까요? 폐 끼치고 싶지 않은데.
상대의 호의를 예의상 한번 튕길 때 Are you sure?(정말요?/진짜요?)를 자주 씁니다.
A **Oh, don't be silly! The more, the merrier!**
무슨 그런 말도 안 되는 말씀을요! 사람이 많을수록 더 재미있죠!

A **I can give it to you for $500.** 500달러에 드릴게요.
B **I know it's not worth $500. I'm not stupid.**
그거 500달러 안 한다는 거 알고 있어요. 저 바보 아니거든요.

옷 같은 게 잘 어울린다고 칭찬할 때는

MP3 018

(x) That shirt fits you.

(o) That shirt suits you.

상대에게 셔츠가 잘 어울린다고 할 때 fit을 쓰면, 옷이 몸에 딱 맞는다는 걸 의미하지, 상대를 근사하게 돋보이게 한다는 뉘앙스는 없어요. 옷이 너무 크거나 작지 않냐고 물어볼 땐 fit을 써서 딱 맞는다고 할 수 있지만, 뭔가 잘 어울린다고 칭찬해 줄 땐 suit을 쓰세요. 그 셔츠가 잘 어울린다고 할 땐, 'That shirt suits you.'라고 하면 되죠. Suit 단어 자체에 '어울리다'란 의미가 있어 단독으로 쓸 수 있지만, 정말 잘 어울린다고 강조해서 쓰고 싶을 땐 'That shirt suits you well.'이라고 하면 됩니다.

1 사실 전 이 suit이 캐주얼한 상황에서든 격식을 차린 상황에서든 부담 없이 쓸 수 있는 칭찬의 끝판왕 표현이라고 생각해요. 외적인 모습 외에 특정 성향이나 상황이 잘 어울리거나 맞는다고 할 때도 쓸 수 있습니다.

You look nice today! Red suits you. 오늘 멋져 보인다! 빨간색이 잘 어울려.

This place suits you. 여기가 너와 잘 어울려.

I like your name. It suits you. 이름이 예쁘네요. 잘 어울리세요.

2 몸에 맞는다고 해서 fit을 쓸 때, 이왕이면 뒤에 perfectly 또는 beautifully 같은 표현을 붙여 그냥 몸에만 딱 맞는 게 아닌, 완벽하고 예쁘게 딱 맞는다고 써 주는 게 듣기 더 좋습니다.

It fits you perfectly. 네게 완벽히 딱 맞는 걸.

It doesn't fit me anymore. (**예전엔 맞았던 옷이 이제 너무 크거나 작을 때**) 이제 내겐 안 맞는걸.

이럴 때는 이렇게!

Q **How do I look?** 나 어때?

잘 어울릴 때

A **You look nice. That dress suits you.**
근사해 보이네. 그 원피스가 너와 잘 어울려.

A **Great. That suit fits you perfectly.**
정말 멋지네. 그 정장이 딱 떨어지게 잘 맞는걸.

더 나은 걸 제안할 때

B **I think the black one suits you better.**
내 생각엔 검정색이 너한테 더 잘 어울리는 것 같아.

B **I think the smaller size fits you better.**
내 생각엔 더 작은 사이즈가 너한테 더 잘 맞는 것 같아.

UNIT 19

피부가 예쁘게 탔다고 말해 줄 때는

MP3 019

(x) You look burned.

(o) You look tan.

미국은 건강미를 선호하는 문화라서 일부 미국인들은 인공 태닝을 해서 구릿빛 피부를 만들기도 합니다. 주말에 야외 활동을 했거나 휴가를 다녀와 피부가 예쁘게 탄 지인에게 You look burned.라고 하면 화상을 입을 정도로 심하게 탄 것처럼 보인다는 뉘앙스가 돼요. 이때는 You look tan.이라 해야 예쁘게 탄 것처럼 보인다는 칭찬으로 쓸 수 있어요. 피부가 예쁘게 탔을 때 쓰는 tan은 '황갈색의'란 의미의 형용사로도 쓰이고, '황갈색, 선탠'이란 뜻의 명사로도 쓸 수 있습니다.

You look tan. What did you do over the weekend? 너 피부가 예쁘게 탔네. 주말에 뭐 했어?

I got a tan yesterday playing golf. 어제 골프 쳐서 피부가 조금 탔어.

1 물론 정말 화상을 입었거나 음식이 탔을 때는 burn을 씁니다. Burn의 과거형은 burned과 burnt로 두 개예요. 주로 미국에선 과거형으로 burned를 쓰고, burnt는 '(불에) 덴/탄'이란 형용사로 쓰지만, 요즘엔 burnt를 동사형으로 쓰는 미국인들도 점점 늘어나는 추세이니 참고하세요.

I just burned my tongue. 방금 혓바닥 데었어.

It tastes burnt. 탄 맛이 나는걸.

2 또 한 가지 일에 지나치게 몰두하다가 신체적, 정신적 스트레스가 계속 쌓여 결국 무기력해지는 현상을 burn out(번아웃 증후군)이라고 하죠. 이때도 burned out/ burnt out 둘 다 쓸 수 있습니다.

I'm burned out. I need to take some time off. 전 정말 지쳤어요. 조금 쉴 시간이 필요해요.

이럴 때는 이렇게!

A **You look tan.** 너 피부가 예쁘게 탔네

B **I got a tan yesterday playing golf.** 어제 골프 쳐서 피부가 조금 탔어.

A **I'm burned out. I'm tired physically and mentally, and I can't do this anymore.**
전 정말 지쳤어요. 신체적으로도 정신적으로도 피곤해서 더 이상 할 수 없어요.

B **It looks like you could use some time out of the office. Come on, let's talk over dinner.**
사무실에서 벗어날 필요가 있는 것 같은데 저기. 저녁 먹으면서 얘기해요.

어떤 사람을 통통하다고 언급할 때는

(x) He's fat.

(o) He's chubby.

MP3 020

누군가의 몸매나 외모를 부정적으로 평가하는 건 안 좋은 습관이지만, 굳이 통통하다는 걸 얘기해야 할 상황이 올 땐 chubby를 쓰세요. Fat은 정말 뚱뚱하다는 의미로, 사실 그 누구도 듣고 싶지 않은 표현이죠. 그나마 chubby는 포동포동, 토실토실하다는 뉘앙스거든요. 물론 이 표현도 대다수 사람들이 반기는 표현은 아니지만, 그래도 fat보다는 더 긍정적인 느낌을 줍니다. '포동포동한, 토실토실한'의 의미인 chubby도 대다수 사람들을 발끈하게 만드는 표현이기에 현실적으로 쓸 수 있는 상황만 정리해 보면 다음과 같습니다.

Look at those chubby cheeks. So adorable! (주로 아기에게) 저 포동포동한 볼살 좀 봐. 너무 사랑스럽다!

He's a little bit on the chubby side. 걔가 조금 통통한 편에 속해.

1 그럼 fat은 일상 회화에서 전혀 못 쓸까요? 자기가 옷을 입고 지인에게 뚱뚱해 보이는지 물어볼 때는 쓸 수 있지요. 그 외에는 형용사 fat(뚱뚱한)이 아닌 명사 fat(지방)의 연관 표현인 low-fat(저지방) 또는 non-fat(무지방)이 가장 활용도 높은 표현입니다.

Do I look fat in these pants? 이 바지 입으니까 나 뚱뚱해 보여?

This is non-fat yogurt. 이건 무지방 요거트야.

2 Fat과 연관된 흥미로운 표현이 있는데, 바로 fat chance예요. '뚱뚱한 가능성'이 아니라 특이하게도 '희박한 가능성'을 의미합니다.

Fat chance of that happening. 그런 일이 일어날 가능성은 거의 없어.

이럴 때는 이렇게!

A **What does he look like?** 그 사람 어떻게 생겼어?

B **Well, he's a little bit on the chubby side, but he's very handsome.** 음, 조금 통통한 편에 속하긴 한데 정말 잘생겼어.

A **Do I look fat in these jeans?** 이 청바지 입으니까 나 뚱뚱해 보여?

B **Oh, don't be silly. You look great!** 에이, 바보처럼 왜 이래. 정말 근사해 보여!

UNIT 21

키가 작고 체구가 아담한 사람을 묘사할 때는

MP3 021

(x) She's short.

(o) She's small.

키가 작고 체구가 아담하다는 뜻으로 얘기할 때 short을 쓰면 상대방이 굉장히 기분 나쁠 수 있어요. 흥미롭게도 미국에선 키가 164cm 이하면 대부분의 옷 가게에서 short이나 petite 사이즈를 권하는데, 키 166cm의 건강한 체구인 저에게도 지인들이 종종 'You're so small.' 또는 정말 체구가 작다는 걸 강조해서 'You're so tiny.'라고 했답니다. 어쨌든 키가 작고 체구가 아담할 땐, 길이가 짧다는 의미의 short 대신 전체적으로 작은 느낌이라는 의미의 small을 써 주세요. 이 small은 체구 외에 폭이나 간격, 속이 좁을 때도 쓸 수 있답니다.

What a small world. 세상 참 좁네.

She's so small-minded. 그녀는 정말 속이 좁아.

1 키가 작다는 걸 강조해서 굳이 short을 쓰고 싶다면 be on the short side(작은 편에 속하다)를 써 주세요. 딱 잘라서 작다고 말하지 않고 작은 편에 속한다는 뉘앙스로 부정적인 느낌을 좀 줄여 줘요.

She's a little bit on the short side. 그녀는 조금 키가 작은 편에 속해.

2 Short는 회화에서 '키가 작은'의 의미보단 '(기간이나 길이가) 짧은'의 의미로 더 자주 쓰입니다.

Long story short, I ended up not going. 요점만 말하자면 나 결국 안 갔어.

Long story short는 길고 복잡한 내용을 일일이 설명하지 않고 짧게 줄여서 요점만 말한다는 의미예요.

이럴 때는 이렇게!

A **What does she look like?** 그녀는 어떻게 생겼어?

B **She's a little bit on the short side, but she's gorgeous.** 키가 좀 작은 편에 속하긴 한데 정말 아름다워.

A **I know Jonathan. We went to the same school!** 나 Jonathan 알아. 우리 같은 학교 다녔어!

B **What a small world.** 세상 참 좁네.

I know Jonathan.은 서로 통성명을 하고 알고 지내는 사이이고, I know of Jonathan.은 통성명은 하지 않았지만 Jonathan이 어떤 사람인지 들어서 알고 있다는 뉘앙스가 됩니다.

미국에서 화장실이 어디인지 물어볼 때는

MP3 022

(x) Where's the toilet?

(o) Do you know where the restroom is?

미국인에게 'Where's the toilet?'이라고 하면 이 사람이 정말 토할 것 같거나 급해서 변기통을 찾는 거라고 생각할 거예요. 화장실을 의미하는 가장 대중적인 표현은 restroom 또는 bathroom입니다. 원래 공중화장실은 restroom, bathtub(욕조)가 있는 가정용 화장실은 bathroom이라고 하지만, 대부분 복잡하게 따지지 않고 두 표현 중 편한 걸 씁니다.
이 외에 캐나다에서 자주 쓰는 washroom, 여성용 화장실인 powder room, ladies' room, 남성용 화장실인 gentlemen's room 등 다양한 표현들이 있으니 참고하세요.
그리고 화장실이 어디에 있는지 물어볼 때 다짜고짜 'Where's the restroom?(화장실 어디 있어요?)'라고 하는 것보다 'Excuse me. Do you know where the restroom is?(실례지만, 화장실이 어디 있는지 아세요?)'라고 물어보는 게 더 부드러워요.

Can you tell me where the bathroom is?
(**지인의 집이나 사무실에 갔을 때**) 화장실이 어디 있는지 말해 줄래?

I need to run to the bathroom real quick. 잠깐 화장실 좀 빨리 다녀올게.

1 대화나 식사 중 전화 통화나 화장실을 가야 해서 자리를 비워야 할 때 다음과 같이 쓸 수 있습니다.

Could you excuse me for a second? 잠시 실례해도 될까요?

2 Toilet을 쓸 수 있는 상황은 다음과 같아요.

We're out of toilet paper. 화장실 휴지가 다 떨어졌어.
'화장실 휴지'는 toilet paper 즉, 변기에서 쓰는 휴지여서 우리나라 사람들이 두루마리 화장지로 입 닦는 걸 보면 미국인들이 문화 충격을 받는다고 해요. 참고로 화장지는 tissue 또는 Kleenex, 물티슈는 wet wipe, 키친타월은 paper towel이라고 합니다.

이럴 때는 이렇게!

A **Excuse me. Do you know where the restroom is?**
실례합니다. 화장실 어디 있는지 아세요?
B **Yes, it's down the corridor on the right.**
네, 복도 가시다 오른쪽에 있어요.

A **I think we're out of toilet paper.** 화장실 휴지 다 떨어진 것 같아.
B **I'll go get some after work.** 퇴근하고 사 올게.

UNIT 23

상대방의 반려견이 귀여워서 말을 걸고 싶을 때는

MP3 023

(x) It's cute.

(o) He's cute. 또는 She's cute.

누군가에겐 가족이나 다름없는 반려견이나 반려묘를 사물처럼 It으로 지칭하는 건 상대에게 무례하게 들릴 수 있어요. 정확히 성별을 안다면 He 또는 She로 시작해야 하지만, 대부분 한눈에 성별을 구분하긴 어렵기에 주어를 아예 빼고 So cute! 또는 So adorable!이라고 합니다. 이건 아기에게도 해당돼요. 아기의 성별을 잘못 판단하면 실례가 될 수도 있기에 확실치 않은 이상 주어를 빼고 쓰거나, 아예 아기에게 얘기를 하는 것처럼 주어를 You로 써서 'You're so cute!(너 참 귀엽다!)'라고 하면 됩니다. 사소한 부분이지만, 제 소중한 반려견이나 아이를 가리키며 누군가 It으로 쓰면 저도 발끈할 것 같으니 주의해 주세요.

She's so cute! How old is she?
(**반려동물의 성별을 알 때**) 정말 귀엽네요! 몇 살이에요?

So adorable! What kind of dog is he?
(**성별을 모를 때**) 정말 사랑스럽네요! 종이 뭐예요?

1 지나가다 우연히 귀여운 반려견을 봤다고 무턱대고 쓰다듬으면 안 돼요. 위험할 수도 있고 주인이나 반려견이 싫어할 수도 있으니까요. 누군가의 반려견을 쓰다듬기 전엔 쓰다듬어도 괜찮은지 꼭 미리 물어보세요.

May I pet your dog? 쓰다듬어도 괜찮나요?

2 혹 내 반려견이 낯을 가려 모르는 사람들이 쓰다듬는 걸 좋아하지 않는다면 이렇게 말하세요. 부드럽게 돌려 말하는 거라서 절대 무례한 게 아닙니다. 오히려 내 반려견과 상대의 안전을 위해 현명히 대처하는 거죠.

Thank you for asking, but he's shy around people.
물어봐 주셔서 감사해요. 그런데 저희 강아지가 낯을 가려서요.

이럴 때는 이렇게!

A **So adorable! What kind of dog is he?** 정말 사랑스럽네요! 종이 뭐예요?
B **He's a French bulldog.** 프렌치 불독이에요.

A **May I pet your dog?** 강아지 쓰다듬어도 괜찮아요?
B **Thank you for asking, but she doesn't like to be touched until she gets familiar with someone.**
물어봐 주셔서 감사해요. 그런데 저희 강아지는 친해질 때까지 누가 만지는 걸 싫어하더라고요.

MP3 024

나도 같이 따라가도 되는지 물어볼 때는

(x) Can I <u>follow</u> you?

(o) Can I <u>join</u> you?

나도 같이 따라가도 되는지 물어볼 때 follow를 쓰면 강아지마냥 뒤에서 졸졸 따라오는 느낌이 들어요. 이건 합류해도 되는지 물어보는 것이기에 follow 대신 join을 쓰세요. 이 표현은 팀이나 프로젝트에 합류해도 되는지 물어볼 때 외에 점심, 저녁 식사 자리에 합석해도 되는지 물을 때 등 폭넓게 쓸 수 있어요.
사실 네이티브는 평소 join을 다양한 상황에서 자주 쓰는데, 우린 생각보다 쉽게 잘 못 쓰는 것 같아요. 오늘은 join과 정이 들어볼까요?

Can I join you for lunch? 나도 점심 먹으러 같이 가도 돼?

1 상대에게 특정 장소에 같이 가자고, 뭔가를 같이 하자고 제안할 때도 join을 써요.

Why don't you join us tomorrow? It's going to be fun!
내일 우리와 같이 가는 건 어때? 재미있을 거야!

2 강연이나 행사에서도 누군가를 같이 환영하자고 하거나 감사 인사를 전한다고 할 때도 이 join을 자주 씁니다. 결국 같이 박수 쳐 달라는 의미죠.

Please join me in welcoming Andrew Xavier.
Andrew Xavier 씨를 같이 환영해 주세요.

Please join me in thanking Dr. Bloomberg.
Bloomberg 박사님께 같이 감사 인사 전해 주세요.

이럴 때는 이렇게!

Q **Why don't you join me for a drink?**
나랑 같이 술 한잔하러 가는 건 어때?

같이 갈 수 있을 때

A **That would be great.** 그럼 좋겠다.

A **I'd like that. I could use a drink.**
그럼 좋겠네. 지금 술 한잔 마시면 딱 좋겠거든.

같이 가기 어려울 때

A **I wish I could, but I already have plans.**
하면 좋겠는데 선약이 있어.

A **Can I take a rain check? I'm so tired.**
다음을 기약해도 될까? 너무 피곤해서 말이야.

UNIT 25

'내가 어렸을 때 말이야'를 나타낼 때는

MP3 025

(x) when I was young

(o) when I was little

제가 저보다 나이 많은 분 앞에서 마치 세상을 다 산 듯 'When I was young(제가 젊었을 때는요)'이라고 하면 어이없어 하실 겁니다. 그분 기준에서는 제가 젊기 때문이죠.
아직 창창한 20대 취업 준비생들이 영문 이력서에 When I was young이라고 쓰는 경우가 종종 있는데요, 내 말을 듣거나 내 글을 읽는 상대가 나보다 나이가 많을 땐 young 대신 little로 써서 When I was little(제가 정말 어렸을 때)이라고 표현해야 합니다. Little은 내가 젊었을 때가 아닌, 내가 정말 어렸을 때를 의미하거든요. 참고로 When I was a little girl/boy를 써도 됩니다.

I had a dog when I was little. 전 어렸을 때 개를 키웠어요.

It reminds me of when I was a little girl. 그걸 보니 저 어렸을 때가 생각나네요.

1 When I was young은 상대가 나보다 나이가 어리거나 동년배일 때, 마치 '라테는 말이야'처럼 더 이상 young(젊은)하지 않다는 뉘앙스로 쓰입니다.

When I was young, there was no such thing as the Internet.
나 어렸을 땐 인터넷 같은 건 없었어.

2 많은 분들이 자기소개서에 '어렸을 때부터 죽' 뭔가를 해 왔다는 걸 쓰고 싶어 하는데, 그땐 ever since I was little(어렸을 때부터 줄곧)을 쓰면 돼요. 이때 역시 ever since I was a little girl/boy를 써도 됩니다.

I've always wanted to be a flight attendant ever since I was little.
어렸을 때부터 전 늘 승무원이 되고 싶었어요.

이럴 때는 이렇게!

A **So, how do you like your job?** 그래, 어떻게 일은 마음에 들고?
B **I love it. I've always wanted to be a lawyer ever since I was a little girl.** 정말 좋아요. 어렸을 때부터 저는 늘 변호사가 되고 싶었거든요.

A **Are you from Atlanta?** 애틀랜타 출신이세요?
B **No, I'm originally from Korea. My family moved here when I was 4.** 아뇨, 원래 한국 출신이에요. 저희 가족은 제가 네 살 때 여기로 이사 왔어요.
이렇게 구체적인 나이를 말해 줘도 됩니다.

잔실수 없이 한 번에 잘했다고 칭찬할 때는

MP3 026

(x) You made it!

(o) You nailed it!

상대가 뭔가를 해냈을 때 많은 분들이 You made it.만 쓰려고 하시더라고요. 그런데 사실 누군가 발표나 강연 등을 잔실수 없이 한 번에 잘 해냈을 땐 made 대신 nailed를 써야 듣는 사람을 더 으쓱하게 만들어요. You made it.에 쓰인 make의 의미가 '어떤 장소로 힘들게 가다/이르다'이기에, 이 표현을 쓰면 긴 여정이나 분명 힘든 고비가 있었지만 그래도 잘 해냈다는 뉘앙스를 풍깁니다. 그래서 잔실수 없이 한 번에 완벽히 해낸 상대에게 You made it.을 쓰면 약간의 고비가 있었다는 뉘앙스로 조금은 부족한 칭찬이 될 수 있는 거죠. 이때 nail(~을 이뤄내다)을 응용해 You nailed it.을 쓰면 완벽하게 해냈다는 의미로 강조해서 말할 수 있습니다.

That was impressive! You nailed it! 대단했어! (**한 번에 끝내주게**) 정말 잘했어!

You nailed the presentation! (**실수 하나 없이**) 그 프레젠테이션 정말 잘했어!

1 Make(어떤 장소로 힘들게 가다/이르다)는 약간의 어려움이나 고비가 있었을 때 쓰세요.

I knew you were going to make it! (**약간의 고비는 있었지만**) 네가 해낼 거란 걸 알았어!

I barely made it on time. (**늦을 줄 알았는데**) 가까스로 제시간에 도착했어.

2 이렇게 잔실수 없이 잘 해내면 뿌듯하고 대견하잖아요. 남한테도 그렇고 자신한테도 말이죠. 네이티브는 정말 자주 쓰지만 우리는 은근 쉽게 쓰지 못하는 단어가 proud라고 생각해요. 이걸 직역하면 '자랑스러운'이기에 평소 쓰기 어려울 것 같지만 네이티브가 느끼는 정확한 뉘앙스는 다음과 같습니다.

I'm proud of you. 정말 대견한걸.

I'm proud of myself. 정말 뿌듯한걸.

네이티브는 평소에 쉽게 쓰는 표현이에요. 크고 작은 성취를 이룰 때, 내 자신은 내가 칭찬해 줘야 하잖아요.

이럴 때는 이렇게!

A **How was I?** 나 어땠어?
B **You nailed it!** (실수 하나 없이) 끝내주게 잘했어!

A **You made it!** (우여곡절 많았지만) 해냈구나!
B **Thank you. I couldn't have done it without you.** 고마워. 너 아니었으면 못했지. 다 네 덕분이야.

UNIT 27

상사와 같이 일한다고 할 때는

(x) I work with Mr. Powell.

(o) I work for Mr. Powell.

MP3 027

상사 밑에서 함께 일한다고 할 때는 '~를 위해서 일한다'는 뉘앙스의 work for를 써야 해요. 이 외에 work for는 근무하는 회사를 추켜세울 때도 쓰입니다. 면접에서 입사 후 회사를 위해 열심히 일하겠다는 자신의 포부를 말할 때 혹은 공무원일 때도 work for를 쓸 수 있겠죠. 우리나라는 우리가 항상 올려 줘야 하니깐요. 물론 현재 다니고 있는 회사가 정말 만족스러울 때야 work for를 거부감 없이 쓸 수 있지만, 현실적으로 그 정도로 행복하게 근무하는 사람들은 많지 않기에 대부분 직장 앞엔 work at을 씁니다.

I work for Spencer. (Spencer 씨가 상사) 전 Spencer 씨 밑에서 일합니다.

I work for the government. 전 공무원입니다.
공무원은 결국 국가 기관과 정부에서 일하는 사람이기에 이렇게 표현합니다.

1 동료나 부하 직원과 같이 근무한다고 할 땐 work with를 씁니다. 부하 직원에 대해 얘기할 땐 내 자신을 올려 'She works for me.(그녀는 내 밑에서 일해.)'라고 해도 되지만, 그냥 자신을 낮춰 work with를 쓰기도 해요.

I work with Spencer. (Spencer 씨가 말하는 사람의 동료 혹은 부하 직원)
전 Spencer 씨와 같이 근무합니다.

I look forward to working with you. (비즈니스상 잘 부탁드린다는 뉘앙스)
같이 일하는 거 기대하고 있겠습니다.

이럴 때는 이렇게!

A **How do you know Spencer?** Spencer 씨와 어떻게 아는 사이세요?
B **I used to work for him.**
그분이랑 같이 일했죠.
(지금은 안 하고 있으며, Spencer 씨가 내 상사였음을 암시)

A **What do you do for a living?** 하시는 일이 어떻게 되세요?
B **I work for the government.** 전 공무원입니다.
A **That sounds fancy.** 뭔가 있어 보이네요.

I work FOR Mr.Powell.

CHAPTER 2

넣을 땐 넣고 뺄 땐 빼야
오해를 막는 표현들

[redacted]

UNIT 1

오늘따라 상대가 무례하게 구는 걸 꼬집어 지적할 때는

MP3 028

(x) You're rude.

(o) You're being rude.

상대가 무례하게 굴 때 상태동사 be동사만 써서 You're rude.라고 하면 상대가 늘 무례한 사람이라는 의미가 됩니다. 평소엔 예의 바른 사람인데 오늘따라 이상하게 무례하게 굴 때는 You're being rude.를 써 주세요. 지금 이 순간만 무례하게 행동한다는 뉘앙스로 부드럽게 상대의 행동을 비판할 수 있어요. 즉, 평소와 달리 특정 성향을 눈에 띄게 행동할 땐 〈be동사 + being + 형용사〉 패턴을 써 주시면 됩니다.

You're being weird.
(**상대가 평소와 다르게 행동할 때**) 너 (오늘따라) 참 이상하다.

Why are you being nice to me?
(**평소엔 못되게 구는 사람이 갑자기 잘해 줄 때**) 왜 저한테 잘해 주시는 거예요?

1 특정 성향을 평소에도 늘 가지고 있을 땐 be동사만 써 주세요.

She's mean. 그녀는 못됐어.

You're weird. 넌 참 이상해. (= 엉뚱해.)

이럴 때는 이렇게!

A **Shut up.** 닥쳐.

B **Excuse me? You're being rude.**
뭐라고? (평소와 달리) 너 무례하게 행동하고 있어.

말투나 상황에 따라 Shut up.이 '그만해~'라는 장난스런 표현으로도 쓰일 수 있지만, 기본적으로 부정적인 의미이니 정말로 캐주얼한 상황이 아닌 이상 함부로 쓰시면 안 돼요. Shut up의 장난스럽고 긍정적인 뉘앙스를 아무리 살린다 해도, 상사나 고객에게 그만하라고 할 때 쓸 수 있는 표현은 아니니까요.

A **What's going on? Why are you being nice to me?**
무슨 일이에요? (평소엔 잘 못해 주다 갑자기) 왜 저한테 잘해 주시는 거예요?

B **What do you mean? I'm always nice to you.**
그게 무슨 말이야? 난 너한테 항상 친절한데.

점심시간에 온 업무 관련 전화를 받을 때는

MP3 029

(x) It's my lunch break.

(o) It's actually my lunch break.

점심시간을 여유롭게 보내고 있는데 사무실 전화가 울렸어요. 그때 전화를 받아 통화하면서 It's my lunch break.(지금 점심시간입니다.)라고 하면 자칫 상대를 빈정 상하게 만들 수 있습니다. 물론 이 시간에 전화한 상대의 배려심을 탓할 수도 있지만, 그래도 더 예쁘고 부드럽게 It's actually my lunch break.(실은 지금 점심시간이에요.)라고 해 주세요. 이처럼 조심스럽게 난처한 상황임을 표현할 때, actually(실은)가 들어가면 문장 자체가 훨씬 부드러워져요. 이것의 유무가 굉장하지요. 하지만 actually 표현을 넣는 것보다 더 중요한 건 부드러운 말투라는 것, 꼭 기억해 주세요.

It's actually my lunch break. 실은 지금 점심시간이에요.

I'm actually on vacation. Can I get back to you first thing tomorrow morning?
실은 제가 지금 휴가 중이라서요. 내일 아침에 출근하자마자 다시 연락드려도 될까요?
'Get back to 사람'은 '~에게 나중에 연락하다'란 의미로 지금 당장 답변하거나 도움을 주기 어려울 때 자주 쓰는 표현입니다.

1 단순히 점심시간, 휴가 중이라는 사실을 애기할 땐 다음과 같이 써도 돼요.

It's my lunch break. (점심시간에 수다 떨려고 친구에게 전화하며) 지금 점심시간이야.

I'm on vacation. 나 지금 휴가 중이야.

이럴 때는 이렇게!

Q **I'm actually on vacation. Is it okay if I send it to you first thing tomorrow morning?** 실은 제가 지금 휴가 중이라서요. 내일 아침 출근하자마자 보내 드려도 괜찮을까요?

급한 일이 아닐 때

A **Of Course! Don't worry about it and enjoy the rest of your vacation!**
그럼요! 신경 쓰지 마시고 남은 휴가 잘 보내세요!

급한 일일 때

A **I'm really sorry to bother you while you're on vacation, but is there anyone in the office I can contact? I need to take care of this by the end of the day.**
휴가 가 계시는데 귀찮게 해서 정말 죄송해요. 그런데 사무실에 제가 연락할 수 있는 분이 계실까요? 오늘까지 이거 처리해야 해서요.

UNIT 3

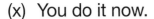

친구에게 지금 그걸 하라고 명령할 때는

MP3 030

(x) You do it now.

(o) Do it now.

상대에게 지시나 명령할 때 쓰는 명령문은 주로 맨 앞의 You를 생략하고 동사원형으로 시작하는데요, 명령문에서 You를 생략하지 않고 말하면 정말 하지 않으면 안 될 것만 같은 강한 명령조의 느낌이 납니다. 예를 들어, You do it now.란 문장이 틀린 건 아니지만 거의 쓰이지 않는 이유는, 안 그래도 명령문인데 앞에 You(너)까지 붙여 주면 뉘앙스가 너무 강해지기 때문이죠. 굳이 따지거나 퉁명스러운 말투를 써야 할 때가 아니라면 평소 명령문을 쓸 땐 맨 앞의 You를 생략해 주세요.

Do it now. 지금 해.

Come here. 이리 와.

1 하지만 특정 행동을 서로에게 미룰 땐 명령문 앞에 You를 써도 돼요.

You do it now. (**본인은 안 하면서 내게 하라고 미루는 사람에게**) 네가 지금 해.

You come here. (**본인은 움직이는 걸 귀찮아하면서 자꾸 내게 오라 가라 하는 사람에게**) 네가 여기로 와.

Dana Jones Hamilton, you come and have a seat.

Dana Jones Hamilton, 너 와서 앉아.

미국인들은 우리에게 없는 middle name이 있어요. 예를 들어, Jennifer Elizabeth Lawrence처럼 가운데 이름(middle name)이 하나 더 있는 거죠. 평소엔 middle name을 쓰지 않지만, 공식 서류에는 씁니다. 흥미로운 건 미국에선 엄마, 아빠가 아이에게 뭔가를 하라고 명령하거나 상황의 심각성을 강조할 때 middle name까지 붙여서 불러요. 그래서 middle name까지 넣어서 상대의 이름을 부르면 마치 엄마, 아빠한테 혼나는 듯한 긴장감을 줄 수 있답니다.

이럴 때는 이렇게!

A **Do it now.** 지금 해.

B **No, you do it now.**
(본인은 안 하면서 내게 하라고 미루는 사람에게) 아니, 네가 지금 해.

A **Come here.** 이리 와 봐.

B **No, you come here.**
(본인은 귀찮아하면서 자꾸 내게 오라 가라 하는 사람에게) 네가 여기로 와.

A **Jennifer Elizabeth Lawrence, you come here right now!**
(아빠가 아이에게) Jennifer Elizabeth Lawrence, 너 지금 당장 이리 와!

B **I didn't do it, dad! It was Marie!**
제가 한 거 아니에요, 아빠! Marie가 했어요!

맛있는 음식 냄새가 날 때는

MP3 031

(x) It smells.

(o) It smells good.

Smell은 뒤에 어떤 냄새가 나는지 구체적인 설명 없이 단독으로 쓰이면, '(안 좋거나 이상한) 냄새가 나다'라는 의미가 되기에 조심해야 해요. 나를 위해 열심히 요리한 지인의 음식을 보며 It smells.라고 하면 이상한 냄새가 난다는 의미가 되니 얼마나 실례되는 행동인지 몰라요. Smell을 쓸 땐 뒤에 어떤 냄새가 나는지 구체적으로 설명해 줘야 합니다. 좋은, 맛있는 냄새가 날 때는 It smells good.이라고 하면 돼요. 간단한 표현이지만, 레스토랑이나 카페에서 맛있는 음식이나 음료가 나올 때마다 네이티브와 쓸 수 있는 유용한 스몰토크 표현입니다. 헷갈린다면 좋은 냄새든 나쁜 냄새든 smell 뒤에 무조건 어떤 냄새인지 설명해 주세요.

You smell good. Are you wearing a new perfume today?
너한테 좋은 냄새 난다. 오늘 새 향수 뿌렸어?

따지고 보면 농도에 따라 명칭이 다르지만 보편적으로 미국에선 여자 향수는 perfume, 남자 향수는 cologne이라고 합니다. 발음은 [코롱]이 아닌 kə'loʊn [컬로운]입니다.

It smells funny in here. 여기서 이상한 냄새 나.

1 Smell 뒤에 구체적인 설명 없이 단독으로 쓰면 안 좋거나 이상한 냄새가 난다는 의미예요.

You smell. 너한테서 이상한 냄새 나.

This place smells. 이곳에서 안 좋은 냄새 나.

이럴 때는 이렇게!

A **Wow, it smells really good!** 우와, 정말 맛있는 냄새가 나네요!

B **I hope you like it. Bon Appetit.**
(준비한 음식이) 입맛에 맞으면 좋겠어요. 맛있게 드세요.

Bon Appetit는 프랑스어로 '맛있게 드세요'란 의미로 자주 쓰는 표현이니 알아두세요.

A **Just between us, this place smells.**
우리끼리 말인데, 이곳에서 이상한 냄새 나.

B **I know. It's kind of making me sick.** 그러게. 약간 속이 울렁거리게 하네.

Kind of = kinda = sort of = sorta는 우리에게 '일종의, 종류의'란 뜻으로 익숙하지만 사실 '약간, 조금'이란 의미로 훨씬 더 자주 쓰입니다. 캐주얼한 일상 회화에서 네이티브가 습관처럼 자주 쓰는 표현이니 꼭 알아두세요.

UNIT 5

나도 나이가 드나 보다라고 할 때는

MP3 032

(x) I'm old.

(o) I'm getting old.

'나도 이제 늙나 봐'라고 신세 타령할 때 'I'm old.'를 써도 될까요? I'm old를 쓰려면 대화하는 상대가 나와 비슷한 나이이거나 동년배여야 해요. 제가 저보다 나이 많은 분 앞에서 'I'm old.(저도 이제 늙었네요.)'라고 신세 타령하면 황당해하실 수 있으니깐요. 그런데 가능하면 I'm old.는 안 쓰면 좋겠어요. 100세 시대인 세상에서 내가 아무리 나이가 들어도 늙었다는 걸 인정한다는 사실 자체가 참 슬픈 일인 것 같아요. 대신 점점 나이가 들어간다는 뉘앙스인 I'm getting old.를 써 주세요.

1 친구들과 모여 신세 타령할 때 외에, 늙었다는 걸 굳이 인정하는 I'm old를 쓰고 싶다면 뒤에 'to + 동사원형' 또는 'for + 명사'를 넣어 '~하기에 나이 들은'이라고 조건을 달아주세요.

I'm way too old for this. (**이걸 하기엔 너무 나이가 들었다는 뉘앙스**) 내가 이거 할 나이는 아니야.

형용사 앞에 way too를 쓰면 '너무 ~한'이란 의미로 단순히 too만 쓸 때보다 정도를 강조한 느낌을 줍니다. 이 외에도 부사 way는 '아주, 훨씬'이란 강조의 의미로 자주 쓰이는데, 예를 들어, This is way better.라고 하면 '이게 훨씬 더 낫다.'는 뜻이 됩니다.

I'm too old to try new things. 새로운 걸 시도해 보기엔 나 너무 늙었어.

2 그렇지만 위의 문장들은 딱 봐도 안 예쁘죠. 전 여러분이 getting old를 쓰거나 늘 젊다는 생각만 하고 사시면 좋겠어요. 여기서 get은 '점점 ~해져 간다'란 의미로 변화를 강조합니다.

We're getting old. 우리도 늙어 가네.

I'm getting too old for this. 이제 이걸 하기엔 난 점점 너무 늙어 가는걸.

I'm getting too old to try new things. 이제 새로운 걸 시도해 보기엔 내가 점점 너무 늙어 간다.

이럴 때는 이렇게!

A **I'm getting too old for this.** 이제 이걸 하기엔 난 점점 너무 늙어 가는걸.

B **You're being ridiculous. You're still so young.**
너 (오늘따라) 어이없게 왜 이래. 아직 정말 젊으면서.

A **I'm in my 60s. I'm too old to try new things.**
난 60대인데 새로운 걸 시도해 보기엔 너무 늙었어.

B **Don't say that. It's better late than never.**
그런 말 마. 늦게라도 하는 게 아예 안 하는 것보단 낫잖아.

내 친한 친구를 소개할 때는

MP3 033

(Δ) This is my friend, Sarah.

(o) **This is my good friend, Sarah.**

미국은 선후배 문화가 없어서 나이 차와 상관없이 다 친구로 지내는 경우가 많아요. 친구의 폭이 상당히 넓기에 친하든 안 친하든 무조건 This is my friend.라고 소개하면 나름 나와 친한 사이라고 생각했던 친구가 서운해할 수도 있습니다. 친한 친구들을 소개할 땐 나와 특별한 사이임을 강조해서 good friend 또는 best friend라고 해 주세요.
Best friend는 가장 친한 친구니까 good friend가 부담 없이 더 편히 쓸 수 있습니다.
정말 사소한 단어 하나인데 문장의 뉘앙스를 확 살리는 좋은 표현이니 꼭 기억해 주세요.

This is my good friend, Sarah Robinson. (격식)
이쪽은 제 친한 친구인 Sarah Robinson입니다.

This is my best friend, Sarah. 얘는 내 가장 친한 친구 Sarah야.

This is a very good friend of mine, Sarah Robinson. (격식)
이쪽은 저와 정말 친한 친구인 Sarah Robinson입니다.
그냥 good만 쓰긴 부족한 것 같고 그렇다고 best를 써서 가장 친한 친구라고 하기엔 부담되는 사이일 땐 very good을 써 주세요.

1 그냥 친구로 지내는 사이일 땐 good, best를 빼고 쓰세요.

This is my friend, Sarah Robinson. 여긴 제 친구 Sarah Robinson입니다.
격식을 차린 상황에서 상대를 소개할 땐 full name으로 소개해야 합니다. 이건 나를 소개하든 다른 사람을 소개하든 모두에게 해당돼요.

이럴 때는 이렇게!

A **This is my good friend, Sarah Robinson.**
이쪽은 제 친한 친구인 **Sarah Robinson**입니다.

B **Hi, Ms. Robinson. It's a pleasure to make your acquaintance.**
안녕하세요, **Robinson** 씨. 만나서 반갑습니다.

It's a pleasure to make your acquaintance.는 '당신과 안면을 튼 사이가 되어 기쁩니다'.의 뜻으로 만나서 반갑습니다의 최고급형이라고 생각하세요.

A **This is my good friend, Sarah.** 얘는 나와 친한 친구 **Sarah**야.

B **Hi, Sarah. Nice to meet you. Seul told me so much about you. I feel like I know you already.**
안녕하세요, **Sarah**. 만나서 반가워요. 슬이가 정말 얘기 많이 해서 이미 아는 사이 같은 느낌이에요.

UNIT 7

우리 별로 안 친하다고 말해 줄 때는

MP3 034

(x) We're not close.

(o) We're not <u>that</u> close.

전 부사 that(그리, 그렇게)이 네이티브가 일상 회화에서 가장 많이 쓰는 핵심 부사 중 하나라고 생각해요. 오늘은 부사 that이 빛을 발하는 문장, We're not that close.(우리 그렇게 친하진 않아.)를 알려드릴게요. 형제, 동료, 상사 등에 대해 얘기할 때 사이가 좋은지 스몰토크로 종종 물어보는데요, 설령 친하지 않더라도 We're not close.라고 하면 '우리 안 친해요.'라는 의미로 딱 잘라 말하는 느낌이라 냉정해 보일 수 있습니다. 이때 부사 that을 넣어 We're not that close.라고 하면, '그렇게 친하진 않아요.'란 의미로 부정적인 뉘앙스를 줄여 줘요.
참고로 close는 동사일 땐 [클로우즈]로 발음되고, 형용사일 땐 [클로우쓰]로 발음됩니다.

It's that easy. 그게 그렇게 쉽다니까.

한 번 요령을 터득하거나 배워 두면 절대 까먹지 않는다는 뉘앙스로, 쉽다는 걸 강조할 때 It's like riding a bike.란 이디엄을 자주 써요. 어렸을 때 자전거 타는 법을 터득하면 성인이 되어 자주 타지 않더라도 몸이 기억하는 것처럼요.

Just follow the instructions. It's that simple. 그냥 설명대로 하면 돼. 그렇게 단순하다고.

1 일상 회화에선 not that(그리 ~하진 않은)으로 응용되어 자주 쓰입니다.

It's not that easy. 그게 그렇게 쉬운 게 아니야.

I'm not that hungry. I had a late lunch. 나 그렇게 배고프지 않은데. 점심을 늦게 먹었거든.

It's not that bad. (**생각보다 괜찮을 때**) 그거 그렇게 나쁘지 않아.

이럴 때는 이렇게!

A **Are you close to your brother?** 넌 오빠랑 친하니?
B **Honestly, we're not that close. How about you?**
솔직히 말해서, 그렇게 안 친해. 넌 어떤데?
A **Well, we used to be close when we were younger, but now that he has his own family, we hardly see each other.**
음, 어렸을 땐 친했는데 형이 결혼하고 가족이 생기니깐 거의 잘 못 봐.

A **Are you close to your parents?** 부모님과 가까운 사이야?
B **I'm very close to my mom. I have to admit, I'm a bit of a momma's boy.**
엄마와 정말 가까운 사이야. 실은, 나 조금은 마마보이야.

티 안 나게 '편하실 때'라고 재촉할 때는

MP3 035

(x) at your convenience

(o) at your earliest convenience

서류나 파일을 편하실 때 보내 달라고 요청할 경우가 있어요. 그때 at your convenience (편하실 때)를 쓸 수는 있는데요, 사실 at your convenience라고 하면 상대가 1-2주 후에 보내도 딱히 할 말이 없는 것 같아요. 그래서 지금 당장 급한 건 아니지만 마냥 기다릴 수는 없어서 티 안 나게 재촉하고 싶을 땐 earliest를 넣어 at your earliest convenience라고 해 주세요. 직역하면 '편하실 때 중 가장 빠른'이지만 좀 더 자연스럽게 의역해서 '편하실 때'라고 해석할게요. 이 earliest를 넣으면, 네이티브는 더 빨리 보내 줘야겠다는 느낌이 든답니다.

Please fax it to me at your earliest convenience. (**티 안 나게 재촉**) 편하실 때 팩스로 보내 주세요.

Email me back at your earliest convenience. (**티 안 나게 재촉**) 편할 때 메일 답장해 줘.

Please let me know at your earliest convenience. (**티 안 나게 재촉**) 편하실 때 알려 주세요.

1 시간이 얼마 걸리더라도 괜찮거나 상대를 재촉할 수 있는 입장이 아닐 때는 다음과 같이 쓰세요.

Please give me a call at your convenience. 편하실 때 전화 부탁드려요.

You can pay me back at your convenience. (**돈을**) 편할 때 갚아도 돼.

You can send it over to me at your convenience. 편할 때 내게 보내 줘도 돼.

Kindly let us have your confirmation at your earliest convenience

이럴 때는 이렇게!

A **Please let me know at your earliest convenience.**
(티 안 나게 재촉) 편하실 때 알려 주세요.

B **Will do.** 그럴게요.
구어체에서 Will do는 그렇게 하겠다는 뉘앙스로 쓰입니다.

A **I'm swamped at the moment.** 나 지금 정말 바빠.
Swamped는 일의 늪에 빠져 허우적대듯 정말 정신없이 바쁠 때 자주 쓰는 표현입니다.

B **Okay. Just give me a call at your convenience.**
알겠어. 그냥 편할 때 전화 줘.

UNIT 9

같이 술 한잔하자고 부담 없이 제안할 때는

MP3 036

(Δ) Let's have drinks after work.

(o) Let's have a drink after work.

Have drinks가 틀린 건 아니지만 지인에게 간단히 술 한잔하자고 할 땐 have a drink를 더 자주 써요. Have a drink를 쓴다고 해서 딱 한 잔만 마신다는 의미는 아니고요, 훨씬 더 부담 없이 쓸 수 있는 표현이라 그렇습니다. 상대가 술을 별로 좋아하지 않을 수도 있고, 생각해 보면 우리도 딱 한잔만 하는 게 아닌데 '술 한잔하자'라고 하는 것처럼요. Have drinks 이렇게 복수형으로 쓸 땐 술 좋아하는 지인들끼리 만나거나 여러 잔이란 걸 얘기할 경우입니다. 술보단 좋은 사람들과 어울리는 분위기를 좋아하는 사람에게 have drinks를 쓰면 부담을 가질 수 있거든요.

This calls for a celebration. Let's have a drink tonight.
(**축하할 일이 생겨서**) 이건 같이 기념해야지. 오늘 밤 술 한잔하자.

Let's have a drink after work. First round's on me. 퇴근 후 술 한잔하자. 첫 잔은 내가 살게.
It's on me.는 그 가격의 짐은 내가 얹고 가겠다는 느낌으로 내가 쏜다고 할 때 자주 쓰는데요. 특히 레스토랑이나 카페에서 서비스를 줄 때 It's on the house. 또는 It's on us.로 자주 씁니다. 상대에게 대접하는 느낌을 주고 싶다면 My treat.을 써도 됩니다.

1 여러 잔을 얘기할 땐 Have drinks도 쓰기에 같이 연습해 보세요.

Let's get some drinks and celebrate. 술 좀 마시면서 기념하자.

We had a few drinks the other night. 저번 날 밤에 우리 같이 술 몇 잔 마셨어.

이럴 때는 이렇게!

A **I could really use a drink.**
(맨 정신으로 있고 싶지 않을 만큼 기분이 꿀꿀할 때) 정말 술 한잔 마시고 싶네.

B **I think everyone could use a drink right now. Let's all go out for a drink after work. First round's on me.** 내 생각에 지금 다들 술 한잔하고 싶은 것 같아. 퇴근하고 다 같이 술 한잔하자. 첫 잔은 내가 쏠게.

First round's on me.는 우리나라에서라면 '1차는 내가 쏠게.'의 의미지만, 미국에서는 '첫 잔은 내가 쏠게.'의 의미입니다. 미국 바에 가면 잔당 계산할 때 돌아가면서 돈을 내거든요. 미국은 우리나라처럼 1차, 2차 개념이 없어서 여기서는 첫 잔이라고 해석했습니다.

A **What did you guys do yesterday?** 너희들 어제 뭐 했어?

B **We just had a few drinks and hung out.**
그냥 같이 술 몇 잔 마시고 놀았어.

무슨 문제나 일이 있는지 걱정돼 물어볼 때는

MP3 037

(x) What's wrong with you?

(o) **What's wrong?**

지인의 안색이 안 좋을 때 무슨 문제나 일이 있는지 걱정되는 마음으로 물어보잖아요. 그때는 What's wrong?(무슨 일이야?)을 쓰세요. 뒤에 with you를 붙여 What's wrong with you? 라고 하면 말투나 상황에 따라 상대가 이해되지 않는 말이나 행동을 해서 추궁하는 뉘앙스가 되어 버리거든요. What's wrong with you?를 직역하면 '너 뭐가 문제야?'이지만, 의역하면 '너 왜 이래?'란 느낌이 들어요. 뒤에 with you가 있고 없고에 따라 의미가 확 달라지기도 하니, 걱정하는 마음으로 무슨 일이 있는지 물어볼 땐 오해의 소지가 적은 What's wrong?을 쓰세요.

1 상대가 도무지 이해되지 않는 말이나 행동을 할 땐 What's wrong with you?(너 뭐가 문제니?)를 쓰세요.

Why are you being mean to him? What's wrong with you?
너 (오늘따라) 왜 걔한테 못되게 구는 거야? 너 왜 이래?

2 What's wrong 뒤에 'with + 대상'을 쓰면 대상 자체에 문제가 있다는 의미입니다.

What's wrong with your leg?
(**상대가 갑자기 절뚝거릴 때**) 너 다리가 왜 그래?

3 그렇지만 안색이 안 좋다고 What's wrong with your face?(너 얼굴이 왜 그래)?라고 하면 절대 안 돼요. 이 표현은 상대방 얼굴에 상처가 났거나 이상한 게 덕지덕지 묻어서 정말 무슨 문제가 있어 보일 때만 쓸 수 있는 표현입니다. 지인의 안색이 안 좋아서 진심으로 걱정돼 물어볼 땐 아래 표현을 쓰세요.

What's worrying you? 뭐 걱정되는 것 있어?

What's eating you? (**마치 걱정이 마음이나 정신을 갉아먹듯**) 뭐 걱정되는 것 있어?

이럴 때는 이렇게!

A **Why are you crying? What's wrong?** 너 왜 울어? 무슨 일이야?
B **Blake broke up with me.** Blake가 헤어지자고 했어.

A **What's wrong with you?** 너 왜 이래?
B **What's wrong with YOU?** 너야말로 왜 이러는데?

이땐 you를 좀 더 강조해서 크게 읽어야 해요. 이렇게 you를 강조해서 크게 읽는 것으로 대표적인 게 Thank you.예요. 누군가 내게 Thank you.라고 했을 때 내가 더 고맙다는 뉘앙스로 'No, thank YOU.(아니에요. 제가 되레 고마운걸요.)' 이렇게 you 부분을 강조해서 크게 읽으세요. 다음엔 You're welcome.만 쓰지 말고 No, thank YOU.라고 말해 보세요. 참고로, No를 말한 다음 잠시 쉬고 읽어야 합니다.

CHAPTER 3

같은 말이면
오해를 막고 예의 바르게 1

UNIT 1

초대받은 곳에 참석하기 어렵다고 거절할 때는

MP3 038

(Δ) I can't go.

(o) I can't make it.

초대받은 파티나 행사에 참석하기 어려울 때 I can't go.(저 못 가요.)가 틀리지는 않지만, 그래도 가려고 했는데 못 간다는 뉘앙스의 I can't make it.(저 가려고 했는데 못 가요.)을 쓰세요. 우리에게 '만들다'로 익숙한 make는 '~에 힘들게 도달하다'란 의미도 있는데요, I can't go.가 그냥 못 간다는 의미로 말투에 따라 상대를 속상하게 만들 수 있는 반면, I can't make it.은 가려고 노력했는데 못 간다는 뉘앙스가 강해서 더 부드럽게 거절할 수 있어요. 그런데 저라면 조금 더 욕심을 내서 I don't think I can make it.(가려고 했는데 못 갈 것 같아요.)이라고 할 것 같아요. 맨 앞에 붙은 I don't think ~(못할 것 같아요)가 조심스레 거절하는 느낌을 주거든요.

I can't make it tonight. 오늘 밤에 가려고 했는데 못 가겠어.

I don't think I can make it tonight. 오늘 밤에 가려고 했는데 못 갈 것 같아.

I think I can't make it tonight.도 틀리진 않지만, 네이티브는 부정의 뉘앙스를 앞으로 끄집어내는 걸 좋아합니다. 그들이 자주 쓰는 방식인 I don't think I can make it.이 훨씬 더 자연스럽게 들려요.

1 I can't go.(저 못 가요.)도 못 가서 정말 미안한 말투와 표정으로 얘기하면 써도 돼요. 또는 특정 장소에 초대받은 게 아니라 단순히 자신이 가려고 했던 곳에 못 갈 때도 쓸 수 있어요.

I'm really sorry. I can't go to your party tonight.
정말 미안해. 오늘 밤 네 파티에 못 가겠어.

I can't go home. I still have a lot of work to do. 나 집에 못 가. 아직 할 일이 많이 남았어.

이럴 때는 이렇게!

A **I don't think I can make it tonight.**
오늘 밤에 가려고 했는데 못 갈 것 같아.

B **Aw, that's a shame.** 아, 아쉬운걸.

Shame을 '수치'라고만 외우지 말고 아쉬운 상황에서 'That's a shame.(그거 아쉬운걸.)' 또는 'Such a shame.(정말 아쉽다.)'으로 쓸 수 있다는 걸 꼭 기억해 주세요. Shame 대신 pity를 써도 의미는 같습니다.

A **Something's come up at work, and I can't go to your party tonight.** 회사에 무슨 일이 생겨서 오늘 밤 네 파티에 못 가.

갑자기 무슨 일이 생겼을 땐 Something has come up., 줄여서 Something's come up.을 쓰세요. 변명할 때 정말 자주 쓰이는 표현으로 Something came up.이라고 해도 됩니다.

B **Really? Everyone was looking forward to seeing you.**
정말? 다들 널 보고 싶어 했는데.

상대방이 아무리 피곤해 보여도 정말 친한 사이가 아닐 땐

MP3 039

(x) You look tired.

(o) How's everything?

상대가 정말 피곤해 보이더라도 You look tired.(피곤해 보이세요.)를 쓰면 정말 의도치 않게 상대를 속상하게 할 수 있어요. 상대와 정말 친한 사이라서 딱 얼굴만 봐도 평소보다 상대가 피곤해한다는 걸 100% 확신할 수 있지 않는 이상, You look tired.는 피부가 푸석푸석해 보이고 다크 서클이 심하게 내려와서 못생겨 보인다는 뉘앙스로 받아들일 수 있거든요. 마치 우리나라 사람들끼리도 난 정말 행복한 하루를 보내고 있는데 갑자기 누가 나보고 피곤해 보인다고 하면, 내 얼굴에 문제가 있는 건가 생각할 수 있는 것처럼요. 상대의 안색이 안 좋을 땐, 일방적으로 피곤해 보인다고 얼굴을 평가하기보단 혹시 도와줄 건 없는지 묻거나 센스 있게 커피 한 잔을 주는 식으로, 상대의 피곤함을 덜어줄 수 있는 행동을 취해 주세요. 그때 할 수 있는 말이 How's everything?입니다.

How's everything? I got you a little pick-me-up. 괜찮은 거야? (**커피, 간식 등을 주며**) 이거 먹고 힘내.

Pick-me-up은 힘들거나 우울해서 축 쳐진 내 자신을 집어들 만큼 힘이 나게 하는 음료나 음식을 의미합니다.

I thought this might lift your spirits. (**커피, 간식 등을 주며**) 이게 네 기분을 좋게 할지도 모른다고 생각했어.

1 You look tired를 거리낌 없이 쓸 수 있을 만큼 네이티브와 친해지는 건 상당히 어렵지만, 정말 친한 사이에서 상대가 진심으로 걱정될 때는 쓸 수도 있어요.

Dad, is everything okay? You look a bit tired.
아빠, 괜찮으신 거죠? 조금 피곤해 보이셔서요.

이럴 때는 이렇게!

A **How's everything?** 아무 일 없지?
B **Good.** 별일 없어.

특히 피곤한 사람들은 대부분 귀찮으니 대충 Good이라고 하고 넘어가겠죠. 그럼 이렇게 추가로 말하면 돼요.

A **Well, I know you've had a lot on your plate. Let me know if there's anything I can do to help.**
저기, 너 이것저것 처리할 게 많다는 거 알아. 내가 도와줄 수 있는 게 있으면 뭐든지 말해 줘.

A **I thought this might lift your spirits.**
(커피, 간식 등을 주며) 이게 네 기분을 좋게 할지도 모를 것 같아서.

B **Aw, you're so sweet. Spirits lifted!**
아이고, 다정하기도 해라. 덕분에 정말 힘나네.

UNIT 3

반가운 마음으로 포옹해 달라고 할 때는

MP3 040

(x) Hug me.

(o) Give me a hug.

미국인들은 반가움을 표현할 때 포옹을 자주 합니다. 심지어 프로페셔널한 상황에서도 반가운 마음을 표현할 때 side hug(한쪽 팔을 상대 어깨에 둘러 옆으로 하는 포옹)를 하기도 하지요. 그런데 반가운 마음으로 누군가에게 포옹을 해 달라고 할 때 Hug me.(날 안아.)를 쓰면 안 돼요. 지금 당장 포옹해 달라고 명령하는 듯한 느낌을 줄 수 있거든요.
이때는 더 부드러운 Give me a hug.를 쓰세요. 그런데 오랜만에 만난 지인을 포옹하며 반기는 미국식 문화에 익숙하지 않은 분들은 네이티브가 Give me a hug.라고 하면 당황하며 뒷걸음질하거나 No, no.라고 하며 포옹을 거절하시더라고요.
상대방이 무안해할 수 있으니 여러분도 그냥 가볍게 포옹해 주세요.

1 Hug me.는 안아 달라고 간절히 호소하거나 안으라고 할 때 쓸 수 있지만, 잘 쓰지 않기에 반가운 마음으로 포옹해 달라고 할 때 쓸 수 있는 표현들을 정리합니다.

Where's my hug? (장난스레) 왜 안 안아 주는 거야?

Give me a big hug. (큰 포옹) 꼭 안아 줘.

2 미국인들은 포옹을 반가울 때도 자주 하지만, 친한 지인에게 위로를 받거나 위로해 줄 때도 자주 해요. 단순히 반가울 때 하는 포옹보다 좀 더 꽉 껴안아 줄 경우가 많기에 다음은 가까운 사이에서 쓸 수 있는 표현입니다.

Can I get a hug? (슬퍼서 친한 지인에게 위로 받고 싶을 때) 나 좀 안아 줄 수 있어?

I need a hug. (기분이 울적할 때) 나 좀 안아 줘.

이럴 때는 이렇게!

A **Give me a big hug.** (반가우니) 꼭 안아 줘.
B **Come here, you! I missed you!** (포옹해 주며) 이리 와! 보고 싶었어!

A **Can I get a hug?**
(슬퍼서 친한 지인에게 위로 받고 싶을 때) 나 좀 안아 줄 수 있어?
B **Of course. Come here.** (포옹해 주며) 그럼, 이리 와.

통화 중 바쁜 일이 생겨 전화 끊겠다고 말할 때는

MP3 041

(x) I'm hanging up.

(o) I gotta go. 또는 I have to go.

'전화를 끊다'를 hang up이라고 외워서 전화 끊을 때 'I'm hanging up.(끊을게.)'이라고 하는 분들이 종종 계시더라고요. I'm hanging up.은 주로 원치 않는 전화가 왔을 때나 더 이상 상대와 통화하고 싶지 않아서 일방적으로 전화를 뚝 끊을 때 자주 쓰는 표현입니다. 그러니 상대에게 통화하고 싶지 않다는 의사 표현을 대놓고 하고 싶지 않은 이상, 급한 일이 생겨서 전화를 끊어야 할 땐 I gotta go. = I have got to go. = I have to go.(나 가 봐야 해.)를 써 주세요. 구어체에서는 gotta, 격식을 차린 상황이나 문어체에서는 have to를 선호하며, 의미는 3개 다 똑같습니다.

Something's come up, and I gotta go. Can I call you after work?
일이 생겨서 가 봐야 해. 퇴근하고 전화해도 될까?

1 상대방이 이렇게 말할 때는 다음과 같이 답하시면 됩니다.

I'm sure you're busy. I'll let you go now.
(**바쁜 상대를 더 이상 붙잡고 있지 않겠다는 뉘앙스**) 바쁘실 텐데 이만 끊을게요.

2 원치 않는 전화가 왔을 때나 더 이상 상대와 통화하고 싶지 않을 때는 I'm hanging up을 씁니다.

Sorry, but I'm not interested. I'm hanging up now.
죄송하지만, 관심 없습니다. 이제 끊을게요.

3 반대로 내가 한창 얘기 중인데 상대가 일방적으로 전화를 뚝 끊어 버리면 전화해서 따져야겠죠. 부끄럽지만 예전에 'Okay, bye.'라고 하며 동시에 전화를 끊는 버릇이 있던 제게 상사가 다시 전화해 아래 문장과 같이 말하더니, 마무리 인사를 하고 3초 정도 있다 끊는 게 전화 에티켓이라고 알려 주시더라고요.

Did you just hang up on me? 방금 전화 끊은 거야?

이럴 때는 이렇게!

A **I have to go now, but it's been great talking to you.**
이제 가 봐야 하는데 통화 즐거웠어.

B **I enjoyed talking to you too. Talk to you soon. Bye.**
나도 통화해서 즐거웠어. 나중에 또 얘기하자. 안녕.

UNIT 5

가리는 것 없이 아무거나 잘 먹는다고 할 때는

MP3 042

(x) I eat everything.

(o) I'm not a picky eater.

편식하지 않고 아무거나 잘 먹는다고 할 때 I eat everything.을 쓰면 음식 외에도 이 세상에 존재하는 모든 걸 다 먹어 버리겠다는 느낌을 줘요. 가리는 것 없이 아무거나 잘 먹는다고 할 땐, I'm not a picky eater.를 써 주세요. 이것저것 싫어하는 점만 쏙쏙 집듯이 까다로운 걸 picky라고 하는데, I'm not a picky eater.라고 하면 먹는 것에 까다롭지 않다는 의미로 쓸 수 있습니다. 구어체에선 맥락상 줄여서 I'm not picky.라고 해도 돼요.

1 평소에 편식을 한다면 이렇게 쓰세요.

I'm kind of a picky eater. 전 음식을 좀 가려 먹어요.

I'm picky about food. 전 음식에 있어서 까다로워요.

2 평소 편식하는 건 아닌데 오늘따라 특정 음식이 먹고 싶지 않을 땐 이렇게 쓰세요.

I'm not in the mood for Chinese. (**중국 음식을 먹고 싶지 않은 기분이라서**) 중국 음식은 안 내키는걸.
여기에선 굳이 Chinese food라고 쓰지 않아도 대화 맥락상 중국 음식인 걸 이해할 수 있어요.

I'm not in the mood for pizza. I just had it for lunch.
피자는 먹고 싶지 않은걸. 점심에 먹어서 말야.

3 Picky는 편식할 때 외에도 뭔가에 까다롭게 굴 때 쓸 수 있어요.

I'm picky about the products I use on my face. 난 얼굴에 쓰는 제품엔 까다로워.

She's very picky about design. 그녀는 디자인에 있어서는 정말 까다로워.

이럴 때는 이렇게!

A **Benjamin's kind of a picky eater.** 벤자민은 좀 편식을 해.
B **I can tell. He needs to eat more veggies.**
그렇게 보이더라. 걔 채소 좀 더 먹어야 하는데.

I can tell.은 딱 보니 알 수 있다는 뉘앙스입니다. Veggie는 vegetable(채소)의 줄임말로, greens 역시 '채소'를 뜻하기도 합니다.

A **What are you in the mood for?**
(뭘 먹고 싶은 기분인지 물어볼 때) 뭐가 내켜?
B **Well, I'm not in the mood for Chinese, but I'm fine with anything else.** 음, 중국 음식은 안 내키는데, 다른 건 아무거나 다 좋아.

신세 진 후 나중에 밥 산다고 할 때는

MP3 043

(x) I'll buy you a meal later.

(o) I owe you lunch.

신세 지고서 상대에게 뭔가 사 주겠다고 말할 때 가급적이면 buy를 쓰지 마세요. 대놓고 '사다'란 동사 buy를 쓰면 생색내는 느낌을 줄 수 있거든요. 게다가 'I'll buy you + 대상'을 쓰면 상대에게 내가 신세 져서 사 준다는 뉘앙스가 전혀 없답니다. 이럴 땐 buy 대신 owe를 쓰세요. '빚지다'의 의미로 우리에게 익숙한 owe는 '(~에게 신세 졌으므로) 당연히 ~해야 한다'의 의미도 있어요. 우리도 지인에게 신세 진 후 '나중에 내가 밥 살게'라고 자주 하는 것처럼 네이티브도 똑같아요. 신세 졌으니 당연히 내가 점심을 사겠다고 할 땐, I owe you lunch.라고 하면 됩니다. 지금 당장 사지 않고 다음에 사도 되니 편히 쓰셔도 돼요.

I owe you a drink. (**신세 졌으니 당연히**) 내가 술 한잔 살게.

First round's on me. I owe you at least that much.
첫 잔은 내가 살게. (**신세 졌으니**) 너한테 최소한 그 정도는 해 줘야지.

1 '(~에게 신세 졌으므로) 당연히 ~해야 한다'란 의미를 살려 다음처럼 응용할 수 있어요. 앞에 I think를 붙이면 '제 생각엔 ~인 것 같아요'로 조금 더 문장이 부드러워집니다.

I owe you an apology. (**잘못했으니 당연히 사과해야 하는 상황**) 제가 사과드려야죠.

I think I owe you an explanation.
(**오해할 만한 행동을 했으므로 상대에게 당연히 설명해야 하는 상황**) 제 생각엔 제가 해명해 드려야 할 것 같아요.

이럴 때는 이렇게!

A **I owe you one.** (고맙다는 뉘앙스) 이번에 내가 신세 졌네.
B **Keeping a list.** (농담조로) 다 적어 두고 있을 거야.

상대가 멋쩍어할 때 잘못이나 신세 진 걸 다 리스트에 적어서 보관하고 있을 거란 농담으로 Keeping a list.를 쓸 수 있어요. 정색하고 쓰면 정말 '구슬이 나한테 신세 진 날'을 적어 두고 있는 것 같으니까, 웃으면서 농담처럼 말해 주세요. 분위기가 확 풀릴 수 있는 좋은 표현입니다.

A **I'm sorry about last night. I owe you an explanation.**
어젯밤 일은 죄송해요. 제가 해명해 드리죠.

B **No need. Really, don't worry about it.**
그럴 필요 없어요. 정말로 괜찮으니 걱정하지 마세요.

UNIT 7

눈이 크고 예쁘다고 칭찬하고 싶을 때는

MP3 044

(x) You have big eyes.

(o) You have pretty eyes.

친하지 않은 사이에선 가능하면 신체 부위보단 옷이나 물건을 칭찬하는 걸 추천합니다. 하지만 상대의 크고 예쁜 눈을 꼭 칭찬하고 싶을 때가 있잖아요. 그래서 You have big eyes.라고 했다가는 상대방이 오해할 수 있어요. 이 표현은 예쁘다는 느낌은 하나도 없이 외계인처럼 눈만 크다는 느낌을 줄 수 있거든요. 외국인들에게 큰 눈(big eyes) 또는 높은 코(pointy nose)란 표현은 보통 칭찬으로 느껴지지 않아요. 그러니 상대의 예쁜 눈을 칭찬할 땐 You have pretty eyes.를 쓰세요. 눈은 항상 복수를 써야 한쪽만 예쁜 게 아닌 양쪽 다 예쁘다는 의미가 됩니다. 사실 신체 중에선 눈이 오해의 여지가 가장 적은 부위 중 하나인 것 같습니다. 눈이 예쁘다고 칭찬해 볼까요?

You have pretty eyes. 눈이 정말 예쁘세요.
Pretty 외에 nice, beautiful, gorgeous 등 아름다움을 의미하는 다양한 표현들을 써도 됩니다.

I like your eyes. (**눈이 마음에 든다는 개인적인 마음을 담아 말할 때**) 눈이 정말 예쁘세요.

1 그냥 예쁜 게 아니라 눈이 정말 크다는 말도 꼭 담고 싶을 땐 이렇게 쓰세요.

You have big, pretty eyes. 눈이 정말 크고 예쁘세요.

2 그런데 눈이 아름답다고 칭찬할 사이가 되려면 이성적인 호감을 표하거나 정말 친한 사이여야 하기에, 슬프지만 눈과 관련해서는 다음 표현들을 더 자주 씁니다.

My eyes are itchy. I guess it's allergy season.
눈이 간지러워. (**주로 꽃가루**) 알레르기 철인가 봐.

Do my eyes look puffy? 나 눈 부은 것 같아?

You must be tired. Your eyes are all red. 너 피곤한가 보구나. 눈이 다 충혈됐네.

이럴 때는 이렇게!

A **You have pretty eyes.** 눈이 정말 예쁘세요.
B **Aw, thank you for your compliment.** 아, 칭찬 감사합니다.

A **You must be tired. Your eyes are all red.**
너 피곤한가 보구나. 눈이 다 충혈됐네.
B **Yeah, I stayed up till 4 finishing up the project.**
응, 프로젝트 마무리하느라 4시에 잤어.

혼자만의 시간이 필요하다고 말하고 싶을 때는

MP3 045

(x) Leave me alone.

(o) I need some alone time.

가끔 기분이 꿀꿀하거나 생각할 시간이 필요할 때 혼자만의 시간을 갖고 싶을 때가 있죠. 그런데 혼자만의 시간이 필요하다고 앞에 있는 사람에게 Leave me alone.을 쓰면 '나 좀 내버려 둬요!'란 느낌으로 마치 상대방이 귀찮게 해서 짜증난다는 느낌을 주기에, 날 위로해 주려고 다가온 지인에게 의도치 않게 상처를 줄 수 있습니다. 잠시 혼자 있고 싶을 땐, I need some alone time.을 쓰세요. 화가 나서 상대와 더 이상 얘기하고 싶지 않을 때도 쓸 수 있지만, 단순히 혼자 생각을 정리하며 여유롭게 시간을 보내고 싶을 때도 쓸 수 있습니다.

I need some alone time. 혼자만의 시간이 필요해요.

I need some air. 바람 좀 쐬어야겠어요.
나 혼자 밖에 나가서 바람도 좀 쐬고 생각도 정리할 것이니 귀찮게 따라오지 말아 달라고 에둘러 표현하는 겁니다.

I need some time to myself. 혼자만의 시간이 필요해요.

1 이렇게 alone은 '다른 사람 없이 혼자'라는 의미로 위의 상황처럼 내가 원해서 혼자 있는 것일 수도 있지만, 상황에 따라 외로움을 의미할 수도 있어요. 예를 들어, I ate alone.은 그냥 혼밥했다는 의미일 수도 있지만 상황에 따라 외롭게 혼자서 밥 먹었다는 의미일 수도 있거든요. 만약 외로움의 뉘앙스 없이 긍정적인 의미로 혼자서, 스스로의 뉘앙스를 담고 싶다면 on my own을 쓰세요. 예를 들어, 아이가 I ate on my own!이라고 하면 다른 사람 도움 없이 혼자서 먹었다는 의미가 됩니다.

2 날 짜증나게 하거나 방해하는 상대에게 따끔하게 말하고 싶을 땐 이렇게 쓰세요.

Enough! Just leave me alone. 그만해! 그냥 나 좀 내버려 둬.
Enough는 그만큼 했으면 충분하니 이제 그만하라는 의미로도 쓰입니다.

이럴 때는 이렇게!

A **Why the sad face?** 왜 그리 슬픈 표정이야?
B **I don't want to talk about it. I just need some alone time.**
얘기하고 싶지 않아. 그냥 혼자만의 시간이 필요해.

A **She told me to leave her alone.**
그녀가 나보고 자기 좀 가만히 내버려 두라고 하더라고.
B **Well, just give her some space, and I'm sure she'll call you in a couple of days.**
음, 그냥 조금 거리를 두고 내버려 둬. 그럼 하루 이틀 있다 너한테 전화하겠지.

UNIT 9

상대의 호의를 더 부드럽게 거절할 때는

MP3 046

(Δ) No, thanks.

(o) I'm good.

상대의 호의를 거절할 때 No, thanks.가 틀린 건 아니지만 거절의 대표 단어 No를 듣고 싶어 하는 사람은 없죠. 말투에 따라 자칫 상대를 빈정 상하게 할 수 있는 No, thanks.보다 오해의 소지가 좀 더 적은 I'm good.을 쓰세요. '전 괜찮습니다.'인 I'm good.을 쓰면 상대의 호의를 더 부드럽게 거절할 수 있어요. 조금 더 예쁘게 쓰고 싶다면 I'm good. Thank you though.(전 괜찮습니다. 그래도 고맙습니다.)를 써 주세요. 레스토랑에서 영수증을 안 줘도 괜찮다고 할 때나, 지인이 베푸는 호의를 거절할 때 등 정말 다양한 상황에서 예쁘게 거절할 수 있는 좋은 표현입니다. 하지만 아무리 좋은 거절 표현도 단호한 말투로 하면 상대가 무안해할 수 있으니 미소와 함께 쓰세요.

1 I'm good 대신 It's okay 또는 It's all right을 써도 됩니다.

It's okay. Thank you for offering though. 괜찮아. 그래도 제안해 줘서 고마워.

네이티브는 은근히 문장 끝 부분에 though(그래도)를 자주 붙여 써요. 전 'Thank you though.'가 though와 정 붙이기 정말 좋은 표현이라고 생각해요.

2 I'm good.은 How are you?(어떻게 지내세요?)라고 상대가 안부를 물어볼 때 잘 지낸다는 의미로도 쓸 수 있어요.

I'm good. How are you? 전 잘 지내요. 어떻게 지내세요?

3 I'm good.과 음식 맛을 말할 때 쓰는 It's good.은 다른 표현이니 헷갈리지 마세요. It's good.은 음식이 맛있거나 상태가 좋다고 할 때 쓰입니다.

It's really good. 정말 맛있네요. 정말 좋은데요.

이럴 때는 이렇게!

A **Would you like another cup of coffee?** 커피 한 잔 더 드실래요?
B **Oh, I'm good. Thank you though.** 아, 전 괜찮습니다. 그래도 고맙습니다.

A **How are you?** 어떻게 지내세요?
B **I'm good. How are you?** 전 잘 지내요. 어떻게 지내세요?

상대에게 정중하게 부탁할 때는

MP3 047

(Δ) Do me a favor.

(o) Can I ask you a favor?

상대에게 부탁할 때 Do me a favor.(부탁 좀 들어줘.)가 틀린 건 아니지만, 정말 친해서 스스럼없이 부탁할 수 있는 사이가 아니라면 이 표현은 명령조로 들릴 수 있어요. 이 표현보단 Could you do me a favor?(부탁 좀 들어줄 수 있어?)가 더 부드럽고, Can I ask you a favor?(부탁 하나만 해도 될까?)가 더 부드럽습니다. 부탁을 들어달라는 do보다 부탁 하나를 요청해도 되는지 묻는 뉘앙스의 ask가 더 조심스러운 느낌을 주죠. 정말 사소한 차이 같지만 듣는 사람이 느끼는 건 확 다를 수 있기에 상황에 따라 적절히 써 주세요.

1 전 더 정중히 부탁할 땐, favor 앞에 big을 넣어 Can I ask you a big favor?라고 써요. 마치 상대가 부탁을 들어주면 그게 제겐 정말 큰 고마움과 의미가 있는 듯한 느낌을 주는 거죠. 더 강조하려면 huge favor라고 하면 됩니다.

Can I ask you a big/huge favor? 큰/정말 큰 부탁 하나만 해도 될까?

2 Do me a favor는 정말 친해서 편히 부탁할 수 있는 사이에서나 명령조로 쓸 수 있습니다.

Do me a favor and get this taken care of ASAP.
(**상사가 부하 직원에게**) 부탁이 있는데 이것 좀 가능한 한 빨리 처리해 줘.

3 Do me a favor는 '제발 ~ 좀 해 줘'라는 의미로 부탁 외에 짜증을 낼 때도 쓰여요.

Do me a favor and leave me alone. 제발 나 좀 가만히 내버려 둬.

이럴 때는 이렇게!

A **Can I ask you a big favor?** 큰 부탁 하나만 해도 될까?
B **Of course. What is it?** 그럼. 뭔데 그래?
A **Could you drop me off at the airport tomorrow?**
내일 나 좀 공항에 떨궈 줄 수 있어?

A **Do me a favor and send me a copy.**
부탁이 있는데 그거 사본 하나만 보내 줘.
B **Okay. I'm on it.** 네, 바로 보내 드릴게요.

누가 일을 시켰을 때 지금 바로 착수하겠다는 뉘앙스로 I'm on it.(알겠습니다.)을 자주 씁니다. Okay, Yes만 쓰지 말고 I'm on it.도 써 주세요.

UNIT 11

용건이 뭔지 정중하게 물어볼 때는

MP3 048

(x) Why, please?

(o) May I ask what this is regarding?

용건이 뭔지 물어볼 때, Why만 쓰면 무례할 것 같아서 뒤에 please를 붙여도 표현이 예뻐지진 않아요. Why보다 정중한 건 What is this regarding?(뭐 때문에 그러시나요?)이고 한 단계 더 나아가 가장 예쁜 표현은 May I ask what this is regarding?(뭐 때문에 그러시는지 여쭤봐도 될까요?)입니다.

우리말 해석만 봐도 정중히 물어보는 느낌이 확 들죠? 특히 격식을 차려야 하는 비즈니스 이메일에서 이 regarding을 자주 씁니다.

Regarding(~에 대하여/관하여)이 입에 붙지 않는다면 about을 써도 되니 참고하세요.

What is this about? 뭐 때문에 그래?

What is this regarding? 뭐 때문에 그러시나요?

May I ask what this is about? 뭐 때문에 그런지 여쭤봐도 돼요?

May I ask what this is regarding? 뭐 때문에 그러시는지 여쭤봐도 될까요?

1 여러분이 regarding을 넣어 외우면 좋겠지만, 정 안 외워지면 최소한 May I ask why?(왜 그러신지 여쭤봐도 돼요?)는 외워 주세요. 그냥 Why만 쓰는 것보다 훨씬 더 정중합니다.

이럴 때는 이렇게!

A **Can I speak to Mr. Specter?** Specter 씨와 통화할 수 있을까요?

B **He's not here at the moment. May I ask what this is regarding?** 지금 자리에 안 계십니다. 뭐 때문에 그러시는지 여쭤봐도 될까요?

A **Can I talk to you for a second?** 잠깐 얘기 좀 할 수 있을까?

B **Okay. What is it regarding?** 네. 뭐 때문에 그러세요?

이메일에서 회신을 기다리겠다고 쓸 때는

MP3 049

(x) Please reply.

(o) I look forward to hearing from you.

이메일에서 회신을 기다리겠다고 할 때 Please reply.를 쓰면 '답변하십시오.' 같은 딱딱한 느낌을 줄 수 있어요. 대신 설레는 마음으로 답변을 기다리겠다는 뉘앙스의 I look forward to hearing from you.(회신 기다리겠습니다.)를 쓰세요. 이 표현은 특히 비즈니스 이메일의 마무리로 정말 자주 쓰이는 기본 문장입니다. 업무상이 아닌 친한 지인에겐 지금 이 순간 간절히 기다리고 있는 듯한 느낌을 주는 현재진행형을 써서 I am looking forward to hearing from you.라고 하면 됩니다. 이 'look forward to(설레는 마음으로) 기다리다'는 이메일 회신뿐만 아니라 상대의 답변이나 연락을 기다리겠다는 의미로 다양한 상황에서 쓸 수 있어요.

We look forward to hearing from you. (**설레는 마음으로**) 연락 기다리겠습니다.

I'm looking forward to hearing your plan.
(**친한 사이에서 설레는 마음으로 간절히**) 네 계획 기다리고 있을게.

I'm really looking forward to the movie tonight.
(**캐주얼한 상황에서 설레는 마음으로**) 오늘 밤 영화 보는 거 정말 기다리고 있어.

1 간절히 기다리고 있는 감정을 담은 현재진행형보다 더 강조하고 싶다면, 지속성을 강조하는 현재완료진행형을 쓰세요. 과거부터 쭉 기다려 왔다는 느낌을 줍니다. 현재완료진행형이 특히 자주 쓰이는 상황은 늘 만나고 싶었던 사람을 만나 반갑게 맞이할 때입니다.

I've been looking forward to meeting you in person.
(**예전부터 지금까지 쭉**) 늘 당신을 직접 만나길 기다렸어요.

I can't tell you how much I've been looking forward to this meeting.
(**예전부터 지금까지 쭉**) 이 미팅을 제가 얼마나 기다려 왔는지 말로 표현할 수 없네요.

이럴 때는 이렇게!

A **I'll give you a call later this week. Do you have a card?**
이번 주 후반에 전화 드릴게요. 명함 있으세요?

B **Sure. Here it is. I look forward to hearing from you.**
네. 여기 있습니다. (설레는 마음으로) 연락 기다리겠습니다.

A **See you tomorrow.** 내일 봐.

B **Looking forward to it.** (내일 널 보는 걸) 기다리고 있을게.

단순히 Okay! 대신 Looking forward to it.을 쓰면, 마치 설레는 마음으로 약속을 기다리고 있는 듯한 느낌을 줍니다. 프로페셔널한 사이보단 캐주얼한 친구에게 쓸 수 있는데요, 왠지 상대를 기분 좋게 해 주는 표현인 것 같아요.

UNIT 13

내일 상대를 보는 게 기대되고 기다려진다고 말할 때는

MP3 050

(x) I expect to see you tomorrow.

(o) I look forward to seeing you tomorrow.

상대를 보는 게 기대되고 기다려질 땐 expect 대신 look forward to를 써야 해요. Expect는 당연히 뭔가가 일어날 거란 기대를 할 때 쓰기 때문에 I expect to see you tomorrow.라고 하면 '내일 당연히 너를 볼 거라고 생각하고 있을게.'란 뉘앙스로 '내일 못 보게 되면 혼날 줄 알아'란 느낌을 줄 수 있습니다. 마치 상사가 부하 직원에게 또는 선생님이 학생에게 쓸 법한 표현이죠. 이때는 설레는 마음을 표현할 때 쓰는 look forward to(~을 설레는 마음으로 기다리다/기대하다)를 쓰세요. I look forward to seeing you tomorrow.라고 하면 '내일 뵙는 걸 (설레는 마음으로) 기다리고 있어요.'란 의미가 됩니다.

I look forward to working with you. (특히 같이 일하게 된 업체에게 함께 잘해 보자는 뉘앙스)
같이 일하는 거 기대하고 있습니다. (= 잘 부탁드립니다.)

1 특정 일이 일어날 거라고 당연히 기대, 예상할 땐 expect를 쓰세요.

She's expecting you.
(비즈니스 미팅에서 일정이 잡혀 있으니 사장님이나 대표가 당신이 당연히 올 거라고 생각하고 있었다는 뉘앙스)
기다리고 계십니다.
Expect 뒤에 대상이 들어가지 않고 She's expecting.이라고만 하면 출산 예정이라는 의미로 쓰여요.

When can I expect to hear from you?
(상대가 막연히 연락 준다고 할 때 당연히 이쯤 되면 연락이 올 거라고 생각할 수 있는 시기를 말해 달라는 뉘앙스)
언제쯤 연락 주실 거라 생각하면 될까요?

I expected more from you.
(상대의 실망스러운 말이나 행동에) 더 나은 모습을 기대했는데 말이야.
I expected more from you. 또는 I'm not mad. I'm just disappointed.(화 안 났어. 그냥 실망했을 뿐이지.)는 나름 품위 있게 상대에게 실망했다는 걸 표현할 수 있는 문장이니 참고하세요.

이럴 때는 이렇게!

A **I look forward to our lunch tomorrow.**
(설레는 마음으로) 내일 점심 식사 기대하고 있어요.

B **Likewise.** 저도요.

Likewise는 '마찬가지야/동감이야'란 의미로 자주 쓰여요. 매번 Me too만 쓰지 말고 Likewise도 써 주세요.

A **Hi, my name is Louis Donovan. I'm here to meet Mr. Litt.**
안녕하세요. 저는 Louis Donovan입니다. Litt 씨 뵈러 왔는데요.

B **Sure, he's expecting you.** 네. 기다리고 계십니다.

MP3 051

지인과의 약속을 다음으로 미룰 때는

(x) Let's postpone.

(o) Can I take a rain check?

지인과의 약속을 다음으로 미룰 때 postpone을 쓰면 너무 딱딱한 말투가 돼요. Postpone은 주로 미팅이나 공식 일정을 미룰 때 쓰는 표현이거든요. 좀 더 캐주얼하게 Can I take a rain check?을 쓰세요. Take a rain check은 '(다음을 기약하며) 미루다'란 의미인데요, rain check은 예전에 우천으로 야구 경기가 취소될 때 다음 경기 입장권으로 교환받을 수 있도록 보상 차원으로 나눠 주던 교환권이었어요. 이 표현이 확장되어 지인의 제의나 초대를 딱 잘라 No가 아닌, 돌려서 기분 나쁘지 않게 거절할 때 쓸 수 있습니다.

I'm going to have to take a rain check on dinner. 아무래도 저녁은 다음으로 미뤄야 할 것 같아.

'I'm going to have to + 동사원형'은 '~해야만 할 것 같아요'란 의미로 확고한 의지를 조심스럽게 표현할 때 자주 씁니다.

1 Postpone은 결정권을 가진 사람이 더 나은 상황을 위해 현재 진행 중인 일을 자의적으로 미루기로 결정할 때 써요. 주로 공식적인 미팅이나 일정을 연기할 때 자주 쓰입니다.

I'm sorry, but I'm going to have to postpone the meeting.
(**조심스럽게 확고한 의지를 표현**) 죄송하지만 미팅을 미뤄야 할 것 같습니다.

2 '미루다'의 대표 표현인 delay는 통제할 수 없는 상황에 의해 어쩔 수 없이 지연될 때 씁니다. 그래서 공항에서 비행기 이착륙이 미뤄질 때 delay를 쓰는 거죠. 날씨나 기술적인 문제 등으로 어쩔 수 없이 미뤄진 거니까요.

Sorry, I'm late. My flight was delayed. 늦어서 미안해. 비행기가 지연됐었어.

That shipment has been delayed three times already!
배송이 이미 세 번이나 미뤄졌다고요!

이럴 때는 이렇게!

A **Are we still meeting tonight?** 우리 오늘 밤에 만나는 거 맞지?
약속을 컨펌할 때 여전히 만나는 게 맞냐는 뉘앙스로 still을 자주 씁니다.

B **Actually, something's come up at work. Can I take a rain check?** 실은 회사에 일이 생겨서 다음으로 미뤄도 될까?

A **I'm sorry, but I'm going to have to postpone the meeting.**
죄송하지만, 미팅을 미뤄야 할 것 같습니다.

B **May I ask why?** 왜 그러시는지 여쭤봐도 될까요?

UNIT 15

상사에게 내 이메일을 읽어 봤는지 물어볼 때는

MP3 052

(x) Did you read my e-mail?

(o) Did you get a chance to read my e-mail?

내 이메일을 읽어 봤는지 물어볼 때 명령조를 쓸 수 있는 사이가 아닌 이상, Did you read my e-mail?(내 이메일 읽어 봤어?)을 쓰면 상대가 기분 나빠할 수 있어요. 마치 당연히 내 이메일을 읽어야 한다는 뉘앙스를 풍기거든요. 상사나 격식을 차려야 하는 상황뿐만 아니라 지인에게도 이때는 Did you get a chance to read my e-mail?(혹시 내 이메일 읽어 볼 시간 있었어?)을 쓰는 걸 추천합니다. 아무리 친한 사이더라도 상대의 시간을 배려하는 'Did you get a chance to + 동사원형?(혹시 ~할 시간/기회 있었어?)'이 훨씬 예쁘게 들리거든요. 특히 뭔가를 해달라고 부탁 또는 요청하는 입장이라면 위의 표현을 꼭 써 주세요.

Did you get a chance to review the material? 혹시 자료 검토해 볼 시간 있으셨어요?

여러분께 제가 Did you review the material?(자료 리뷰했어요?)이라고 하면 뭔가 빈정 상할 수가 있습니다. 의도치 않게 상대를 기분 나쁘게 만들 수 있으니 주의하세요.

Did you get a chance to call Mark? 혹시 Mark에게 전화할 시간 있었어?

1 명령조로 쓸 수 있는 사이에선 'Did you + 동사원형?(~했어?)'을 써도 됩니다.

Did you do your homework? 너 숙제 다 했어?

성인에게 homework는 '숙제'라는 의미보다 '사전 조사'란 의미로 자주 쓰입니다. 예를 들어, 상사가 중요한 미팅 전 사전 조사를 철저히 한 직원에게 You did your homework.(자네가 미리 알아봤군.)라며 칭찬할 수 있지요.

Did you call Mark? 너 Mark에게 전화했어?

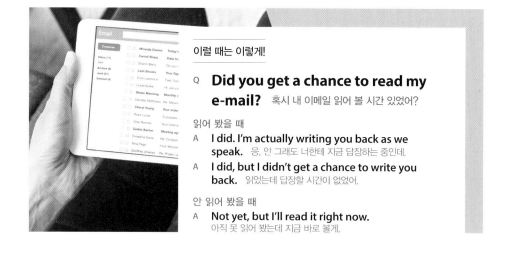

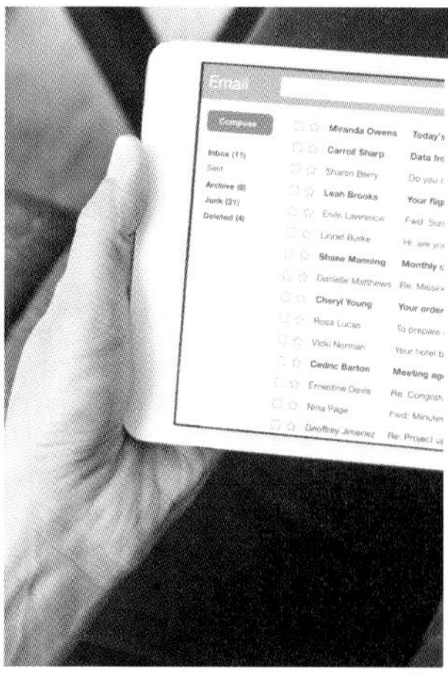

이럴 때는 이렇게!

Q **Did you get a chance to read my e-mail?** 혹시 내 이메일 읽어 볼 시간 있었어?

읽어 봤을 때

A **I did. I'm actually writing you back as we speak.** 응, 안 그래도 너한테 지금 답장하는 중인데.

A **I did, but I didn't get a chance to write you back.** 읽었는데 답장할 시간이 없었어.

안 읽어 봤을 때

A **Not yet, but I'll read it right now.** 아직 못 읽어 봤는데 지금 바로 볼게.

옷 가게에서 옷을 입어 봐도 되는지 물어볼 때는

MP3 053

(x) Can I wear this?

(o) Can I try this on?

옷 가게에서 옷을 입어 봐도 되는지 물어볼 땐 내게 어울리는지 한번 입어 보겠다는 try on을 써서 Can I try this on?(이거 입어 봐도 되나요?)을 써야 해요. '입다'로 우리에게 익숙한 wear를 써도 될 것 같지만, wear는 착용한 상태를 유지하는 뉘앙스가 강하기에 피팅룸에서 한번 입어 보는 게 아니라 이 옷을 입고 나가겠다는 뉘앙스가 되거든요.
이 try something on은 주로 상점에서 자주 쓰이지만 지인의 옷, 신발 등을 한번 입거나 신어 볼 때도 쓸 수 있어요.

Can I try this on? 이거 한번 입어 봐도 돼?

1 Try는 샘플을 한번 써 보거나 먹어 볼 때도 쓸 수 있습니다.

Can I try some? 이것 좀 한번 써 봐도/ 먹어 봐도 돼요?

Can I try yours? 네 거 써 봐도/ 먹어 봐도 돼?

2 'Can I wear this?(나 이거 입어도 돼)?'는 친한 지인에게 옷을 빌려 입거나 얻어 입을 때 씁니다. 빌려 입을 땐 borrow를 더 자주 쓰긴 하지만, 특정한 날에 wear를 쓰면 그 날 이걸 입어도 되냐는 뉘앙스로 빌릴 때도 쓸 수 있습니다.

Can I wear this tomorrow? 나 이거 내일 빌려 입어도 돼?

You can wear this for your date. 너 데이트 때 이거 입어도 돼.

이럴 때는 이렇게!

A **Can I try this on?** 이거 한번 입어 봐도 될까요?
B **Of course. Let me show you to the fitting room.**
그럼요. 피팅룸까지 안내해 드릴게요.

A **I have a big interview tomorrow, and I don't know what to wear.** 내일 중요한 면접이 있는데 뭘 입어야 할지 모르겠어.
B **Well, you can wear this. It's brand-new, but it's your big day.**
음, (상대에게 옷을 빌려 주며) 이거 입어도 돼. (한 번도 안 입은) 새것이긴 한데 너한테 중요한 날이니까.

UNIT 17

오늘따라 지인이 우울해 보여서 지나치지 않고 말을 걸 때는

MP3 054

(x) You look depressed.

(o) You look down today.

우선 상대와 정말 친한 사이라서 표정만 딱 봐도 어떤 기분인지 알 수 있지 않는 한, 상대의 기분을 내가 판단해서 얘기하는 건 자칫 기분 상하게 할 수 있습니다. 특히 내가 도와줄 수 있는 건 아무것도 없는 상황에서 표정 평가만 하는 건 안 좋은 습관인 것 같아요. 하지만 친한 지인이 오늘따라 기분이 우울해 보일 때 걱정되는 마음에 You look depressed.(너 우울해 보여.)라고 하면 정말 표정이 심각하게 안 좋거나 우울증에 걸린 사람 같다는 느낌을 줄 수 있어요. 평소와 달리 오늘따라 기분이 다운돼 보일 땐 You look down today.(오늘따라 기분이 다운돼 보이네.)를 쓰세요. '우울한'이란 강한 단어인 depressed 대신 '기분이 다운된'인 down을 쓰는 것도 중요하지만, 뒤에 today를 붙여 평소와 달리 오늘따라 기분이 안 좋아 보인다고 말하는 것도 중요합니다.

1 살다 보면 우울한 일이 생기기도 하잖아요. 그럴 땐 I am depressed.(나 우울해.)보단 특정 대상이 나를 우울하게 만든다는 뉘앙스인 This is depressing.(이거 참 우울하네.)을 써 주세요.

That is depressing news. 그거 참 우울한 소식이다.

2 참고로 look down에 on을 덧붙인 look down on은 '~를 깔보다/무시하다'의 뜻입니다. 비슷한 의미로 ignore가 있는데요, look down on은 내가 상대보다 더 똑똑하거나 낫다고 생각해서 무시하는 거고요, ignore는 상대의 말이나 행동이 내게 영향을 끼치지 않도록 무시하거나 반응하지 않는 걸 의미하니 차이점 꼭 알아두세요.

I'm so tired of him always looking down on me.
난 그가 나를 늘 무시하는 게 아주 진절머리가 나.
Be tired of는 '~에 진절머리 나다/싫증나다'란 의미로, 의미를 더 강조해서 be sick of로도 자주 씁니다.

이럴 때는 이렇게!

A **You look down today. What's going on?**
오늘따라 기분 다운돼 보여. 무슨 일 있어?

B **I bombed the interview.** 나 인터뷰 완전 망쳤어.

A **Oh, come on. It's not the end of the world.**
에이, 그렇다고 세상이 다 끝난 것도 아닌데 힘내.

뭔가를 열심히 하는 상대에게 뭐 하냐고 물어볼 때는

MP3 055

(x) What are you doing?

(o) What are you working on?

동료나 지인이 집중해서 뭔가를 하고 있어서 뭘 그리 열심히 하는지 물어볼 때는 'What are you working on?(뭘 그리 열심히 하고 있어?)'을 쓰세요. 결과물을 내거나 뭔가를 개선시키기 위해 열심히 시간과 노력을 들인다는 의미인 work on은 생산적인 일을 할 때만 쓸 수 있는 반면, 'What are you doing?(뭐 하는 거야?)'은 상대가 수상한 행동을 할 때 말투에 따라 추궁하는 느낌을 줄 수도 있거든요. 상대가 열중하는 일이 생산적이다는 느낌을 주는 work on이 훨씬 더 예쁜 표현입니다.

What are you working on? You look so focused. 뭘 그리 열심히 하고 있어? 되게 집중한 것처럼 보여서.

I'm working on a proposal. I need to finish it by the end of the day.
제안서 쓰고 있어. 오늘까지 끝내야 해서.

1 지금 이 순간만 공들이는 게 아니라, 어느 정도 쭉 시간과 노력을 들였다는 지속성을 강조하려면 현재완료진행형(have been + 동사ing: 과거부터 쭉 ~해 왔다)을 쓰세요.

I've been working on this project for months. (강조)
몇 달 동안 이 프로젝트에 열심히 공들여 왔어.

2 What are you doing?(뭐 하는 거야?)은 상대가 좀 이상한 행동을 할 때도 쓸 수 있기에 말투가 정말 중요합니다.

What are you doing, babe? (다정한 말투) 뭐 해?
미국인들은 꼭 연인이 아니어도 sweetie, sweetheart, babe, love 등의 애칭을 자주 씁니다. 심지어 처음 만난 손님에게 주문을 받을 때 쓰기도 해요. 그냥 친근하게 다가가기 위함이니 내게 호감을 가지고 있는 건가 설레시면 안 돼요.

What are you doing? You're getting on my nerves. (짜증내는 말투)
너 지금 뭐 하는 거야? 진짜 짜증나게 만드네.

이럴 때는 이렇게!

Q **What are you working on?**
뭘 그리 열심히 하고 있어?

A **I'm making eggs Benedict.**
열심히 에그 베네딕트 만들고 있지.

A **Nothing special. It's just a little side project I've been working on.** 특별한 건 아니고 그냥 사이드로 작은 프로젝트 하나 맡아서 작업 중이야.

A **We're working on a project together.**
같이 프로젝트 작업하고 있어.

UNIT 19

상대의 제안을 곰곰이 생각해 봐야겠다고 말할 때는

MP3 056

(x) Let me think carefully.

(o) Let me sleep on it.

Think carefully는 특정 말이나 행동이 야기할 수 있는 안 좋은 상황에 대비해 어떻게 해야 할지 곰곰이 생각해 볼 때 쓰는데요. 주로 상대나 내 자신에게 위험하거나 불리한 상황이 오지 않도록 잘 생각해 봐야 한다는 충고의 어투로 씁니다. 하지만 뭔가를 할지 말지, 상대방이 한 제안을 생각해 볼 시간이 필요할 땐 Let me sleep on it.을 쓰세요. 하룻밤 자고 나면 생각이 정리되는 것처럼 고민거리 위(on)에서 잠을 자며 곰곰이 생각해 보겠다는 뉘앙스로 자주 쓰입니다. 특히 중요한 결정에 자주 쓰이는 표현이니 꼭 알아두세요.

We should sleep on it. 곰곰이 생각해 보는 게 좋겠어.

Take your time. Sleep on it. 시간을 갖고 곰곰이 생각해 봐.

1 특정 말이나 행동이 안 좋은 상황을 야기할 수 있으니 곰곰이 잘 생각해 보라고 할 땐 Think carefully를 씁니다.

Think carefully before you answer.
(**답변에 따라 상황이 좋아지거나 나빠질 수 있음**) 답변하기 전에 곰곰이 생각해 봐.

Think carefully about what you're doing.
(**잘 생각하고 행동하지 않으면 안 좋은 상황이 일어날 수도 있음**) 네가 하는 행동에 대해 곰곰이 생각해 봐.

이럴 때는 이렇게!

Q **What do you say? Would you like to go ahead and purchase it today?**
어때요? 오늘 구매하실래요?

What do you say?는 '어때?/어떻게 생각해?'란 의미로, 내 제안에 뭐라고 말할 건지 상대의 의견을 물어볼 때 자주 쓰입니다. 정확한 뉘앙스를 모르면 해석이 안 되는 표현이니 '어떻게 생각해?'란 의미를 꼭 기억해 두세요.

생각해 볼 시간이 필요할 때

A **Well, this is a big decision. Let me sleep on it.**
음, 중요한 결정이니 (바로 결정하지 않고) 곰곰이 생각해 볼게요.

생각해 본 후 결정할 때

A **Sure. I slept on it, and I think it's a good deal.**
그래요. 곰곰이 생각해 봤는데 좋은 가격인 것 같아요.

자리에 앉아 달라고 공손히 말할 때는

MP3 057

(x) Sit down.

(o) Please have a seat.

Sit down은 반려견에게 앉으라고 할 때 쓰기도 하고 정해진 좌석이 아닌 그냥 바닥에 앉을 때도 씁니다. Please를 붙여 좀 더 공손히 만든다고 하더라도 Please sit down.에는 명령조가 여전히 남아 있어요. 격식을 차린 장소에서 자리에 앉아 달라고 공손히 요청할 땐 Please have a seat.(자리에 앉아 주세요.)을 쓰세요. 각자의 자리(seat)에 앉아 달라는 의미로 훨씬 더 정중한 느낌을 줍니다.

이 외에 Please take a seat. 또는 Please be seated.도 자주 쓰이니 참고하세요.

Please를 빼고 쓰면 좀 더 캐주얼해집니다.

Have a seat. (캐주얼한 느낌) 자리에 앉아.

Please have a seat. (격식) 자리에 앉아 주세요.

Please be seated. (격식) 자리에 앉아 주세요.

1 명령조로 써도 되는 캐주얼한 상황이나 내 자신에겐 sit down을 써도 됩니다.

You can sit down here. 여기 앉아도 돼.

Can I sit down for a second? (주로 대화를 나누러 왔을 때) 잠시 앉아도 될까?

이럴 때는 이렇게!

A **Please have a seat, and I'll be with you shortly.**
자리에 앉아 계시면 곧 봐드릴게요.

B **No rush. Take your time.** 서두르지 않아도 되니 천천히 하세요.

I'll be with you shortly.(곧 봐드릴게요/도와드릴게요.)는 특히 서비스업에서 자주 쓰입니다. 정말 정신없이 바빠 보이는 직원이 이 말을 하면 전 되도록 No rush. Take your time.(서두르지 않아도 되니 천천히 하세요.)이라고 말해요. 상대에게 여유를 주는 좋은 표현인 것 같아요.

A **Can I sit down for a second?**
(주로 대화를 나누러 왔을 때) 잠시 앉아도 될까?

B **Sure, what can I do for you?** 네, 어떻게 도와드릴까요?

UNIT 21

상대방에게 몸매가 좋다고 칭찬할 때는

MP3 058

(x) You have a nice body.

(o) You're in shape.

상대의 몸매가 좋다고 대놓고 몸을 칭찬하는 You have a nice body.는 성적인 의미로 다가올 수 있기에 상대방이 오해할 수 있어요. 이때는 몸매보단 몸 상태가 좋은 즉, 건강미를 강조하는 You're in shape.를 쓰세요.

오해의 소지가 훨씬 적고 꾸준한 운동으로 몸이 건강하니 건강한 라이프스타일을 칭찬하는 듯한 느낌을 줍니다. Shape 앞에 good, great 등을 써서 강조할 수도 있어요.

You're in great shape. 너 정말 몸매 좋다.

1 좋은 몸매를 유지한다고 할 땐 stay in shape를 쓰세요.

How do you stay in such great shape?
(**몸매 유지 비결을 물어보며**) 어떻게 그런 좋은 몸매를 유지하는 거야?

2 반대로 한동안 운동을 하지 않아 몸매나 몸 상태가 안 좋은 건 in의 반대말 out of를 쓴 out of shape예요. 이 또한 몸매보다는 몸 상태에 포커스가 맞춰져 있기에, 겉으로 보기엔 날씬해 보여도 한동안 운동을 하지 않아 몸 상태가 안 좋을 때 쓸 수 있습니다.

I'm so out of shape right now. I really should get back in shape.
(살이 쪘을 수도 있지만 외관상 날씬해 보여도 기초 체력이 떨어졌을 때 쓸 수 있음)
나 몸 상태가 정말 안 좋아. (**열심히 운동해서**) 진짜 다시 건강을 되찾아야겠어.

You should work out more often. You're out of shape.
너 운동 좀 더 자주 해야겠다. (**기초 체력이 떨어져**) 몸 상태가 안 좋네.

이럴 때는 이렇게!

A **You're in great shape!** 너 정말 몸매 좋다!

B **Thank you. I guess all those times at the gym finally paid off.**
고마워. 헬스장에서 열심히 운동한 보람이 있네.

B **So are you.** 너도 그래.

B **Oh, you're just saying that.** 에이, 그냥 하는 말인 거지?

B **You make me blush.** 부끄러워서 얼굴이 다 빨개진다.

B **Well, I try to work out every day since my metabolism is slowing down.**
(나이 들어 운동 안 하면 살찐다는 뉘앙스)
신진대사가 느려져서 매일 운동하려고 해.

만나는 사람이 있는지 물어볼 때는

MP3 059

(Δ) Do you have a girlfriend?

(o) Are you seeing anyone?

우리도 점점 나이가 들어갈수록 여자 친구, 남자 친구가 있는지 묻는 것보다 만나는 사람이 있는지 물어보죠. 미국인들도 똑같아요. Do you have a girlfriend/boyfriend?(여자 친구/남자 친구 있어?)가 틀리진 않지만 만나는 사람이 있는지 물어보는 Are you seeing anyone?도 자주 씁니다. 이런 개인적인 질문을 할 땐 가능하면 앞에 If you don't mind me asking(이런 질문해도 될지 모르겠지만)을 넣어 주세요. 훨씬 더 조심스럽게 질문하는 느낌을 준답니다.

Are you seeing anyone? 만나는 사람 있어?

I'm seeing someone. 저 만나는 사람 있어요.

1 로맨틱한 사이의 여자 친구는 girlfriend, 이렇게 한 단어로 붙여 써야 해요. 띄어서 쓴 girl friend는 female friend 즉, 그냥 여자 사람 친구(여사친)를 의미합니다. 역시 연애 감정으로 만나는 남자 친구도 boy friend (= male friend)가 아닌 boyfriend인데요, 쉽게 외우는 방법이 있어요. 한 단어로 붙어 있으면 단 한순간도 떨어지기 싫은 로맨틱한 사이, 중간에 한 칸 띄어 쓰면 선을 넘지 않게 벽을 두고 싶은 명백한 친구 사이라고 외우면 쉬워요.

This is my boyfriend, Ryan.
(**연애 감정으로 만나는**) 여기는 제 남자 친구 Ryan입니다.

His girlfriend seems nice.
(**연애 감정으로 만나는**) 그 사람 여자 친구는 좋은 사람 같더라.

You're my best male friend.
(**연애 감정 없는 그냥 친구**) 넌 나와 제일 친한 남자 사람 친구야.

이럴 때는 이렇게!

A **If you don't mind me asking, are you seeing anyone?**
이런 질문해도 될지 모르겠지만 만나는 분 있으세요?

B **Yes, I just got engaged.** 네, 얼마 전 약혼했어요.

A **This is my boyfriend, Ryan.** 여기는 내 남자 친구 Ryan이야.

B **Hi, Ryan. It's finally good to meet you in person.**
안녕하세요, Ryan. 드디어 이렇게 직접 만나 뵈니 반갑네요.

UNIT 23

상대에게 왜 전화를 안 받았는지 물을 때는

MP3 060

(x) Why didn't you answer my call?

(o) I've been trying to reach you.

우리도 왜 전화 안 받았냐고 직설적으로 묻기보다 '전화 여러 번 했어' 이렇게 말하잖아요. 네이티브들도 똑같습니다. 상대가 내 전화를 안 받았다고 Why didn't you answer my call? (왜 내 전화 안 받았어?)이라고 하면 추궁하고 따지는 느낌을 줄 수 있어요. 대신 연락이 닿으려고 전화, 문자, 이메일 등 다양한 방법으로 여러 번 연락을 취해 봤다의 뉘앙스인 I've been trying to reach you.를 쓰세요. '(연락이 닿으려 노력했는데) 너와 연락이 안 되더라'란 의미로 전화를 안 받은 이유를 간접적으로 물어볼 수 있고, 지속성을 의미하는 현재완료진행형(have been + 동사ing)을 써서 너와 통화하기 위해 쭉 노력했다는 의미를 나타낼 수 있어요. 참고로 '연락이 닿다'의 reach는 전화 통화뿐 아니라 문자, 이메일 등의 다양한 수단으로 연락을 취할 때도 쓸 수 있습니다.

Where have you been? I've been trying to reach you all day.
어디 있었던 거야? 하루 종일 연락했는데 연락이 안 되더라.

I've been trying to reach you all afternoon. 오후 내내 연락했는데 너 연락이 안 되더라.

1 왜 그랬는지 이유를 묻는 Why로 문장을 시작하면 따지거나 추궁하는 느낌이에요.

Why didn't you answer my call? 왜 내 전화 안 받았니?

Why didn't you answer my texts? I was worried about you.
왜 내 문자에 답장 안 했어? 걱정했잖아.

이럴 때는 이렇게!

Q **Where have you been? I've been trying to reach you all morning.**
어디 있었던 거야? 아침 내내 연락했는데 연락이 안 되더라.

A **Sorry, my meeting ran late.** 미안해. 미팅이 늦게 끝났어.
수업이나 미팅 등이 생각보다 오래 지속됐을 땐 run late을 씁니다.

A **Sorry. My phone was on mute.**
미안해. 핸드폰을 무음으로 해 놔서 전화 온지 몰랐어.

A **I'm sorry. I left my phone in the car.**
미안해. 핸드폰을 자동차에 두고 와서 못 받았어.

A **I'm sorry. I've been running around all morning.**
미안해. 아침 내내 여기 저기 돌아다니느라 정신없었어.
이것저것 해결할 일이 많아 정신없이 돌아다닐 때 run around를 씁니다. 일을 처리하느라 하루 종일 여기 저기 돌아다녔다고 할 땐 I've been running around all day.를 쓰세요.

부재중 전화 상대에게 다시 전화해서 말할 때는

MP3 061

(Δ) I saw you called.

(o) **Sorry I missed your call.**

부재중 전화 알림을 보고 상대에게 바로 또는 얼마 지나지 않아 다시 전화해서 말할 땐 단순히 전화 온 걸 봤다는 I saw you called.보다 전화를 못 받아서 미안하다는 Sorry I missed your call.을 쓰는 게 상대를 더 배려하는 느낌을 줍니다. Sorry I missed your call.(전화 못 받아서 미안해.)은 부재중 전화가 온 상대에게 연락한 후 무조건 써야 하는 전화 영어 에티켓인 것 같아요.

Hi, Lauren. Sorry I missed your call. What's up?
안녕, Lauren. 전화 못 받아서 미안해. 무슨 일이야?

Sorry I missed your calls. (상대가 여러 번 전화했을 때) 전화 계속 못 받아서 미안해.

1 반대로 상대가 내가 전화한 후 한참 뒤에 연락하면 이렇게 말하세요. 친한 사이에서 투덜거릴 때 쓸 수 있습니다.

What took you so long to call?
(전화하는 데까지 왜 오랜 시간이 걸렸냐는 뉘앙스) 왜 이렇게 늦게 전화했어?

2 동사 miss(~에 참석하지 않아 그 일을 놓치다)는 전화 외에 파티, 결혼식, 회의, 식사 자리 등에 참석하지 못했을 때도 응용해서 쓸 수 있습니다.

Sorry I missed your graduation. I hope you're not too upset.
(이미 졸업식은 끝남) 네 졸업식에 참석 못해서 미안해. 많이 속상해하지 않으면 좋겠다.

이럴 때는 이렇게!

A **Hi, Lauren. Sorry I missed your call. I've been swamped all morning.** 안녕, Lauren. 전화 못 받아서 미안해. 아침 내내 정신없이 바빴어.
B **It's okay. I just called to see how your presentation went.**
괜찮아. 그냥 네 프레젠테이션 어떻게 됐는지 알아보려고 전화했어.

A **Happy belated birthday! I'm sorry I missed your party. Did you have fun though?**
늦었지만 생일 축하해. 네 파티에 못 가서 미안해. 그래도 재미있었지?
상대방 생일이 지난 후 생일 축하한다고 말해 줄 땐 Happy belated birthday!(늦었지만 생일 축하해!)라고 합니다. 단순히 상대의 생일을 깜빡했을 때도 쓸 수 있지만, 얼마 전 생일이었다는 걸 갑자기 알게 되었을 때도 간단한 축하 인사로 쓸 수 있는 표현입니다.
B **Yeah, I had a great time.** 응, 정말 즐거웠어.

UNIT 25

무언가가 내 취향이 아니라고 얘기할 때는

MP3 062

(Δ) I hate it.

(o) It's not for me.

저는 공포영화를 별로 안 좋아하는데요. Netflix에서 공포영화를 추천해 주길래 아래쪽을 향하는 '싫어요' 엄지를 눌렀더니 'Not for me(내 취향 아님)'라고 나오더라고요.
뭔가를 좋아하거나 즐겨하지 않을 때 I hate it.(나 그거 싫어해.) 또는 I don't like it.(난 그거 안 좋아해.)이 틀리진 않아요. 하지만, It's not for me.(그건 내 취향이 아냐/ 내겐 안 맞아.)가 듣기에 더 부드러워요. 누군가는 그걸 좋아할 수도 있지만 not for me, 나를 위해 만들어진 건 아니다 즉, 내겐 안 맞는다란 의미거든요. 선호하지 않는 음식, 옷 등의 물건 외에 썩 유쾌하지 않는 활동이나 경험에도 다양하게 응용할 수 있습니다.

Turns out it wasn't for me. 알고 보니 그건 내 취향이 아니더라.

It's certainly not for everyone. (모든 사람이 좋아하는 건 아니다는 뉘앙스) 그건 정말 호불호가 갈려.

1 이 외에도 'I'm not a big fan of + 대상'을 써도 됩니다. 뭔가의 광팬이 아니라는 뉘앙스로 별로 안 좋아한다는 의미죠. 비슷한 맥락으로 뭔가 별로 마음에 안 들거나 안 좋아할 때 'I'm not crazy/nuts about + 대상'을 써도 돼요.

I have to say, I'm not a big fan of Meg. 정말이지, 난 Meg 별로야.
I have to say,는 '정말이지, 실은 말야'로 어떤 사실을 인정하거나 꼭 말하고 싶은 개인적인 의견을 강조해서 표현할 때 씁니다.

I'm not crazy about this idea. 난 이 아이디어 별로야.

2 '~ is not my thing'도 뭔가 내 취향이 아니라고 할 때 자주 쓰여요. 뭔가 좋아하지 않을 때 쓸 수 있는 표현이 이렇게나 많으니, 매번 I don't like it 또는 I hate it만 쓰지 말고 때론 부드럽게 말해 주세요.

I'm sorry. It's just not my thing. 미안한데 그건 그냥 내 취향이 아냐.

이럴 때는 이렇게!

A **Public speaking is not for me.** 공석에서 말하는 건 내겐 안 맞아.
B **It's not for me either, but we have to work on that.** 나도 그러긴 해. 그래도 더 잘하기 위해 노력은 해야지.

A **How was your vacation?** 휴가는 어땠어?
B **It was nice. I mean, backpacking isn't really my thing, but we were in Paris. It's kind of impossible to not have a good time there.** 좋았어. 뭐, 배낭여행은 별로 내 취향이 아니긴 한데 그래도 파리에 있었거든. 거기서 재미없게 있는 건 불가능한 거나 다름없잖아.

난 상관없으니 너 편한 대로 하라고 할 때는

MP3 063

(x) I don't care.

(o) It doesn't matter to me.

I don't care.는 '난 상관없다'의 뜻으로 긍정적인 의미로도 쓰이기는 해요. 하지만 말투나 상황에 따라 관심 없다는 뉘앙스로, 신경 쓰기 귀찮거나 짜증낼 때 자주 쓰이기에 무례하게 들릴 수도 있으므로 조심해서 써야 해요. 뭔가 성의 없거나 무관심한 태도로 느껴질 수 있거든요. 이것 대신, 오해의 소지가 적은 It doesn't matter to me.(난 상관없어.)를 쓰세요. 그건 내게 중요한 요소가 아니기에 네가 편한 대로 하라는 의미로 쓰입니다. It doesn't matter to me.는 시간, 장소, 대상 등 다양하게 응용해서 쓸 수 있습니다.

Anytime. It doesn't matter to me. 언제든지. 난 상관없어.

비슷한 표현으로, I'm fine with whenever.(난 언제든 괜찮아.)도 자주 쓰입니다.

Anywhere. It doesn't matter to me. 어디든지. 난 상관없어.

비슷한 표현으로 I'm fine with wherever.(난 어디든지 괜찮아.)도 자주 쓰입니다.

1 상대방이 뭐라고 하든 내 알 바 아니라고 할 때는 I don't care라고 말합니다.

I don't care how much money you make.

(다정하게 말하면 상대의 연봉이 중요치 않다는 뉘앙스) 네가 돈을 얼마나 버는지 난 상관하지 않아.

(짜증내듯 말하면 돈 자랑하지 말라는 뉘앙스) 네가 돈을 얼마나 버는지 난 관심 없다고!

I don't care how long it takes. Just make it happen.

(명령조) 그게 얼마나 걸리든 내 알 바 아냐. 그냥 되게 해.

이럴 때는 이렇게!

A **I think you need to lose some weight.** 너 살 좀 빼야 할 것 같다.

상대방 의견은 신경 쓰지 않는다고 할 때

B **Well, I don't care about what you think.**
난 네 생각 따위는 상관하지 않거든.

B **I couldn't care less about your opinion.**
(이보다 덜 신경 쓸 수는 없다고 강조) 네 의견 따위는 신경 안 써.

B **Did anybody ask for your opinion?**
누가 네 의견이 궁금하대?

수긍할 때

B **I know. I really need to get back in shape.**
그러게. 다시 몸매 관리 좀 해야겠어.

UNIT 27

모르는 사람이 아는 척해서 '저 아세요?'라고 할 때는

MP3 064

(x) Do you know me?

(o) I'm sorry. Have we met?

처음 보는 것 같은데 누군가가 내게 아는 척을 할 때 '저 아세요?'라고 할 수 있습니다. 그때 Do you know me?가 맞을 것 같지만, 사실 Do you know me?는 상대가 당연히 내가 누구인지 알아야 한다는 뉘앙스로 '저 누군지 아시죠?'란 의미가 됩니다. 우리가 아는 사이인지 물어볼 땐 Do I know you?가 맞아요. 하지만 저는 I'm sorry. Have we met?(죄송한데요, 저희 만난 적 있나요?)을 쓰는 걸 더 추천합니다. 왜냐하면 솔직히 위의 두 표현이 헷갈리기도 하고, Do I know you?도 말투나 상황에 따라 왜 아는 척하냐고 짜증낼 때도 쓰이거든요. 예를 들어, 바에서 이상한 사람이 다가와 말을 걸 때 짜증내며 'Do I know you?(저 아세요?)'라고 하면 아는 척하지 말고 저리 가라는 뉘앙스로도 쓰입니다. 그러니 오해의 소지가 더 적은 I'm sorry. Have we met?(죄송한데요, 저희 만난 적 있나요?)을 쓰세요.

I'm sorry. Do I know you? **(조심스럽게 물어볼 때)** 죄송한데요, 저 아세요?

Do I know you? **(모르는 사람이 자꾸 귀찮게 말 걸 때)** 저 아세요?

I'm sorry. Have we met? 죄송한데요, 저희 만난 적 있나요?

1 상대는 날 아는 것 같은데 내가 단순히 기억을 못 하는 경우가 있어요. 사실, 이것도 상대에게 상처가 될 수 있기에 너무 당당한 표정보단 기억을 못해 미안한 표정으로 다음과 같이 말해 주세요.

Do we know each other? 저희 아는 사이인가요?

이럴 때는 이렇게!

A **Elaine! It's me, Lia!** Elaine! 나야, Lia!

상대를 알아볼 때

B **Lia, it's so good to see you! How have you been?**
Lia, 이렇게 보니 정말 반갑다! 어떻게 지냈어?

B **Lia, it's been forever! You haven't changed a bit.**
Lia, 정말 오랜만이다. 하나도 안 변했네.

정말 오랜만에 상대를 만났을 때 It's been forever.를 자주 씁니다.

상대를 못 알아볼 때

B **I'm sorry. Do we know each other?**
죄송한데요, 저희 아는 사이인가요?

B **How awkward! Have we met?**
정말 어색하네요. 저희 만난 적 있나요?

식사는 하셨는지 안부차 물을 때는

MP3 065

(x) Have you eaten yet?

(o) Did you have a good lunch?

학창시절과 사회생활의 대부분을 미국에서 보낸 전, 아직도 조금 어색한 게 점심시간 후 미팅이 있을 때마다 '선생님, 식사는 하셨어요?'라고 질문을 받는 거예요. 물론, 단순히 식사는 잘하셨는지 안부차 묻는다는 걸 알지만, 미국 문화에선 실제 같이 밥을 먹을 계획이 있지 않는 한 예의상으로라도 식사는 했는지 묻지 않아요. 점심시간 후에 만나더라도 How are you? 또는 How's your day going? 등의 인사말을 가장 많이 씁니다. 점심을 먹으며 특별한 일이 진행됐을 때, 예를 들어 고객과 점심을 먹으며 비즈니스 미팅을 진행했거나 런치 데이트를 했을 땐 전체적인 식사 경험이 어땠는지 이렇게 물어보지요.

Did you have a good lunch? 점심은 맛있게 드셨어요?

How was lunch? 점심은 어땠어요?

1 Have you eaten yet?(식사하셨어요?)은 다음과 같은 상황에서 써야지, 그냥 인사치레로 쓰면 어색합니다.

Have you eaten yet? 식사하셨어요?
(상대가 아직 식사를 안 했으면 같이 먹으러 가자고 초대할 생각으로/
상대가 아직 식사를 안 했으면 요리를 해 주거나 먹을 걸 줄 생각으로)

이럴 때는 이렇게!

Q **Have you eaten yet?** 밥 먹었어?

아직 밥을 안 먹었을 때

A **No, I'm starving. I skipped breakfast.**
아니, 정말 배고프다. 아침도 걸렀거든.

식사를 거를 때 skip을 쓰세요. 예를 들어, 저녁을 거르는 건 skip dinner라고 합니다.

A **Not yet, but I'm about to go get some lunch.**
아니, 아직. 이제 막 점심 먹으러 가려고.

이미 밥을 먹었을 때

A **Yes, I made pasta. There's leftover in the fridge if you want some.**
응, 파스타 만들어 먹었어. 먹고 싶으면 남은 거 냉장고에 있어.

A **Yes, I went to the new pizza place down the street.** 응, 근처에 새로 생긴 피자집에 가서 먹었어.

Down the street은 직역하면 '길 아래'라는 의미지만 '근처에'로 의역해서 외우면 평소에 더 쉽게 쓸 수 있어요.

영어가 잘 안 들리는 이유

분명 글로 보면 다 아는 건데 막상 네이티브가 말하면 무슨 말인지 정확히 들리지 않아 답답할 때가 있습니다. 그건 결국 내가 알고 있는 발음과 네이티브가 실제 쓰는 발음이 달라 매칭이 안 돼서 안 들린다고 느껴지는 거예요. What did you do yesterday?처럼 정말 간단한 일상 회화 표현도 네이티브가 갑자기 '와리쥬드우 예스떨데이?'라고 힘 빼고 빨리 말하면 안 들린다고 생각하게 되는 거죠.

너무나도 cliché(식상한/뻔한)하지만 영어를 잘 듣기 위해선 많이 들어야 합니다. I love you. 같이 익숙한 표현은 속삭이듯 말해도 귀에 쏙쏙 들어오는 것처럼, 결국 많이 들어서 정확한 발음이 익숙해진 표현들이 하나 둘 늘어나면 결국 전체적인 문장이 잘 들리게 되거든요.

제가 좀 더 쉽게 리스닝 연습을 시작할 수 있도록 미국 영어 발음 규칙 중 가장 기본적으로 알아야 할 핵심 규칙 9개를 알려드릴게요.
이 기본 규칙을 알려드리는 이유는 한국식 강세를 없애고 미국식 발음을 해야 한다고 말씀드리려는 게 절대 아닙니다. 미국인도 지역이나 사람에 따라 발음이 조금씩 다르고, 요즘은 글로벌 영어가 대세라서 특정 발음이 좋고 나쁜 건 절대 없어요. 하지만 도드라지는 발음 규칙을 참고해서 좀 더 쉽게 미드나 영화로 리스닝 연습을 시작하셨으면 하는 마음에 첫걸음을 같이 걸어 보지요.

1 **연음 현상** **단어의 끝자음 + 다음 단어의 첫 모음 = 한 단어처럼 이어짐**

make it up [메끼럽] **Would you** [(우)워쥬] **did it** [디릿]

2 **유화 현상** **모음 발음 + d, rd, t, rt + 모음 발음 = 'ㄹ' 발음으로 부드러워짐**

▸ 참고로 y(이), w(우)는 모음 발음이 남

go to [고우르우] **say to** [쎄이르우] **way to** [웨이르우]
student [스뜌런ㅌ] **started** [스딸릳]

3 **동화 현상** **같거나 유사한 발음이 만날 때는 한 번만 발음해 주기**

bus stop [버스땁] **with that** [윋댓] **take care** [테이케얼]

4 **경음화 현상** (s)**k**, **s**(**c**), (s)**qu**, (s)**t**, (s)**p** + 강세 = ㄲ, ㄸ, ㅃ (된소리)

sky [스까이] scandal [스깬덜] squash [스꿔시]
start [스따알ㅌ] study [스떠리] speak [스삐익]

5 **중간 자음 탈락 현상** 자음이 **3**개 연속되면 중간 자음은 생략되는 현상

recently [뤼쓴을리] postpone [포스뽀운] empty [엠띠]
frequently [프뤼퀀을리] exactly [이그재끌리]

6 **끝자음 탈락 현상** 단어의 맨 끝 **d**, **f**, **g**, **k**, **p**, **t**, **v**는 거의 발음되지 않음

send [쎈ㄷ] half [해ㅍ] big [빅]
pick [픽] doesn't [더즌ㅌ] love [러ㅂ]

7 **모음 + nt + 모음** 빨리 발음될 땐 **n** 발음만 남음

wanted [원틷 → 워닛] twenty [트웬티 → 트웨니]
international [인털내셔널 → 이널내셔널]

8 **강세 + T 모음 + (모음) N** 콧소리 '은'으로 발음됨

eaten [잇은] certain [썰은] Manhattan [맨햇은]

9 **대표적인 장모음들** -**ee**-, -**ea**-, -**ie**-는 긴 '이' 발음, -**oo**-는 긴 '우' 발음

sheet [쉬이잇] seat [씨이잍] piece [피이ㅆ]
soon [쑤우운] cook [쿠욱ㅋ]

CHAPTER 4

같은 말이면
오해를 막고 예의 바르게 2

UNIT 1

상대 여성이 결혼했다고 말하지 않는 이상 호칭할 때는

MP3 066

(x) Mrs. Ku

(o) Ms. Ku 또는 Miss Ku

Miss, Ms., Mrs. 셋 다 여성분께 쓸 수 있는 표현입니다. 그렇지만 자신이 결혼했다고 밝히지 않는 이상 Mrs. 대신 Ms.를 쓰세요. 발음은 [미즈]입니다. 하지만 딱 봐도 20대 초중반의 미혼 여성에게 Ms.를 쓰면 자칫 나이 들어 보인다는 느낌을 줄 수도 있으니 그땐 Miss[미쓰]를 쓰세요.
직접 만나 이런 점을 판단할 수 있는 게 아니라 이메일이나 전화로 의사소통할 때는 나이에 상관없이 Ms.를 쓰면 됩니다. 결혼을 하면 남편 성을 따라 쓰는 것에 호칭까지 달라지는 걸 원치 않는 분들과 비즈니스 상에서는 결혼을 했더라도 Mrs.보다 Ms.를 선호하는 분들도 많습니다.
쉽게 정리해서 딱 봐도 정말 어려 보일 땐 Miss, 상대가 결혼했으니 Mrs.를 써 달라고 하지 않는 이상 Ms.를 쓰는 게 안전합니다.

1 다행히도 동료나 지인끼리는 대부분 이런 호칭 없이 이름만 부르기에 너무 걱정하지 않아도 돼요. 그래도 초면에 잘못된 호칭으로 상대를 속상하게 하면 안 되겠죠. 일단 가장 많이 쓰이는 Ms.는 이럴 때 쓰세요.

(이메일, 전화 등 상대를 잘 모르는 상황에서 수신인을 지칭해야 할 때) **Ms. Powell**

(상대의 결혼 여부가 확실치 않을 때) **Ms. Powell**

2 Mrs.는 이렇게 쓰면 돼요.

(결혼 생활을 유지 중이신 친구 어머님을 부를 때) **Mrs. Powell!**

Ms. Powell이라고 불렀더니 Mrs. Powell로 불러 달라고 할 때
Ms.가 아닌 Mrs.라고 불러 달라고 고쳐 준 건 내가 실수한 게 아니니 당황하지 마세요.

이럴 때는 이렇게!

A **Ms. Chapman, can I talk to you for a second?**
Chapman 씨, 잠시 대화 좀 할 수 있을까요?

B **Sure, come on in.** 그럼요. 들어오세요.

A **Thank you for having me, Mrs. Powell.**
(가족 식사에 초대해 주신 친구 어머님께) Powell 부인, 초대해 주셔서 고맙습니다.

B **Oh, you're very welcome. We are happy to have you here.**
아이고, 뭘. 네가 우리와 함께하니 기쁜걸.

연세 드신 어르신을 칭할 때는

(x) old man

(o) senior citizen

MP3 067

어르신을 old man(늙은이)이라고 부르는 건 무례한 건 물론이고 상대를 속상하게 만들 수 있는 행위입니다. 지혜롭고 인자한 어르신을 그냥 늙었다고 얘기하는 건 정말 슬프죠.
그러니 제3자 입장에서 연세 드신 어르신을 부를 땐 더 나이가 든 분이라는 뜻의 older로 묘사하거나 senior citizen이라고 하세요.
Old man 또는 노인이란 느낌의 elderly 표현보단 뭔가 많은 걸 이룬 것 같은 느낌의 senior citizen이 더 듣기 좋습니다.
참고로 1946년부터 1964년 사이에 출생한 분들께는 Baby Boomer란 표현도 쓰니 참고하세요.

Do you give a senior citizen discount? 경로 우대 할인을 제공하시나요?
줄여서 senior discount라고도 합니다.

My next-door neighbor is a senior citizen. 내 옆집 이웃은 나이 든 어르신이셔.

1 Senior는 학교에서 상급생(고3, 대학교 4학년)을 얘기할 때도 쓰입니다.

I'm a senior in high school. 전 고등학교 3학년입니다.

She's a senior in college. 그녀는 대학교 4학년이야.

이럴 때는 이렇게!

A **We offer a senior discount.** 저희는 경로 우대 할인을 제공합니다.
B **Oh, that's nice.** 아, 좋은데요.

혹시 할인을 제공하는지 묻고 싶다면 이렇게 말하세요.
- **Is there a student discount?** 학생 할인이 있나요?
- **Is there any promotion going on?** 지금 진행 중인 행사가 있나요?
- **Is there any way we can get a discount?**
(조심스럽게 어려운 부탁을 하는 뉘앙스) 저희가 할인 받을 수 있는 방법이 있을까요?

A **What year are you?** (학생에게) 몇 학년이야?
B **I'm a senior in high school.** 고등학교 3학년이에요.
학생에게 학년을 물어볼 때 What year are you?도 괜찮고, 초중고 학생에겐 What grade are you in?을 써도 괜찮습니다.

UNIT 3

서비스업 등에서 도움이 필요할 때는

MP3 068

(x) Waiter!

(o) Excuse me.

서비스업에서 도움이 필요할 땐 직업명을 부르는 것보단 Excuse me.(저기요, 실례합니다.)를 쓰는 게 훨씬 더 정중합니다.
레스토랑에서 도움이 필요할 때 Waiter!라고 하는 게 틀린 건 아니지만, 말투에 따라 명령조로 들릴 수 있어요. 게다가 요즘 미국 내 앉아서 식사하는 레스토랑에선 대부분 주문 받을 때 웨이터가 'Hi, I'm Eric. I'll be your server today.(안녕하세요, 전 Eric입니다. 제가 오늘 서빙해 드릴 거예요.)'라고 다정하게 자신의 이름을 넣어 소개를 하거든요. 그분들의 이름을 기억하진 못하더라도 우리나라에서도 필요한 게 있을 때 '웨이터!'라고 하는 것보다 '저기요'라고 부르는 것처럼, 영어로는 Excuse me.라고 해 주세요.
레스토랑은 물론 기내, 상점 등 다양한 곳에서 응용 가능합니다.

Excuse me, can I get another fork? I accidentally dropped mine.
(**레스토랑에서**) 저기요, 저 포크 하나 더 주실 수 있나요? 실수로 제 걸 떨어뜨려서요.

Excuse me, do you have this in medium?
(**상점에서**) 저기요, 이거 중간 사이즈로 있나요?

1 이 외에도 Excuse me는 정말 다양한 상황에서 쓰이는데요. 가장 대표적인 상황 3가지만 짚어 볼게요.

Excuse me, do you know where the restroom is?
(**모르는 사람의 관심을 끌려고 할 때**) 저기요, 화장실이 어디에 있는지 아세요?

Excuse me.
(**살짝 지나갈 수 있게 잠시 길을 비켜 달라고 양해를 구할 때**) 실례합니다.

Could you excuse me for a second?
(**화장실이나 전화를 받아야 해서 잠시 자리를 비워야 할 때**) 잠시 실례해도 될까요?

이럴 때는 이렇게!

A **Excuse me, do you have this in red?**
(상점에서) 저기요, 이거 빨간색으로 있나요?

B **Let me check.** 확인해 볼게요.

A **Excuse me, do you know where the restroom is?**
저기요, 화장실 어디 있는지 아세요?

B **It's right by the elevator.** 엘리베이터 쪽에 바로 있어요.

상황이 해결될 때까지 잠시 기다려 달라고 부탁할 때는

MP3 069

(x) Be patient.

(o) Please bear with me.

프레젠테이션을 하려는데 갑자기 프로젝터가 작동이 안 될 때, 고객이 요청한 정보를 드리려고 하는데 컴퓨터가 버벅일 때 등 잠시 상황이 해결될 때까지 기다려 달라고 부탁해야 할 때가 있잖아요. 그럴 땐 Please bear with me.(조금만 참고 기다려 주세요.)를 쓰세요. 명사로는 '곰', 동사로는 '견디다/참다'란 의미인 bear를 응용해, 상대의 잘못이 아니기에 분명 짜증날 수 있지만, 이 상황이 해결될 때까지 조금만 참고 기다려 달라고 부탁할 때 자주 씁니다. 그런데 이 상황에서 Be patient.를 쓰면 자칫 상대를 욱하게 만들 수도 있어요. 상대에게 재촉 좀 그만하고 인내심 좀 갖고 기다리란 느낌을 주거든요. 그러니 상대에게 인내심 좀 가지라고 조언해 줄 상황이 아니라 단순히 문제가 해결될 때까지 넓은 아량으로 이해 부탁드린다고 하고 싶을 때는 Please bear with me.를 쓰세요.

Please bear with me. (**기술적 오류가 있어 지연될 때**) 조금만 참고 기다려 주세요.

Please bear with me as I walk you through this process.
(**상대가 지루해할 만한 긴 설명이나 내용을 얘기하기 전에**) 설명하는 과정이 길더라도 조금만 참고 기다려 주세요.

1 Be patient.는 재촉하는 상대에게 인내심 좀 갖고 기다리라고 조언할 때 씁니다.

Be patient with him; he's just a child.
그에게 인내심을 갖고 대해 줘. 그냥 어린아이잖아.

It'll be ready in half an hour. Just be patient.
30분 후면 완성돼. 참을성 갖고 조금만 더 기다려.

2 간혹 자기소개서에 포기하지 않고 끊임없이 도전한다는 뉘앙스로 patient(참을성 있는)를 쓰는 분들이 계세요. 사실 이땐 resilient(회복력 있는)가 더 자연스러워요. Patient가 언젠가 기회가 오겠지란 마음으로 마냥 기다리는 느낌이라면, resilient는 어려움에 부딪혀도 굴하지 않고 오뚝이처럼 다시 우뚝 서서 도전하는 느낌을 줍니다.

이럴 때는 이렇게!

A **There are some technical issues, so please bear with me.**
기술적 오류가 좀 있는데요, 조금만 참고 기다려 주세요.

B **Sure, take your time.** 네. 천천히 하세요.

A **Is it over yet?** 아직 다 안 끝났어?

B **It's almost over. Be patient.**
거의 다 끝났어. (재촉하지 말고 인내심을 갖고) 조금만 기다려.

UNIT 5

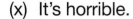

상대가 뭔가를 잘 못했을 때는

MP3 070

(x) It's horrible.

(o) There's room for improvement.

고등학교 1학년 때 미국에 처음 갔는데, 실수로 가득한 제 영어 리포트에 선생님께서 'There's room for improvement.(개선의 여지가 있어.)'라고 하며 개선할 수 있는 점을 하나하나 짚어 주셨던 게 제겐 엄청 감동이었어요.
생각해 보면 상대가 잘해 보려고 열심히 노력했지만 결과가 내 기대치보다 부족하다고 대놓고 It's horrible.(최악이다/ 정말 못했네.)이라고 하면 더 주눅 들고 속상하겠죠.
대신 room이 가진 '여지'의 의미를 살려 'room for improvement(개선의 여지)'가 있다고 더 잘할 수 있으니 좀 더 노력하라고 말해 주세요. 훨씬 더 부드럽게 상대의 부족한 점을 지적할 수 있고, 더 나아질 수 있다는 가능성까지 느끼게 해 주는 좋은 표현입니다.

1 상대가 열심히 최선을 다해 노력했지만 내 눈엔 부족한 점이 보일 땐 앞에 I think를 넣어 내 생각엔 개선의 여지가 있다는 뉘앙스로 쓰세요. 안 그래도 부드러운 표현이 좀 더 부드러워집니다. 이어서 어떻게 더 나아질 수 있는지도 얘기해 주면 실질적으로 더 도움이 되겠죠.

It's a lot better now, but I think there's still room for improvement.
(**상대가 부족한 점을 수정했지만 아직도 개선할 부분이 남았을 때**) 훨씬 더 낫긴 한데 아직 개선할 부분들이 있는 것 같아.

2 꼭 부족한 점이 없더라도 상대방의 칭찬에 겸손하게 답변할 때도 room for improvement를 응용해 말할 수 있습니다. 물론 네이티브는 대부분 칭찬을 하면 Thank you.라고 넘기지만 겸손함을 표현하고 싶을 땐 이렇게 쓰세요.

There's still room for improvement.
(**여전히 부족한 부분이 있다며 겸손하게 말할 때**) 아직 부족한걸요.

이럴 때는 이렇게!

A **What do you think?** 어떻게 생각해?
B **It's not bad, but there's room for improvement.**
나쁘진 않은데 개선의 여지가 있어.

A **Wow, I think you've mastered conversational English.**
우와, 일상 영어 회화는 마스터하신 것 같아요.
B **Aw, there's still room for improvement, but thank you.**
(여전히 부족한 점이 있다며 겸손히 말할 때)
아이고, 아직 부족한 부분이 있는데요. 그래도 고맙습니다.

조심하라고 미리 가볍게 경고해 줄 때는

MP3 071

(x) Warning.

(o) Heads-up.

'경고' 하면 warning이 생각나죠. 하지만 이 warning은 정말 심각한 문제나 위험이 생길 수 있을 때 미리 경고해 주며 쓰는 표현이라서, 비가 오니 우산 가져오라는 식으로 가볍게 경고해 줄 땐 heads-up을 쓰세요. Heads-up이 '경고, 알림, 주의'란 의미예요. 위험한 일이 다가오기 전에 상대가 머리를 쑥 내밀고 주변을 둘러볼 수 있도록 미리 정보나 팁을 주며 귀띔해 줄 때 자주 쓰입니다. Head가 아닌 heads로 써야 하는 점 유의하세요.

Heads-up, it's pouring out here, so make sure to bring an umbrella.
(**조심하라고**) 미리 말해 주는데 여기 비 정말 많이 오니깐 꼭 우산 가져와.

1 'Give + 사람 + a heads-up'은 '(경고, 알림, 주의사항을) ~에게 미리 알려 주다/귀띔해 주다'란 의미입니다.

I wanted to give you a heads-up about the changes.
변경 사항에 대해 미리 귀띔해 주고 싶었어.

2 상대가 주의사항을 미리 귀띔해 주지 않았을 땐 이렇게 아쉬운 마음을 표현할 수 있어요.

A heads-up would have been nice. (**네가**) 미리 말해 줬다면 좋았을 텐데.

3 날 걱정하는 마음으로 상대가 내게 미리 경고, 알림, 주의를 주었을 땐 이렇게 말하세요.

Thank you for the heads-up. 미리 말해 줘서 고마워.

I appreciate the heads-up. 미리 말해 줘서 고마워.

이럴 때는 이렇게!

A **Heads-up, Ted's not in a good mood today.**
조심하라고 미리 말해 주는 건데, 오늘 **Ted** 기분이 별로다.

B **Really? What happened?** 정말? 무슨 일이 있었는데?

A **I might be a little late.** (약한 추측) 조금 늦을 수도 있겠어.

B **Okay. Thank you for the heads-up.** 응. 미리 말해 줘서 고마워.

UNIT 7

시간이 늦었으니 집에 가야겠다고 말할 때는

MP3 072

(x) I want to go home.

(o) It's getting late.

지인과 늦게까지 놀다가 이제 늦었으니 집에 가자고 자연스레 눈치를 주어야 할 때 I want to go home.(집에 가고 싶어요.)이라고 대놓고 말하면 자칫 아이가 칭얼대는 것처럼 들릴 수 있어요.

대신 점점 밤이 깊어 간다는 뉘앙스인 It's getting late.을 쓰세요.

지인과의 늦은 약속은 물론, 언제 끝날지 모르던 회식이나 야근도 끝낼 수 있도록 부드럽게 유도하는 좋은 표현입니다. 변화의 과정을 강조하는 get을 써서 점점 시간이 늦어지니 더 늦기 전에 해산하자는 뉘앙스로 쓰여요.

It's getting late. I should go now. 밤이 깊어 가서 이제 가 봐야 할 것 같아요.

It's getting late. Let's call it a night. 시간이 늦었으니 오늘 밤은 여기까지 하고 끝내자.

Let's call it a day.는 낮에, Let's call it a night.은 밤에 씁니다. 오늘은 여기까지 하고 끝내자는 의미로, 학교 수업은 물론, 퇴근할 때 또는 약속 자리를 끝낼 때도 자주 쓰여요.

It's getting pretty late. I'm out of here!
(특히 퇴근할 때 회사를 벗어날 거라는 뉘앙스로) 시간이 꽤 늦었으니 전 갑니다!

1 더 늦기 전에 서둘러 뭔가를 하자고 유도할 때도 쓰입니다.

We should hurry. It's getting late. 우리 서둘러야 해. 시간이 늦어지네.

Can we wrap things up? It's getting late. 마무리하면 안 돼? 시간이 늦어지네.

이럴 때는 이렇게!

A **Do you want to have another glass?** (와인 마실 때) 한 잔 더 마실래?

B **Well, it's getting late. We should probably call it a night.**
음. 시간이 늦었으니 오늘 밤은 여기까지 하는 게 좋겠어.

A **We should hurry. It's getting late.** 우리 서둘러야 해. 시간이 늦어진다.

B **Okay. Let me go grab my keys.** 알겠어. 얼른 가서 열쇠 가져올게.

Grab은 단순히 '쥐다/잡다' 외에 '재빨리 ~하다'라는 뜻이 있어요. Go grab은 '가서 서둘러 가져오다'란 의미로 go and grab에서 and를 빼고 말한 겁니다.

내가 커피 사겠다고 할 때는

MP3 073

(Δ) I'll buy you coffee.

(o) My treat.

지인과 카페에 가서 계산할 때 내가 내겠다고 하며 'I'll buy you coffee.'라고 하는 게 틀린 건 아니지만, 상황에 따라 대놓고 내가 사 준다며 생색내는 느낌을 줄 수 있어요. 이때는 대접한다는 느낌이 강한 My treat.(제가 대접할게요.)을 쓰세요. 훨씬 더 상대를 올려 주는 느낌이 든답니다. It's my treat.을 줄여 My treat.으로 자주 쓰이는데요, 커피 외에도 점심, 저녁, 술 한잔 등 다양하게 응용할 수 있으니 참고하세요.

(It's) my treat. 제가 대접할게요.

Lunch is on me. The sky's the limit. 점심은 내가 쏠게. 먹고 싶은 거 마음껏 먹어.

The sky's the limit.이란 표현은 한계점이 마치 하늘처럼 높고 무한하다는 뉘앙스로, 신입생이나 신입사원 오리엔테이션에서 '가능성은 무한하다'라는 의미로도 자주 쓰입니다. 또는 이렇게 누군가에게 뭔가를 사 주며 한계가 없으니 마음껏 먹거나 사라는 의미로도 활용됩니다.

1 'I'll buy you + 대상(내가 ~ 사 줄게)'는 주로 내가 돈을 주고 사 주겠다는 걸 강조할 때 쓰입니다.

I'm sorry I broke your phone. I'll buy you a new one.
네 핸드폰 고장 내서 미안해. 내가 새 걸로 사 줄게.

Don't be upset. I'll buy you another one. 속상해하지 마. 내가 또 하나 사 줄게.

2 사실 네이티브는 buy를 물건을 살 때 외에 '믿다, (시간을) 벌다'란 의미로도 써요. 아래 표현이 그 예입니다.

I don't buy it. 난 그 말 안 믿어.

생각해 보면 뭔가의 가치를 믿어야 돈을 주고 구입하죠. 그런데 마치 어디서 약을 팔려고 하냐며 뭔가가 믿기지 않을 땐 I don't buy it.(난 그 말 안 믿어.)을 씁니다.

I'll buy you some time. 내가 시간 좀 벌어줄게.

이럴 때는 이렇게!

A **My treat.** 제가 대접할게요.
B **Are you sure?** (진짜 그래도 되는지 한번 튕기며) 정말요?

A **I'm sorry I lost your jacket. I'll buy you a new one.**
네 재킷 잃어버려서 미안해. 내가 새것으로 사 줄게.
B **It's okay. It was old anyway.** 괜찮아. 안 그래도 오래된 거였는데 뭐.

UNIT 9

민망하고 창피한 기분을 나타낼 때는

MP3 074

(x) I am embarrassing.

(o) This is embarrassing. 또는 I'm embarrassed.

비가 와서 막 뛰어가다 넘어지거나 옷을 거꾸로 입었을 때 즉, 민망하고 창피한 일이 생겼을 때는 This is embarrassing.(이것 참 민망한걸.)을 쓰세요. Embarrassing(창피한, 민망한)의 주어를 I로 쓰면 내 자체가 민망하고 창피한 인간이란 의미로 너무 센 느낌을 주는데, 굳이 내 자신을 깎아내릴 필요는 없잖아요. 그때는 이 상황이 창피하고 민망하다는 뉘앙스로 This를 써야 합니다. 그 상황이라고 할 땐 That을 쓰면 되고요. 또는 내가 특정 상황 때문에 민망함을 느낀다는 뉘앙스로 I am embarrassed.를 써도 됩니다.

This is kind of embarrassing. 이것 좀 민망하다.

That must have been embarrassing. 그것 민망했겠다.

I am really embarrassed. (특정 상황으로 민망함을 느낌) 나 정말 창피해.

1 그런데요, 사람이 주어로 온다고 무조건 'p.p.(과거분사)' 형태라고 외우지 마세요. 내 자신은 내가 보호해야 하기에 뭔가에 특정 감정을 느낀다는 뉘앙스로 주로 'p.p.'를 쓰지만, 남을 험담할 땐 사람에게도 -ing를 쓸 수 있어요. 다음처럼요.

She is embarrassing.
(그녀 자체가 창피한 사람이라는 뉘앙스) 걔랑 같이 다니는 거 창피해.

She is boring.
(그녀 자체가 지루한 사람이라는 뉘앙스) 걔는 참 지루해.

이럴 때는 이렇게!

A **I am sort of embarrassed.** 나 좀 창피하다.
B **Don't be. Everyone makes mistakes.**
그러지 않아도 돼. 누구나 다 실수하는걸.

Everyone makes mistakes.는 실수한 상대를 위로하며 넘어갈 수 있는 좋은 표현입니다. 같은 의미로 We all make mistakes.도 있어요.

A **What a nerd. I've never met a more boring person in my life.**
완전 범생이야. 내 생애 이렇게 따분한 사람은 처음이야.
B **Oh, come on. I think she's just studious.**
에이, 왜 그래. 내 생각엔 그냥 학구열이 높은 것 같은데.

Studious는 '학구열이 높은'이란 뜻으로 연관 표현인 straight A student(올 A를 받을 정도로 성적이 우수한 학생)도 자주 쓰여요.

상대의 칭찬에 여유롭게 대처할 때는

MP3 075

(x) No.

(o) Thank you for your compliment.

누군가 나보고 예쁘다고 칭찬하면 사실 우린 대부분 부끄러워서 '아니에요'라고 하며 넘어가죠. 근데 이건 칭찬해 준 상대의 안목이 틀렸다고 하는 것과 다름없는 안 좋은 습관입니다.
상대가 칭찬하면 부끄러워하며 'No.(아닙니다.)'라고 하며 상대를 무안하게 만들지 말고, 늘 칭찬을 받는 것처럼, 상대의 안목이 정확하다는 듯이 여유로운 표정과 말투로 'Thank you for your compliment.(칭찬 고맙습니다.)'라고 해 주세요.
이 표현이 너무 길다면 그냥 'Aw, thank you.(아, 고맙습니다.)'라고만 해도 됩니다.

Thank you. I am flattered. 고마워요. 어깨가 으쓱하는데요.

You made my day. (**당신이 내 하루를 완성시킨 것처럼**) 덕분에 기분 좋은걸요.

Thank you for noticing. (**칭찬한 상대의 눈썰미를 칭찬**) 알아봐 주셔서 고맙습니다.

1 상대가 부끄러울 정도로 과하게 칭찬해서 도저히 여유롭게 '고맙습니다' 하고 넘어가기 어렵다면 이렇게 쓰세요.

Oh, you're just being nice. 에이, 그냥 좋게 말씀해 주려고 하시는 거죠?

What did you do? What are you buttering me up for?
무슨 짓을 한 거야? 왜 내게 아부 떠는 거냐고?

특히 윗사람에게 아부 떠는 사람을 brown-noser 또는 kiss-ass라고 합니다. Kiss-ass의 경우 엉덩이에 입맞춤을 할 만큼 잘 보이기 위해서 뭐든 할 사람이라는 뉘앙스죠. 물론 좋은 어감은 절대 아닌 비속어이지만, 그래도 회사나 학교에서 은근 자주 쓰이는 표현이니 참고하세요.

이럴 때는 이렇게!

A **You're a great teacher. Honestly, I've never run across anyone like you.**
진짜 잘 가르쳐 주시네요. 솔직히, 지금까지 선생님 같은 분을 한 번도 만난 적이 없어요.

B **Coming from you, Stephanie, I am flattered.**
Stephanie 너에게 그런 말을 들으니까 정말 어깨가 으쓱한걸.

앞에 Coming from you를 넣으면 다른 사람도 아니고 당신에게 그런 좋은 말을 들으니 특별하게 느껴진다는 뉘앙스로 상대를 올려 줍니다.

A **Have you been working out? You look great!**
요즘 운동하세요? 정말 좋아 보이세요!

B **I've been doing yoga. Thank you for noticing.**
요즘 요가해요. 알아봐 주셔서 감사해요.

UNIT 11

상대방 분위기가 안 좋아 보일 때는

MP3 076

(x) Are you okay?

(o) Is everything okay?

Are you okay?(너 괜찮아)?는 상대에게 직접적인 문제가 있을 때 괜찮은지 걱정돼 묻는 표현이기에, 상대가 갑자기 넘어져서 신체적으로 위험할 수 있는 상황이 일어나거나 실연, 해고 등의 감정적인 타격을 줄 만한 일이 일어났을 때 씁니다.
상대에게 직접적인 문제가 있는 게 확실치 않다면, 또는 무슨 특별한 일 없이 다 괜찮은 건지 돌려서 물어보고 싶다면 Is everything okay?(다 괜찮은 거지?)를 쓰세요. Are you okay?는 마치 상대에게 문제가 있을 것 같은 느낌을 주는데, Is everything okay?는 상대보다는 분위기에 영향을 미칠 만한 상황이나 다른 요인에 포커스를 맞춥니다. 구체적으로 물어보고 싶은 게 있다면 'with + 대상(~에 있어서)' 또는 'at + 장소(~에)'를 쓰면 됩니다.

Is everything okay with your family? 가족 분들은 다 괜찮으신 거지?

Is everything okay at work? 회사에 무슨 일은 없는 거지?

1 Are you okay?(너 괜찮아)?는 상대에게 육체적, 정신적 문제가 있을 때 괜찮은지 걱정돼 확인차 물어보며 씁니다.

Are you okay? (상대가 넘어졌을 때/ 상대가 뜨거운 커피를 쏟았을 때) 괜찮으세요?

I heard you and Jamie broke up. Are you okay?
Jamie와 헤어졌다고 들었어. 괜찮아?

이럴 때는 이렇게!

Q **Is everything okay?** 다 괜찮은 거지?

특별한 일 없이 괜찮을 때

A **Yes, everything's fine.** 응, 다 괜찮아.

일이 있어 괜찮지 않을 때

A **Well, not really. I'm having some trouble at home.** 음, 별로 괜찮진 않아. 집에 문제가 좀 있어.

A **No, I think I need to go home. I have a family emergency.**
아니, 가족한테 급한 일이 생겨서 집에 가 봐야 할 것 같아.

중요한 일 등을 깜빡 잊어버렸을 때는

MP3 077

(Δ) I forgot.

(o) It slipped my mind.

생일, 결혼기념일, 마감일 등 중요한 날을 깜빡 잊어버렸을 때 I forgot.(잊어버렸어.)도 괜찮아요. 하지만 이것보다는 계속 기억하고 있다가 다른 일을 하느라 바빠서 순간 깜빡했다는 느낌을 주는 It slipped my mind.(깜빡 잊어버렸어.)를 쓰세요. 제 생일을 깜빡한 친한 친구가 It slipped my mind.를 쓰면 계속 기억하고 있었는데 정신이 없어서 순간 친구의 마음속을 쓱 스쳐 지나가듯(slip) 깜빡했다는 느낌을 주거든요. 게다가 주어가 'I'가 아닌 'It'이나 대상이기에 내가 잊어버리고 잘못한 것에 초점이 덜 맞춰지죠.

It was my wife's birthday yesterday. I can't believe it slipped my mind.
어제 아내 생일이었는데 그걸 깜빡했다니 믿기지가 않네.

1 Completely, totally(완전히)를 넣어 더 강조해서 쓸 수 있어요.

There was so much going on that it completely slipped my mind.
할 게 너무 많아서 완전 깜빡했어.

2 Forget은 순간 깜빡했을 때 외에 계속 쭉 잊고 있었을 때도 쓸 수 있어요.

I completely forgot about the presentation. 프레젠테이션 있다는 걸 완전 잊고 있었어.

Don't forget to validate your parking. 주차 확인 받는 거 잊지 마세요.

주차 도장 받을 땐 validate(입증하다, 인증하다)를 응용해 'Could you validate my parking?(주차 확인 좀 해 주시겠어요?)' 이라고 하세요.

3 참고로 건망증이 심해졌다고 할 땐 이렇게 씁니다.

I'm so forgetful lately. 요즘 들어 건망증이 심해졌어.

이럴 때는 이렇게!

A **It's his birthday tomorrow. I hope you haven't forgotten.**
내일 걔 생일인데 잊어버리지 않았길 바라.

B **Oh, it almost slipped my mind. Thank you for the reminder.**
아, 하마터면 깜빡할 뻔했어. 말해 줘서 고마워.

A **Where were you this morning? You missed the staff meeting.** 오늘 아침에 어디 있었어? 직원 회의에도 빠지고.

B **I completely forgot about the meeting. Do you think Travis knows I wasn't there?**
회의가 있다는 걸 완전히 잊고 있었어. Travis가 내가 회의에 없었다는 걸 알까?

UNIT 13

상대에 대해 좋은 말을 많이 들었다고 할 때는

(x) I've heard a lot about you.

(o) Everyone speaks highly of you.

MP3 078

처음 누군가를 만날 때 '말씀 많이 들었어요.'란 의미로 'I've heard a lot about you.'를 쓰죠. 그런데 이 표현은 그냥 단순히 상대에 대한 얘기만 많이 들었다는 의미이기에, 안 좋은 얘기를 들었다고 비꼬아서 말할 때도 자주 쓰여요.
상대에 대해 좋은 말을 많이 들었다고 할 땐 Everyone speaks highly of you.를 쓰세요. 주어 자리에 Everyone을 넣어 사람들이 다들 좋은 말을 많이 한다고 해도 되고, 구체적인 사람 이름을 넣어 '~가 좋은 말씀 많이 하시더라고요.'라고 해도 됩니다.
일상에서 반복되는 일이나 패턴엔 현재형 동사를 쓰죠? 이때도 현재형인 speak(s)를 써야 한 번만 들은 게 아닌, 상대에 대해 늘 좋은 말을 듣는다는 뉘앙스가 됩니다.

Everyone speaks highly of you. 다들 좋은 말씀 많이 하시더라고요.

Kate speaks highly of you, and I can see why.
Kate가 좋은 말 많이 하더라고요. 왜 그런지 알겠네요.

1 I've heard a lot about you.는 좋은 말을 많이 들었다는 의미 외에 안 좋은 말을 들었을 때도 쓸 수 있습니다.

Nice to meet you. I've heard a lot about you. 만나서 반갑습니다. 말씀 많이 들었어요.

We've heard a lot about you. (비꼬는 말투) 네 소문 많이 들었어.

2 참고로, 누군가에게 나를 추천하거나 잘 말해 달라고 부탁할 때가 있잖아요. 그럴 땐 이렇게 쓰세요.

I know you have a good relationship with Bill. Do you think you could put in a good word for me?
네가 Bill하고 좋은 사이인 거 아는데, 저기 나에 대해 잘 좀 말해 줄 수 있어?

이럴 때는 이렇게!

A **It's good to finally meet you in person.** 드디어 직접 뵙게 되어 반갑습니다.
B **Likewise. Everyone speaks highly of you.**
저도요. 다들 좋은 말씀 많이 하시더라고요.

A **You must be Ms. Johnson. I've heard a lot about you.**
당신이 Johnson 씨군요. 말씀 많이 들었어요.
must를 써서 격한 환영의 뜻을 나타낼 수 있어요.
B **Well, I hope it was nothing bad.** (농담) 나쁜 말은 아니었어야 하는데요.
I hope it was nothing bad.(나쁜 말은 아니었어야 하는데요.)는 네이티브가 자주 쓰는 농담 패턴입니다.

MP3 079

상대가 고맙다고 할 때는

(Δ) You're welcome.

(o) You're very welcome.

상대가 고맙다고 할 때 You're welcome.을 쓰는 게 틀리진 않지만 고급 서비스업에서는 고객에게 You're welcome.을 쓰는 걸 지양하는 추세라고 해요. '천만에요'란 표현이 마치 내가 상대를 위해서 정말 대단한 걸 해 줬다는 느낌을 줄 수 있기 때문이죠.
You're welcome. 대신 My pleasure.(도와드려서 오히려 제가 더 기쁜걸요.), No problem.(아무것도 아닌걸요.) 등 다양하게 답변할 수 있지만, You're welcome.을 쓰는 게 습관이 되어 입에 배었다면 You're very welcome.을 쓰세요. 중간에 very만 살짝 넣어도 느낌이 확 달라집니다.

You're very welcome. 별 말씀을요.

My pleasure. 도움이 돼서 오히려 제가 더 기쁜걸요.

1 친한 지인에게 혹은 캐주얼한 상황에서 쓸 수 있는 좀 더 가벼운 답변입니다.

No problem. (= No worries.) 아무것도 아닌걸. 뭐 그런 걸 가지고.
전혀 문제 될 게 없다는 뉘앙스로 강조해서 No problem at all.도 자주 쓰입니다.

You got it! 천만에.

It's nothing. 아무것도 아닌걸. 뭐 그런 걸 가지고.

I'm happy to help. 도움이 된다니 기쁜걸.

Anytime. (**언제든 도와주겠다는 뉘앙스**) 언제든지.

2 참고로 You're welcome.은 상대에게 호의를 베푼 후 '고맙지?'라며 생색낼 때나 상대가 고맙다는 말을 하지 않아서 무안을 주고 싶을 때도 쓰입니다.

I already took care of it. You're welcome. 이미 내가 처리했어. 고맙지?

이럴 때는 이렇게!

A **Thank you for everything.** 여러모로 감사합니다.
B **You're very welcome. I know you would have done the same for me.** 별 말씀을. 너도 나한테 똑같이 했을 거잖아.

A **Thanks for the ride.** 태워다 줘서 고마워.
B **No problem!** 아무것도 아닌걸 뭐.

UNIT 15

지금 말고 이따 하면 안 되는지 물어볼 때는

(Δ) Can I do it later?

(o) Can it wait?

MP3 080

Wait을 보면 '기다리다'란 의미만 생각나죠? 그런데 이 wait에는 '(급하지 않으므로) 미뤄지다'란 의미도 있어요. 이걸 응용해 네이티브는 뭔가를 조금 기다렸다 해도 되는지 물어볼 때 Can it wait?(그거 이따 해도 돼?)를 정말 자주 씁니다. 우리에게 익숙한 Can I do it later?(그거 이따 해도 돼?)도 틀리지 않지만, Can it wait?의 정확한 뉘앙스를 모르면 '그것은 기다릴 수 있니?'라고 오역할 수도 있으니 wait의 정확한 의미를 꼭 기억해 주세요.

Can it wait till tomorrow? I've had a long day. 그거 내일 해도 돼? 오늘 정말 피곤한 하루였어.

피곤하고 힘든 하루를 영어로 long day라고 합니다. 힘든 하루를 보냈을 때 I've had a long day. 또는 It's been a long day.로 자주 써요.

Whatever it is, it's going to have to wait.

(**지금 다른 일이 있어 신경 쓸 여유가 없을 때**) 그게 뭐든 간에 이따 해야 해.

I'm afraid it can't wait. It needs your immediate attention.

(**이따 하면 안 된다는 뉘앙스**) 미안하지만 지금 해야 해. 지금 당장 처리해야 한단 말이야.

1 Wait는 명사인 '기다림'의 뜻으로도 일상 회화에서 자주 쓰입니다.

It was definitely worth the wait. The food there was incredible.

진짜 기다릴 만했어. 거기 음식이 정말 놀라울 정도로 맛있었거든.

That place is overrated. It wasn't worth the wait.

그 집은 과대평가됐어. 기다릴 만한 가치가 없더라고.

영화, 음식 등이 사람들이 칭찬하는 것에 비해 별로일 땐 It's overrated.(과대평가됐어/소문보다 별로야.)라고 합니다. 반면 정말 괜찮은데 그 가치를 사람들이 잘 모를 땐, It's underrated.(과소평가됐어.)라고 해요.

이럴 때는 이렇게!

Q **Can it wait till tomorrow?**
그거 내일 해도 돼?

내일 해도 괜찮을 때

A **Sure. No rush.** 그럼. 서두르지 않아도 돼.

A **Sure, but you really have to take care of this tomorrow.** 그래. 그런데 내일은 꼭 처리해 줘야 해.

지금 당장 해야 할 때

A **I'm afraid not.** 미안하지만 안 돼.

A **Actually, I needed you to sign off on this like three hours ago.** (지금 해도 늦었으니 빨리 해야 한다는 걸 강조) 실은 한 세 시간 전에는 이걸 승인해 주셨어야 했어요.

어떤 사안이 자신에게 별로 중요하지 않을 때는

MP3 081

(Δ) It's not important.
(o) It's not my priority.

별로 중요하지 않다고 할 때 It's not important.가 틀리진 않아요. 하지만 이건 너무 대놓고 중요하지 않다고 딱 잘라 말하는 느낌을 줍니다. 정말 중요하지 않다는 걸 강조할 때가 아닌 이상, It's not my priority.(그건 제 우선순위가 아니에요.)를 쓰세요. Priority는 '우선순위'라는 의미로, 그게 안 중요하다는 건 아니지만, 단순히 내 우선순위가 아니기에 관심을 덜 쏟겠다는 느낌을 줍니다. '~ is not my priority'를 쓰면 훨씬 더 부드럽게 돌려 말할 수 있습니다. 조금 더 욕심을 내면 뒤에 at the moment 또는 right now를 넣어 지금 이 순간이란 조건을 넣어 주세요. 중요하긴 한데 지금 당장 내 우선순위는 아니라는 의미로 훨씬 더 부드러워집니다.

It is important, but it's just not my priority right now.
그게 중요하긴 한데 그냥 지금은 내 우선순위가 아니야.

1 정말 중요하지 않다는 걸 강조할 땐 It's not important.를 쓰세요. 그렇지만 다른 사람에겐 중요할지 몰라도 내겐 중요하지 않다는 의미로 뒤에 to me를 붙이면 느낌이 좀 더 부드러워져요.

Going to networking events is not important to me.
네트워킹 이벤트에 가는 건 내게 중요하지 않아.
Networking event는 '인맥 쌓는 행사/모임'의 뜻입니다.

2 딱 잘라 말하는 느낌을 줄여 주려면 부사 'that(그리, 그다지)'을 넣어 말하세요.

Going to networking events is not that important.
네트워킹 이벤트에 가는 건 그리 중요하지 않아.

이럴 때는 이렇게!

A **Work is not my priority right now; my daughter is.**
지금은 일이 내 우선순위가 아냐. 내 딸이 우선순위라고.

B **I know how you feel. Family always comes first.**
네가 어떤 기분인지 알아. 가족이 항상 먼저지.

A **Is that really a priority? I think we've got bigger fish to fry.**
그거 정말 지금 해야 해? 우리 지금 이럴 때 아닌 것 같은데.

Is that really a priority?는 상대가 현재 하고 있는 일이 정말 우선순위가 맞는 건지, 꼭 지금 해야 하는 건지 물어볼 때 씁니다. 예를 들어, 마감 기한이 얼마 남지 않았는데 빨리 끝낼 생각은 안 하고 느긋하게 책상 정리를 하고 있는 동료에게 짜증내면서 쓸 수 있는 거죠. That을 살짝 크게 읽으면 느낌이 더 살아요.
신경 써야 할 더 큰 문제가 터졌으니 지금 그러고 있을 때가 아니라고 할 땐 We've got bigger fish to fry.라고 합니다. 지금 튀기는 생선보다 더 큰 생선이 있으니 덜 중요한 건 일단 신경 쓰지 말고 더 중요한 일에 집중하자는 의미로 비즈니스 영어에서 자주 쓰여요.

B **Okay, I guess this is not that important.**
알겠어. 생각해 보니 이건 그리 중요한 건 아닌 것 같네.

UNIT 17

일부러가 아니라 의도치 않은 실수였다고 할 때는

MP3 082

(Δ) I didn't do it on purpose.

(o) It was an honest mistake.

'일부러'는 듣자마자 'on purpose'가 생각나지 않나요? 실수하고서 일부러 그런 게 아니라고 할 때 I didn't do it on purpose.를 써도 돼요. 하지만 실수였다고 할 때는 심각한 상황을 수습할 때 변명으로 쓰이는 이 표현보다는, 가벼운 느낌을 주는 'It was an honest mistake.'가 정말 자주 쓰입니다.

Honest는 mistake의 짝꿍 단어라고 해도 과언이 아닐 만큼 둘이 정말 자주 붙어 다닌답니다. 단순히 부주의로 일어난 실수를 의미하는 mistake 앞에 '순수한, 정직한'이란 의미의 honest를 붙여 만든 honest mistake는 정말 악의가 없다는 걸 강조할 때 쓰여요. 의도치 않은 실수를 하고서 인정할 때 쓸 수 있는 좋은 표현이죠. 참고로 간혹 innocent mistake를 쓰는 사람들도 있습니다.

I'm sorry. It was an honest mistake. 미안해. 그건 의도치 않은 실수였어.

It was just a typo. (It was an) honest mistake. 그냥 오타였어. 의도치 않은 실수였다고.

1 Mistake가 의도치 않은 결과로 인한 실수인 반면, fault는 비난받거나 책임져야 할 잘못이나 탓을 의미합니다.

It's your fault that we're late. 우리가 늦은 건 네 탓이야.

2 '고의로, 일부러'란 의미의 on purpose는 특정 의도나 목적을 갖고 행동했을 때 쓰입니다. 긍정적인 상황보단 부정적인 상황에 더 자주 쓰죠.

Did you do it on purpose? (**따질 때**) 그거 일부러 그렇게 한 거야?

I left it there on purpose. (**특정 목적을 위해**) 내가 일부러 거기에 둔 거야.

이럴 때는 이렇게!

A **Did you do it on purpose?**
(악의성이 있었는지 물어보며) 그거 일부러 그렇게 한 거야?

B **Of course not. It was an honest mistake.**
당연히 아니지. 그건 의도치 않은 실수였어.

A **It was an honest mistake, and I promise I'll be more careful next time.** 의도치 않은 실수였어요. 다음번엔 더 조심하겠다고 약속해요.

B **Okay. I'll let you off the hook this time.** 알겠어. 이번엔 넘어가 줄게.

Hook(갈고리)에 걸린 것처럼 누군가를 힘들게 하는 책임, 의무감으로부터 해방시켜 주는 걸 off the hook(힘든 상황에서 벗어난)이라고 합니다. I'll let you off the hook.(봐 줄게.)는 상대의 실수를 특정 책임이나 의무감에서 풀어주듯 넘어가 줄 때 쓸 수 있어요. 내 상황을 이해하고 봐 준 상대에겐 Thank you for letting me off the hook.(넘어가 줘서 고마워.)라고 할 수 있습니다.

'당신 덕분에'를 표현할 때는

MP3 083

(x) Because of you.
(o) Thanks to you.

'덕분에'와 '때문에'는 분명한 차이가 있습니다. 누군가의 도움 덕분에 일이 원하는 방향으로 진행됐다는 긍정적인 의사 표현을 할 땐 thanks to(~ 덕분에)를 쓰세요.
Thanks to 표현 자체가 사람 또는 도움 받은 대상을 고맙게 생각한다는 느낌을 줘요.
반면, because of는 '~ 때문에'란 의미로 감사함보다는 특정 일이 일어난 원인이나 이유에 더 중점을 둡니다.
이 thanks to는 도움받은 사람 외에 사물, 제도 등에도 다양하게 응용할 수 있어요.

Thanks to you, it was a great success. 네 덕분에 정말 성공적이었어.

Thanks to the Internet, we can literally learn everything online.
인터넷 덕분에 온라인에서 말 그대로 모든 걸 다 배울 수 있어.
Literally는 '말 그대로, 정말로'란 의미로 강조할 때 자주 씁니다.

1 Thanks to가 사실 비꼬아 말할 때도 자주 쓰기에 말투가 정말 중요해요. 비꼬아 말하는 상황을 예로 들어볼게요.

Thanks to you, I failed the test. 네 덕분에 시험에서 떨어졌어.

Thanks to you, my son's awake. 네 덕분에 우리 아들이 깼다고.

2 '때문에'는 because of죠. 좀 더 격식을 차린 상황에서는 due to를 써도 됩니다. Because of가 특정 일이 일어난 원인이나 이유에 중점을 둔다면, due to는 결과에 조금 더 중점을 둡니다.

I failed the test because of you. 너 때문에 시험에서 떨어졌다고.

The flight is delayed due to bad weather. 기상 악화 때문에 비행기가 지연됐다.

이럴 때는 이렇게!

A **How did it go?** 그거 어떻게 됐어?
B **Thanks to you, it went well.** 네 덕분에 잘 진행됐어.

A **We are all stuck here because of you.**
너 때문에 다들 집에 못 가고 있잖아.
B **I'm sorry. I didn't know it would cause this much trouble.**
미안해. 이렇게나 큰 문제가 될지 몰랐어.

CHAPTER 5

오해 방지
백신 표현

UNIT 1

상사나 윗사람에게 쓰긴 너무 강한

had better

MP3 084

Had better는 꼭 그렇게 해야 하는, 살짝 협박에 가까운 강한 조언을 할 때 쓰여요. 예를 들어, You had better do it now.는 다정하게 그걸 지금 하라고 설득하기보단 지금 안 하면 안 좋은 일이 일어날 수 있으니 당장 하라는 강한 조언의 말투거든요. 그래서 상사에게 쓰긴 너무 강하게 느껴져요. Had better는 친한 사이나 부하 직원 등 편히 조언할 수 있는 사이에서 쓰세요. 물론 나 자신한텐 막 쓰셔도 됩니다.

You'd better get some sleep. Tomorrow's going to be a long day.
너 잠 좀 자는 게 좋겠다. **(여러모로 해야 할 게 많아서)** 내일 힘든 날이 될 건데.

I'd better double-check. (나 자신에게 하는 말. 실수했을 수도 있으니) 재차 확인해 보는 게 좋겠어.

1 Had better를 줄여 'd better라고 쓰는 게 문법상 맞지만, 구어체에선 종종 'd까지 생략해 'better + 동사원형'만 쓸 때가 많습니다. 일상 회화에선 동사 앞에 better만 있더라도 had better의 줄임말이라고 생각해 주세요.

We better leave now to beat the traffic. 차 막히지 않으려면 우리 지금 출발하는 게 좋겠어.

It's already 2. You better go to bed. 벌써 (새벽) 두 시야. 너 자러 가는 게 좋겠다.

2 Had better보다 부드러운 조언조로는 should를 쓰면 돼요. 앞에 I think(제 생각엔)를 넣으면 꼭 그래야 한다는 건 아니지만 자신의 생각을 제안하는 느낌으로 어감이 훨씬 더 부드러워집니다.

We should do it now. 지금 하는 게 좋겠어.

I think we should do it now. 지금 하는 게 좋을 것 같아.

I think it would be better to do it now. 제 생각에는 지금 하시는 게 더 좋을 것 같아요.

이럴 때는 이렇게!

A **I'd better go and get ready.** 나 가서 준비하는 게 좋겠어.
B **Yeah, you should. You don't want to be late.**
응, 그러는 게 좋겠다. 늦지 않아야지.

A **I think we'd better continue this discussion in the morning.**
아침에 이어서 얘기하는 게 좋을 것 같아요.
B **That would be wise. Everyone seems tired.**
그게 현명하겠네요. 다들 피곤해 보여요.

피부가 하얗다는 칭찬이 아니라 기분 나쁘게 들리는

You look pale.

MP3 085

일단 You look pale.은 깨끗하고 밝은 톤의 피부라기보다는 창백하다는 의미로 쓰입니다. 상대가 아파 보이거나 실내 활동만 해서 햇빛 좀 쐬어야겠다는 뉘앙스로 쓰이는 거죠. 그리고 다양한 인종이 사는 미국에서 누군가에게 피부가 하얗다고 말하는 건 칭찬으로 받아들여지지 않습니다. 그건 마치 피부가 하얗지 않은 건 부정적이라는 느낌을 줄 수도 있는 거니깐요. 피부가 결점 하나 없이 완벽하다는 의미로 Your skin is flawless.도 괜찮지만, 그냥 단순하게 아름답다고 칭찬하는 게 제일 무난합니다. 물론 외모 칭찬은 의상, 능력 칭찬보다 개인적인 호감이 있다는 느낌을 줄 수도 있으니 상대가 부담되지 않는 선에서 해 주세요.

1 나이에 비해 젊어 보이는 분에겐 이렇게 말할 수 있어요.

You don't look your age. 그 나이로 안 보이세요.

You don't look a day over 40.
(**실제 상대 나이보다 어린 나이를 말하며**) 마흔밖에 안 돼 보이시는데요.
You don't look a day over ~는 특정 나이보다 단 하루도 더 먹은 것 같지 않다는 뉘앙스로 '(많아 봐야) ~ 살밖에 안 돼 보여요'란 의미입니다.

How do you stay so young?
(**젊음을 유지하는 비결을 물어볼 때**) 어떻게 그렇게 젊게 사세요?

2 그냥 단순히 외모가 아름답다고 칭찬할 땐 pretty, beautiful, handsome, gorgeous 등 다양한 표현을 쓸 수 있어요.

You are gorgeous.
(**늘 아름답다는 의미로 듣기는 좋지만 상황에 따라 부담될 수 있음**) 정말 아름다우세요/멋지세요.

You look gorgeous.
(**지금 아름다워 보인다는 의미로 가볍게 쓸 수 있음**) 정말 아름다워 보이세요/멋져 보이세요.

이럴 때는 이렇게!

A **You look pale. Are you all right?** 너 얼굴이 창백해 보이는데 괜찮아?
B **I think I'm coming down with a cold.** 감기 기운이 있는 것 같아.
아직 감기에 걸리진 않았지만 몸이 으슬으슬하고 감기에 걸릴 것 같은 느낌이 들 땐 I'm coming down with a cold.라고 합니다. 마치 감기가 내게 다가오고 있는 느낌이 들죠.

A **You don't look a day over 40.**
(실제 마흔보다 나이가 더 많은 사람에게) 마흔밖에 안 돼 보이세요.
B **Aw, you're too kind.** 어쩜, 그렇게 말씀을 다정하게 하세요.

UNIT 3

얼굴이 작다는 칭찬이 아니라 기분 나쁘게 들리는

You have a small face.

MP3 086

전 동양인이 흔치 않던 앨라배마주의 시골에서 고등학교를 나왔는데, 한국에선 너무나 평범한 제 진갈색 생머리가 그런 머리카락을 처음 본 사람들에겐 정말 신기했나 봐요. 저와 친해지면 한번 만져 봐도 되는지 여럿이 물어보더라고요. 반대로 전 주먹만 한 얼굴에 뚜렷한 이목구비를 가진 그들이 너무 신기해서 You have a small face.라고 종종 얘기했는데, 지금 생각해 보면 엄청 무례한 표현이었어요. 얼굴이 작은 게 보편적인 미의 기준이 되지 않는 미국에서 얼굴이 작다고 하는 건 칭찬보단 그게 무슨 소리인가 혼란스럽게 만들거든요. 이건 더 나아가 얼굴이 몸에 비해 비대칭적으로 작다고 외모 지적을 하는 것처럼 느껴질 수도 있어요.

1 이것보다는 얼굴이 잘생겼거나 예쁘다고 칭찬해 주세요. 하지만 몸매는 별로인데 얼굴만 예쁘다는 느낌을 줄 수도 있으니, 가능하면 전체적으로 칭찬하는 게 더 좋아요.

You have such a pretty/handsome face. 얼굴이 정말 예쁘세요/잘생기셨어요.

You are so pretty/handsome. 너 정말 예쁘다/잘생겼다.

2 일상 회화에서 자주 쓰이는, 얼굴과 연관된 흥미로운 이디엄도 알아두세요.

Poker face (포커를 할 때 가진 카드가 좋고 나쁜 걸 겉으로 드러내지 않는) 무표정한 얼굴, 포커페이스

You need to work on your poker face.
(감정이 표정으로 다 드러나는 사람에게) 포커페이스 좀 잘 연습해 봐.

two-faced 두 얼굴의, 위선적인

I'm telling you. She's two-faced! 진짜야. 걔는 두 얼굴을 가졌다니까!

이럴 때는 이렇게!

A **There you are, my handsome boy.** 저기 있네, 우리 잘생긴 아들.
B **Oh, stop it, mom.** 아, 그만 좀 엄마.

A **I've never met anyone so two-faced. He's nice to your face but talks bad about you behind your back.**
저렇게 두 얼굴인 사람은 처음 봐. 면전에서는 친절하게 대하고 뒤에서는 뒷담화 장난 아니야.
B **Are you serious? He seems so nice though.**
진짜야? 정말 친절해 보이는데.

상황에 따라 기분 나쁘게 들릴 수 있는
skinny

MP3 087

미국에선 보통 깡마른 몸을 선호하지 않기에 skinny가 상황에 따라 기분 나쁘게 들릴 수 있어요. 살이 쪘다고 불평하는 여자 분에게 다이어트할 필요가 없다며 날씬하다는 걸 강조하기 위해 skinny를 쓰는 건 괜찮지만, 긍정적인 의미로 날씬하다고 할 때는 예쁘게 날씬하다는 slim이나 운동과 식단 조절로 몸매가 탄탄하다는 의미의 fit이 더 기분 좋게 들려요.

She's slim and beautiful. 그녀는 날씬하고 아름다워.

You're fit. 넌 몸매가 탄탄하다.

1 이 skinny는 정말 말랐다는 걸 강조해야 할 때 쓰세요. 사람마다 미의 기준이 다르지만 skinny는 예쁘게 날씬하다는 것보단 살집이 없다는 걸 강조하는 표현입니다. 특히, 남자 분에게 skinny하다고 하는 건 근육 하나 없이 깡말랐다는 의미가 되기에 험담을 하는 게 아니라면 쓰지 마세요.

Why are you on a diet? You're so skinny.
왜 다이어트 하는 거야? 넌 정말 말랐는데.

You've been looking too skinny lately.
너 요즘 들어 너무 말라 보이더라.

He's skinny like a skeleton.
그는 해골처럼 정말 깡말랐어.

이럴 때는 이렇게!

A **I need to lose 5 lbs.**
나 5파운드 빼야 해.

B **What do you mean? You're so skinny.**
그게 무슨 말이야? 그렇게 말랐는데.

A **So, what's your type?**
그래서 어떤 타입을 좋아해?

B **I don't really have a type, but I usually find muscular men attractive.**
딱히 타입은 없는데, 주로 근육질인 남자가 매력적으로 느껴지더라고.

평소 운동을 많이 해서 정말 근육질이라는 걸 강조할 땐 muscular 또는 athletic을 써도 됩니다.

UNIT 5

오랜만에 만난 지인의 연애사를 물어볼 때는

How's your love life?

MP3 088

오랜만에 만난 지인에게 생각 없이 애인 이름을 말하며 How's Keith?(Keith는 어떻게 지내?) 또는 Are you still with Keith?(아직도 Keith 만나?)라고 물었다가 헤어졌다고 하면 갑자기 분위기가 어색해질 수 있습니다. 그렇다고 예전에 연락했을 땐 남자 친구가 있었는데, 마치 상대가 남자 친구가 있었던 걸 잊어버린 것처럼 Are you seeing anyone?(만나는 사람 있어?)이라고 하는 것도 어색하고요. 이럴 때는 How's your love life?(연애사는 어때?)를 쓰세요. 현재 만나는 사람이 있는지, 예전에 만나던 사람과는 계속 잘 만나는지 등 다양한 상황에서 쓸 수 있습니다. 하지만 이런 연애사를 물어볼 정도의 사이가 되려면 상당히 친해져야 한다는 걸 꼭 기억해 주세요. 회사 외에 사석에서 따로 편히 만날 정도의 사이도 아닌데 단순히 옆자리에 앉은 동료라고 막 물어볼 수 있는 질문은 아닙니다. 서로의 사생활은 존중해 주어야 하니까요.

1 최근에 결혼한 사람에겐 married life(결혼 생활)가 어떤지 물어볼 수 있습니다.

How's married life? 결혼하니 어때?

2 다음은 상대가 먼저 연애사나 결혼 생활에 대해 대화를 이어 가며 말할 때 쓸 수 있는 얘깃거리들입니다.

How long have you two been together?
얼마나 오랫동안 함께 해 온 거야?

How did you two meet?
둘이 어떻게 만난 거야?

I know this might sound a little cheesy, but was it love at first sight?
좀 오글거릴 수도 있는데 첫눈에 반하고 뭐 그런 거야?

이럴 때는 이렇게!

A **How's your love life?** 연애사는 어때?

B **Same old, same old.** 늘 똑같지, 뭐.

이렇게 대답했는데 계속 연애와 결혼의 중요성을 강조하며 스트레스를 주는 말을 한다면 전 처음엔 You don't wanna go there.(그 얘기는 꺼내지 않는 게 좋을 거야.), 계속 그러면 Come on. Leave me alone.(아, 나 좀 그냥 내버려 둬.), 극도로 짜증이 났을 땐 Mind your own business.(네 일이나 신경 쓰고 잘해.)라고 말할 것 같아요.

A **How long have you two been together?**
얼마나 오랫동안 함께 해 온 거야?

B **Two years now.** 이제 2년 됐어요.

여성에게는 절대 선생님의 의미가 아닌 sir

MP3 089

가끔 수강생 분들이 저에게 'Ms. Ku'는 선생님에게 쓰긴 무례한 것 같고, 그렇다고 친근하게 Seul이라고 부르는 것도 어색해서 sir를 쓰시더라고요. 이건 사실 저를 남자로 만드는 표현이랍니다. 오히려 Ms. Ku나 Seul이 전혀 무례하지 않은 자연스러운 표현이에요. 미국인들은 아무리 나이 차이가 많이 나도 조금 친해지면 대부분 이름을 불러요. 특히, 상대가 'You can just call me Seul.(그냥 Seul이라고 부르셔도 돼요.)'이라고 하면 예의에 어긋나는 게 아닌 친해지는 과정이라고 생각하고 편히 Seul이라고 부르세요. Sir는 성별에 상관없이 쓸 수 있는 표현이 아닌, 남성분에게 정중히 말할 때 씁니다.

Sir. (레스토랑이나 상점에서 이름을 모르는 남성 분에게) 저기요/손님?

1 여성 분에게 정중히 말할 땐 ma'am을 쓰세요.

Yes, ma'am. (여성 분에게 격식을 차려 대답할 때) 네, 알겠습니다.

Ma'am이 주로 나이가 든 여성 분에게 격식을 차릴 때 쓰이기에 일부 여성 분들은 'Don't call me ma'am.(ma'am이라고 하지 마세요.)'이라고도 합니다. 그럴 땐 Ms. Ku, Seul처럼 이름을 불러 주면 됩니다. 참고로 남부에서는 나이에 상관없이 예의 바른 표현으로 ma'am을 자주 써요.

2 미국에서 회사 생활할 때 연세 많으신 고객 분께 제가 Mr. Williams라고 격식을 차려 불렀더니 'That's my father's name. Just call me George.(그건 제 아버지 이름이니 그냥 George라고 불러 주세요.)'라고 하시더라고요. 그런데 막상 George라고 부르기엔 무례한 것 같아서 한동안 Mr. Williams라고 그냥 불렀는데, 사실 그분이 경직되어 있는 제게 친근하게 다가오기 위한 제스처였더라고요. 그러니 내가 편한 게 아닌 상대가 원하는 방식으로 불러 주는 게 진정한 배려인 것 같아요.

이럴 때는 이렇게!

A **This is very impressive work.**
(일을 인상 깊을 정도로 정말 잘했을 때) 정말 훌륭한걸.

B **Thank you, sir.** (남성 분께) 감사합니다.

일을 잘했을 때 Good job.과 Good work.를 쓸 수 있습니다. Good job.은 특정 임무나 일의 결과를 칭찬하는 것이고, Good work.는 (혹시 실패했더라도) 특정 임무나 일을 완수하기 위해 들어간 노력과 공을 칭찬하는 것에 초점이 맞춰져 있어요.

A **Did you finish your homework?** 숙제는 다 했니?

B **Yes, ma'am.** (여성 분께) 네, 다 했어요.

UNIT 7

딱히 칭찬처럼 들리지 않는
It was above my expectation.

MP3 090

뭔가 기대 이상이었을 때 above my expectation이라고 칭찬해도 될 것 같지만, 사실 above는 '바로 위'라는 의미라서 기대보다 아주 살짝 잘했다는 의미가 돼요. 기대 이상으로 정말 좋았을 땐 above 대신 beyond를 쓰세요. It was beyond my expectation.은 기대를 훨씬 넘어 정말 훌륭했다는 걸 강조할 때 씁니다. 앞에 부사 way 또는 far를 붙이면 '훨씬, 더'란 의미로 강조할 수 있습니다. 내 기대치를 기준으로 뭔가를 평가할 땐 다음과 같이 쓰세요.

It was far beyond my expectation. (**정말 훌륭했을 때**) 기대했던 것보다 훨씬 더 좋았어요.

It met my expectation. (**딱 기대치만큼이었을 때**) 기대한 만큼이었어요.

It was below my expectation. (**별로였을 때**) 기대 이하였어요.

1 Above my expectation처럼 만족스러울 때 쓸 수 있을 것 같은 satisfactory도 사실, 딱히 칭찬이라고 하긴 어려워요. 제가 대학 때 필수 교양 과목인 체육 수업을 들었는데, 그때 평균 점수가 60점만 넘으면 satisfactory를 주더라고요. 60점이 훌륭한 점수의 기준이 되기 어려운 것처럼, satisfactory는 딱 내가 생각했던 기준을 충족시켰을 때 씁니다. 뭔가 정말 훌륭했다면 very, more than 등을 넣어 강조해 주세요. 참고로 신기하게도요, satisfied는 긍정적인 뉘앙스입니다.

It was more than satisfactory. (**만족스러운 것 이상**) 정말 만족스러웠어요.

2 Satisfactory는 뭔가 마음에 들지 않을 때 빛을 발해요. Bad, horrible, terrible보다 부드럽게 말할 수 있습니다.

I know that's not a very satisfactory answer, but that's all I can say right now.
썩 마음에 드는 답변이 아니라는 건 알지만 지금 제가 드릴 수 있는 말은 그것밖에 없네요.

이럴 때는 이렇게!

A **How was the musical?** 뮤지컬은 어땠어?
B **It was far beyond my expectation.** 기대했던 것보다 훨씬 더 좋았어.

A **I hope everything was satisfactory.**
(주로 서비스업에서 손님에게) 모든 게 만족스러우셨기 바랍니다.
B **Oh, it was more than satisfactory.**
(만족스러운 것 이상) 아, 정말 만족스러웠어요.

MP3 091

주로 윗사람이 아랫사람에게 쓰는

Keep up the good work.

수강생 분들이 제게 앞으로도 좋은 수업 잘 부탁한다는 뉘앙스로 'Keep up the good work.'를 종종 쓰시는데, 사실 이건 주로 윗사람이 아랫사람에게 쓰는 표현이라 선생님이나 상사에게 쓰면 자칫 무례하게 들릴 수 있어요. 마치 우리가 상사에게 '계속 열심히 하세요.' 또는 '수고하세요.'라고 하지 않는 것처럼요. 비슷한 표현으로 Thank you for your effort.가 있는데요, 이 표현 또한 상사나 선생님에게 쓰면 어색하게 들리니 주의하세요. Keep up the good work는 이럴 때 쓰세요.

Keep up the good work, everyone.
(**상사가 열심히 일하는 부하 직원에게 계속 열심히 하라는 뉘앙스로**) 다들 수고해.

I'm so proud of you. Keep up the good work.
(**엄마가 좋은 성적을 받은 아이에게**) 정말 대견해. 앞으로도 열심히 해.

1 상사나 선생님께는 수고하셨다는 말보단 고마운 마음을 표현하세요.

I just wanted to say thank you. You bring out the best in me.
(**예전부터 고맙다고 말하고 싶었다는 진심이 담긴 표현**)
그냥 여러모로 감사하다고 꼭 말씀드리고 싶었어요. 저의 가장 좋은 모습을 끌어내 주시거든요.

Thank you for everything. 여러모로 고맙습니다.

I am so grateful. (**큰 고마움을 표현할 때**) 정말 감사드려요.

2 이 외에도 '수고하셨습니다'를 쓸 수 있는 상황에선 이렇게 쓰세요.

Great work, everyone!
(**오늘 잘했다는 뉘앙스**) 다들 오늘 수고했어!

Thank you for organizing everything.
(**특히 행사 관련해서**) 여러모로 준비하느라 수고했어.

이럴 때는 이렇게!

A **Keep up the good work, everyone!**
(계속 열심히 하라는 뉘앙스) 다들 수고해!

B **Thank you.** 감사합니다.

A **Thank you for everything.** 여러모로 고맙습니다.

B **Aw, you're very welcome.** 아이고, 뭘요.

PART 2

나를 한층
돋보이게 하는
표현 & 패턴들

CHAPTER 1

바꿔 말하니
호감도가 쑥 올라가는 표현 1

UNIT 1

한창 뭔가를 하느라 바빠서 대화하기 힘들 때는

(Δ) I'm busy because ~

(o) I'm in the middle of ~

MP3 092

한창 미팅 중이라 바쁘다고 할 때 I'm busy because ~로 시작하는 것도 틀리진 않지만, I'm in the middle of a meeting.을 쓰면 굳이 대놓고 바쁘다는 'busy'를 쓰지 않고도 뭔가에 열중하느라 바쁘다는 느낌을 줍니다. 정말 다양한 상황에서 응용 가능한 표현이지만, 'I'm in the middle of + 명사/동사ing(한창 ~ 중이라 바빠)'가 빛을 발할 땐 I'm in the middle of something.(나 지금 뭐 좀 하느라 바빠.)을 쓸 때입니다.
생각해 보면 지인이 연락했을 때나 심지어 원치 않는 전화가 왔을 때 뭐 좀 하느라 바쁘다는 말 우리도 종종 하잖아요. 우리가 일상에서 자주 쓰는 표현은 네이티브도 영어로 자주 쓰는 겁니다. 그러니 다음엔 뭔가 하느라 바쁠 땐 I'm busy because ~ 대신 I'm in the middle of something.을 써 주세요.

I'm in the middle of a meeting.
(**회의 중이라 바쁨**) 나 한창 회의 중이야.

I'm sorry to bother you in the middle of a meeting.
한창 회의 중이라 바쁠 텐데 방해해서 미안해.

1 In the middle of만 쓰면 '가운데에' 또는 '~ 중에'란 의미가 됩니다. 뒤에 장소나 시기가 자주 쓰이지만 타협점을 찾아갈 때도 쓸 수 있습니다.

I left it in the middle of the room.
그거 방 한가운데에 놔뒀어.

He called me in the middle of the night.
그가 내게 한밤중에 전화했어.

Why don't you just meet me in the middle?
(**타협점을 찾아갈 때 서로 조금씩 양보해 중간에서 만나자는 뉘앙스**) 그냥 우리 서로 조금씩 양보하는 게 어때?

이럴 때는 이렇게!

A **I'm sorry, Kristen, but I'm right in the middle of something.**
미안한데 Kristen, 나 지금 한창 뭐 좀 하는 중이라서 말이야.

B **Well, this can't wait.** 저기, 이거 미뤄도 될 사안이 아니라서.

A **Jamie called me in the middle of the night.**
Jamie가 내게 한밤중에 전화했어.

B **For what?** 뭐 때문에?

업무상 이름을 물어볼 때는

MP3 093

(x) What's your name?

(o) May I ask your name?

미국 카페에서는 주문을 받을 때 이름을 물어보고 음료가 다 준비되면 번호 대신 이름으로 불러 주는데요, 카페처럼 캐주얼한 환경에서도 손님 이름을 물어볼 때 What's your name?이라고 하지 않아요. Can I get your name, please?(성함이 어떻게 되시나요?)를 씁니다. 그만큼 What's your name?은 캐주얼한 환경에서 상대를 개인적으로 더 알아가고 싶을 때 쓰는 표현이기에 업무상 고객 이름을 물어볼 때 쓰면 자칫 무례하게 들릴 수 있습니다. 대신 May I ask your name?(성함 여쭤봐도 될까요?)을 쓰세요. 다짜고짜 이름이 뭔지 물어보는 what보다 성함을 여쭤봐도 되는지 허락을 받는 may가 훨씬 더 정중합니다. 특히 상대의 이름을 물어보는 건 첫 번째 만남에서 이뤄지는 것이기에 좋은 첫인상을 남길 수 있도록 상황에 따라 적절한 표현을 써 주세요.

Can I get your name, please? (**특히 카페에서 주문 받을 때**) 성함이 어떻게 되세요?
개인적인 감정 없이 단순히 주문 때문에 물어본다는 뉘앙스로 Can I get a name for your order?를 쓰기도 합니다.

May I ask who's calling? (**전화 영어에서 자주 쓰임**) 지금 전화하시는 분 성함을 여쭤봐도 될까요?

1 굳이 상대의 이름을 물어보지 않고 나부터 소개하면 자연스레 상대도 자신의 이름을 말해 주겠죠.

Hi, I'm Stephanie Steele. Nice to meet you.
안녕하세요. 전 Stephanie Steele입니다. 만나서 반갑습니다.

2 이름을 한 번에 제대로 듣지 못했다면 이렇게 말하세요.

I'm sorry. I didn't catch your name. 죄송해요. 성함을 잘 못 들었어요.

이럴 때는 이렇게!

A **May I ask your name, sir?** 성함이 어떻게 되세요?
B **Christopher Bowden. You can just call me Chris.**
Christopher Bowden인데 그냥 Chris라고 부르셔도 돼요.

원어민들은 이렇게 긴 이름을 줄여 부르기도 합니다. Elizabeth는 Liz, Robert는 Rob, Jennifer는 Jen처럼 말이죠. 사람에 따라 줄인 이름을 선호하는 경우가 있어요.

A **Hi, I'm Stephanie Steele. Nice to meet you.**
안녕하세요. 전 Stephanie Steele입니다. 만나서 반갑습니다.
B **I'm Keith Pierson. Nice to meet you, too.**
전 Keith Pierson입니다. 저도 만나서 반갑습니다.

어디에 사는지 물어볼 때는

(Δ) Where do you live?

(o) Do you live nearby?

MP3 094

거주하는 지역에 따라 상대를 평가하는 사람들이 있기도 하고 정말 친해지기 전엔 상대의 프라이버시를 최대한 건들지 않는 미국 문화이기에 상대가 어디에 사는지 물어볼 땐 Where do you live? 대신 Do you live nearby?(이 근처 사세요?)를 쓰는 게 더 부드러워요. Where do you live?(어디에 사세요?)가 틀린 건 아니지만, 마치 집 주소를 줘야 할 것 같은 느낌을 주기에 상황에 따라 부담을 느낄 수도 있거든요. 구체적으로 어디에 사는지 묻는 where로 질문을 시작하는 것보단 근처에 사는지 묻는 Do you live nearby? 또는 이 동네에 사는지 물어보는 Do you live in the neighborhood?를 쓰세요. 이렇게 질문하면 상대가 꼭 지역을 말하지 않고 단순히 근처에 산다 안 산다, Yes 또는 No라고 답변할 수 있으니 더 부담 없겠죠.

1 근처에 산다고 할 땐 nearby나 neighborhood로 답변해도 좋은데요, 근처를 뜻하는 다양한 표현도 알아두세요.

I live down the street. (**집이 길 가다 바로 아래에 있을 만큼**) 근처에 살아요.

I live around the corner. (**집이 모퉁이 돌면 바로 있을 만큼**) 근처에 살아요.

2 In the neighborhood(동네에)는 근처에 올 일이 있어서 온 김에 잠시 들렀다는 식으로 얘기할 때도 자주 쓰여요.

I was in the neighborhood. I thought I'd stop by and say hi.
근처에 올 일이 있어서 잠시 들러 인사나 할까 했지.

3 비즈니스 상황에서 배송을 목적으로 주소를 물어볼 땐 이렇게 쓰세요.

To which address should I send this? 이걸 어느 주소로 보내 드리면 될까요?
집 주소를 묻는 것보단 상대가 받기 편한 배송지 주소를 주도록 선택권을 주는 것이어서 더 프로페셔널한 느낌을 줍니다.

이럴 때는 이렇게!

A **Do you live nearby?** 근처에 사세요?
B **No. I live about 30 minutes from here.**
아니요. 여기서 한 30분 거리에 살아요.

A **Can I get your shipping address?** 배송지 주소가 어떻게 되시나요?
B **Sure. It's 495 Union Ave, Memphis, TN.**
네. 495 Union Avenue, Memphis, TN입니다.

상대의 근무지를 물어볼 때는

(Δ) Where do you work?

(o) Do you work nearby?

MP3 095

Where do you work?는 상대가 근무하는 지역을 묻기보다 재직 중인 회사를 물을 때 더 자주 쓰입니다. 어디 회사를 다니는지 물어보는 건 우리나라에서도 상황에 따라 실례가 되는 질문이기도 하잖아요. 서로를 더 알아가는 상황에서 재직 중인 회사를 알고 싶을 땐 Where do you work?를 자주 쓰지만, 부담 없이 가벼운 스몰토크를 하는 거라면 근처에서 근무하는지 묻는 Do you work nearby?를 쓰세요.
이 표현은 재직 중인 회사보단 단순히 근처에서 근무하는지 물어볼 때 쓰는 표현이기도 하고, 상대가 구체적인 지역이나 회사명 대신 Yes 또는 No로 답변할 수 있도록 선택권을 줄 수 있어 더 부담 없이 편히 쓸 수 있습니다.

Do you work in this area?
이 지역에서 근무하시나요?

Do you work in the neighborhood?
이 동네에서 근무하시나요?

1 구체적으로 상대가 재직 중인 회사가 궁금할 땐 이렇게 쓰세요.

Where do you work?
어디 근무하세요?

Which company do you work for?
어느 회사에서 근무하세요?

이럴 때는 이렇게!

Q **Do you work nearby?**
근처에서 근무하세요?

구체적인 회사를 얘기해 주고 싶을 때

A **Yes, I work for Bank of Arlington downtown.**
네, 시내에 있는 Bank of Arlington에서 근무해요.

A **Yes, I'm a branch manager at Bank of Athens.**
네, Bank of Athens 지점장이에요.

구체적으로 얘기하는 게 불편할 때

A **Yes, I work downtown.** 네, 시내에서 근무해요.

A **No, I work in Atlanta. I'm just here on business.**
아니요. 애틀랜타에서 근무하는데, 여기 사업상 온 거예요.

A **Yes, I work just around the corner.**
네, (코너 돌면 바로 있을 만큼 가까운) 근처에 근무해요.

UNIT 5

상대의 직업을 물어볼 때는

(x) What's your job?

(o) What do you do for a living?

MP3 096

우리나라에서도 상대의 직업을 물어볼 때 '직업이 뭐예요?'라고 직접적으로 물어보는 것보단 '하시는 일이 어떻게 되세요?'라고 묻는 것처럼, 영어도 똑같아요. What's your job? 또는 What's your occupation?은 마치 취조관이 물어보는 것 같은 딱딱한 느낌을 줄 수 있습니다. 일단 초면에 다짜고짜 상대의 직업을 묻는 건 실례가 될 수 있기에 단순히 스몰토크를 하려고 묻는 거라면 What field are you in?(어떤 분야에 종사하시나요?)을 쓰세요. 하지만 상대와 어느 정도 대화를 나눈 후 개인적으로 더 알아가기 위해 구체적인 직업을 물어볼 땐 생계 수단으로 어떤 걸 하는지 묻는 What do you do for a living?(하시는 일이 어떻게 되세요?)을 쓰세요. 줄여서 What do you do?라고만 해도 됩니다.

1 상대가 직업을 물어보면 구체적인 직업을 말해도 되고 종사하고 있는 분야를 얘기해도 됩니다.

I'm an engineer.
전 엔지니어입니다.

I'm in advertising.
전 광고업계에 종사하고 있어요.
분야를 얘기할 땐 앞에 in을 쓰세요.

2 상대가 종사하고 있는 분야를 얘기해 주면 이렇게 대화를 이어 가도 됩니다.

Oh, it's a fascinating field.
아, 그거 정말 흥미로운 분야잖아요.

That sounds fancy.
(**농담처럼 가볍게**) 뭔가 있어 보이는데요.

이럴 때는 이렇게!

A **What do you do?** 하시는 일이 어떻게 되세요?
B **I'm an accountant.** 전 회계사입니다.

A **What do you do for a living?** 하시는 일이 어떻게 되세요?
B **I work in artificial intelligence.** 인공지능 관련 일을 하고 있습니다.
A **Oh, it's a fascinating field.** 아, 그거 정말 흥미로운 분야잖아요.

상대의 취미를 물어볼 때는

(Δ) What's your hobby?

(o) What do you do in your spare time?

MP3 097

취미 생활을 물어볼 때 hobby를 쓰면 이건 인터뷰에서 물어보는 것 같은 좀 딱딱한 느낌을 줘요. 상대가 공식적으로 정해 놓은 취미 생활이 없을 수도 있고요. 상대를 더 알아가기 위해 즐겨 하는 게 뭔지 물어볼 땐 단순히 여가 시간을 어떻게 보내는지 묻는 What do you do in your spare time?이 더 자연스러워요. Spare time 대신 free time을 써도 되고요. Spare/free time(여가 시간) 대신 주말 등을 어떻게 보내는지 물어봐도 됩니다. 이 외에 downtime을 써도 되는데요, 이건 기계 또는 컴퓨터가 '다운'돼서 작동하지 않는 시간으로, 사람에게 쓰면 한가한 휴식 시간을 의미합니다.

What do you like to do in your spare time?
(**취미를 묻는 질문**) 여가 시간에 뭐 하는 걸 좋아하세요?

How do you usually spend your weekend? 주말은 주로 어떻게 보내세요?

What do you do in your downtime? 한가할 땐 뭐 하며 보내세요?

1 동료나 직장인에겐 일 외에 취미 생활, 봉사활동 등 따로 하는 게 있는지 묻는 아래 표현도 자주 씁니다.

What do you like to do outside of work?
일 외에 뭐 하는 거 좋아하세요?

2 캐주얼한 대화에서 상대를 더 알아가고 싶어서 상대가 정말 좋아하는 걸 알고 싶을 땐 이렇게 물어보세요.

What do you do for fun?
(**재미를 위해 뭘 하는지 물어보는**) 어떤 걸 즐겨 하시나요?

이럴 때는 이렇게!

Q **What do you do in your spare time?**
여가 시간에 뭘 하며 보내세요?

A **Well, I don't have a lot of spare time, but I usually play video games.**
음, 여가 시간이 많지는 않지만 주로 비디오 게임을 해요.

A **I usually binge watch something on Netflix.**
주로 넷플릭스에 있는 걸 몰아서 봐요.

A **I try to spend time with my family.**
가족과 시간을 보내려고 노력해요.

UNIT 7

Yes/No 단답형보다 더 긴 대화를 유도할 때는

MP3 098

(Δ) Did you have a good day?

(o) How was your day?

네이티브와 좀 더 긴 대화를 유도할 땐 Yes나 No로 답변할 수 있는 closed-ended question(폐쇄식 질문)보단, 답이 딱 정해져 있는 게 아닌 open-ended question(개방식 질문)으로 물어보세요. 좋은 하루를 보냈는지 묻는 Did you have a good day?는 Yes 또는 No로 단답형 답변을 할 수 있고, 대부분은 무의식중에 또는 귀찮아서 Yes라고 답변하고 넘어갈 거예요. 하지만 How was your day?(오늘 하루는 어떻게 보냈어?)란 질문에는 Yes나 No로 답변할 수가 없기에 좀 더 긴 대화를 유도할 수 있습니다.

1 평소 일상에서 쉽게 쓸 수 있는 How로 시작하는 질문을 제시합니다.

How was your day/weekend?
오늘 하루는/주말은 어떻게 보냈어?

How was work/school?
일은/학교는 어땠어?

2 상대가 How로 질문했을 때 Good, Great(좋았어)의 단답형 답변만 하면 대화가 끊길 수 있으니 이렇게 답하세요.

It was a slow day. How was your day?
여유로운 하루였어. (**상대에게 되물어보며**) 너는 오늘 하루 어땠어?
Slow day는 직장인 입장에선 그다지 바쁜 일 없는 여유로운 하루를 의미해요. 반면, 자영업자나 세일즈맨이 Business has been slow.라고 하면 손님이 별로 없어 사업이 잘 안 된다는 부정적인 의미입니다.

It was good. The meeting I was nervous about went well.
잘 보냈어. 긴장했던 미팅도 잘 풀렸고.

이럴 때는 이렇게!

A **How was your day?** 오늘 하루 어땠어?
B **It was a long day. I am happy to be home.**
정말 힘든 하루였어. 집에 오니 좋다.

A **How was your weekend?** 주말은 어땠어?
B **It was good. I just hung out with my boyfriend.**
좋았지. 그냥 남자 친구랑 놀았어.

길을 같이 가며 안내해 줄 때는

MP3 099

(Δ) Follow me.

(o) Let me show you the way.

상대가 화장실, 엘리베이터 등의 위치를 물었을 때 같이 가며 안내해 줄 때가 있잖아요. 그때는 Follow me. 대신 Let me show you the way.가 더 부드러워요. Follow me.가 틀린 건 아니지만 날 졸졸졸 따라오라는 캐주얼한 명령조보단 가는 길을 같이 가며 내가 안내해 주겠다는 뉘앙스인 Let me show you the way.가 더 정중하게 들리거든요. 여기에선 show가 우리에게 익숙한 '보여주다'가 아닌 '(장소로) 안내하다'란 의미입니다. 구체적으로 특정 장소에 가는 길을 안내해 준다고 할 땐 'the way' 대신 'to + 장소'를 쓰세요.

Let me show you to the bathroom.
화장실까지 안내해 드릴게요.

Let me show you to the conference room.
회의실까지 안내해 드릴게요.

1 'Let me show you to + 장소(~까지 제가 안내해 드릴게요)'는 특히 레스토랑, 호텔 등의 서비스 직종에서 자주 쓰입니다. 우리가 여행할 때 자주 들을 수 있는 표현이죠.

Let me show you to your table.
테이블까지 안내해 드리겠습니다.

Follow me.가 캐주얼한 레스토랑에서 자주 쓰이는 표현이라면, Let me show you to your table.은 고급 레스토랑에서 자주 쓰입니다.

Let me show you to your room.
방까지 안내해 드리겠습니다.

이럴 때는 이렇게!

A **Excuse me. Do you know where the bathroom is?**
실례합니다. 화장실이 어디 있는지 아세요?

B **Sure. Let me show you the way.** 네, 제가 안내해 드릴게요.

A **Hi, I have a 1 o'clock reservation under Charlotte Brown.**
안녕하세요. Charlotte Brown으로 한 시에 예약했어요.

B **Sure, Ms. Brown. Let me show you to your table.**
네, Brown 씨. 테이블까지 안내해 드리겠습니다.

UNIT 9

누군가가 잘 살고 부유할 때는

MP3 100

(Δ) She's rich.

(o) She's well-off. 또는 She's comfortable.

'부유한' 하면 rich가 생각날 거예요. 뭐 rich가 틀린 건 아닌데요, 사실 rich는 돈만 많다는 걸 강조할 때 쓰입니다. 심지어 정말 돈이 많을 땐 rich가 아닌 wealthy를 쓰고, 우리가 주변에서 흔히 만나기 어려운 정말 wealthy(부유한) 경영인들의 마인드를 풍자할 때 언론에서 rich를 쓸 정도로, rich는 매너와 교육 수준은 상관없이 정말 돈만 많다는 걸 강조할 때 씁니다. 현실적으로 wealthy한 사람들을 일상에서 쉽게 만나기 어렵기에 누군가가 부유하다고 할 때는 rich의 부정적인 느낌을 줄인 well-off나 comfortable을 쓰세요. 금전적으로 여유롭고 좋은 환경에서 편안히 생활하고 있다는 긍정적인 느낌을 줍니다.

1 Rich는 돈만 많다는 걸 강조하기에 벼락부자처럼 단기간에 부자가 되었을 때도 이 rich를 쓸 수 있습니다.

We won the lottery! We are rich now!
우리 복권에 당첨됐어! (**돈이 많다는 걸 강조**) 이제 부자야!

2 싱가포르 재벌가에 대한 영화였던 〈Crazy Rich Asians〉에서 평범한 집안 출신 여주인공이 재벌가 남자 주인공에게 가족이 rich(부자)인지 물어봅니다. 이 질문에 남자 주인공은 자기 가족이 엄청난 부자인데도 겸손하게 We're comfortable.이라고 하지요. 그만큼 well-off나 comfortable은 돈만 많다는 걸 강조하는 게 아닌, 아무 걱정 없이 먹고 싶은 것, 하고 싶은 것을 하며 편안하고 여유로운 삶을 사는 라이프 스타일을 강조하는 표현입니다.

He's pretty well-off. 그는 꽤 잘 살아.

Money comes and goes. We're just comfortable.
돈이야 있다가도 없는 거죠. 저희는 그냥 먹고 살 만해요.

이럴 때는 이렇게!

A **I don't mean to sound shallow, but she must be rich.**
속물처럼 들리려고 하는 건 아닌데 걘 부자인가 봐.

B **Well, I think she's comfortable.** 음, 그냥 먹고 살 만한 정도인 것 같아.

A **I wish I were Rachel.** (부러워하며) 내가 Rachel이라면 정말 좋을 텐데.

B **What makes you say that? Is it because she comes from money?** 왜 그런 말을 하는 거야? 집안이 부유해서?

A **Yeah, she's super rich.** 응, 정말 부자잖아.

누군가가 금전적으로 어려울 때는

MP3 101

(x) She's poor.

(o) She's having some financial difficulties.

누군가 금전적으로 어렵다라고 말할 때 poor를 쓰는 건 찢어지게 가난하다고 하는 것처럼 너무 강한 느낌을 줘요. 내가 금전적으로 힘들 땐 일상 회화에서 강조해 나 스스로에게 poor를 써도 되지만, 상대나 제3자가 poor하다고 말하는 것은 자칫 상대를 무시하거나 조롱하는 듯한 부정적인 느낌으로 다가올 수 있거든요. 대신 She's having some financial difficulties.(그녀는 재정적인 어려움을 좀 겪고 있어.)를 쓰세요. 가난의 정도를 강조하는 poor보다 훨씬 더 부드러운 느낌으로 쓸 수 있습니다. 참고로 현재진행형인 'be + 동사ing'는 재정적인 어려움이 지속된 게 아닌 지금 이 순간만 힘들어하고 있다는 느낌을 주지요.

Lauren is having some financial difficulties.
Lauren이 지금 재정적인 어려움을 겪고 있어.
Have 대신 experience를 써서 Lauren is experiencing some financial difficulties.라고 해도 돼요.

1 지인에게는 '나 정말 돈 없어'란 식의 농담으로 poor나 broke를 써도 되지만, 격식을 차린 표현은 아니에요.

I'm poor.
(**캐주얼한 일상 대화**) 나 정말 돈 없어.

I'm broke from raising two kids.
(**지인과 농담하며 과장해서 말할 때**) 애 둘 키우느라 나 진짜 돈 없어.

2 참고로 '월급이 통장을 스쳐 지나가듯 한 달 벌어 한 달 먹고 산다'는 영어로 이렇게 표현합니다.

Lauren lives paycheck to paycheck.
Lauren은 한 달 벌어 한 달 먹고 살아.

이럴 때는 이렇게!

A **Lauren is having some financial difficulties.**
Lauren이 요즘 재정적인 어려움을 겪고 있어.
B **Oh, really? What happened?** 아, 정말? 무슨 일 있어?
A **She got laid off last month.** 지난달에 해고당했어.

A **Let's go out for a drink tonight.** 오늘 밤에 같이 술 한잔하자.
B **I can't. I maxed out my credit card. I'm literally broke now.**
난 안 돼. 신용카드 한도도 다 찼고 이제 진짜 돈 없어.

UNIT 11

음식이 맛있다고 할 때는

(Δ) It's delicious.

(o) It's good.

MP3 102

네이티브와 달리 우리는 delicious란 표현을 너무 좋아하는 것 같아요. 맛있을 땐 무조건 delicious가 생각날 정도로 말이죠. 네이티브는 사실 delicious를 맛있다는 걸 과장할 때 쓰거든요. 예를 들어, 상대가 내게 맛있는 음식을 대접하거나 레스토랑에서 셰프에게 음식이 정말 맛있다는 걸 강조해서 말하고 싶을 때 쓰는 표현이 It's delicious.입니다. 평소에 지인과 같이 식사할 때, 또는 내가 맛있는 걸 사 먹을 땐 It's good.을 압도적으로 더 많이 써요.

It's delicious. You're such a great cook!
(**친구가 요리해 주었을 때**) 진짜 맛있다. 너 요리 정말 잘한다!

Everything looks delicious.
(**지인이 맛있는 걸 사 줄 때 메뉴를 보며**) 다 정말 맛있어 보이는 걸.

1 평소 음식이나 음료가 맛있을 땐 It's good.을 쓰지만 네이티브가 It's good.을 평소에 정말 자주 쓰기에 말투나 표정에 따라 그냥 성의 없이 툭 던지는 느낌을 줄 수도 있으니 맛있을 땐 약간 업된 목소리로 말해 주세요.

It's good! You can't go wrong with their coffee.
맛있어! 여기 커피는 뭐든 다 맛있더라고.
You can't go wrong with ~는 '~는 언제나 잘못되는 법이 없이 언제나 옳고 맛있다'는 의미입니다.

2 평소 뭔가 맛있을 때 네이티브는 It's good.을 가장 많이 쓰지만 아래 표현들도 자주 씁니다.

It's the best pizza I've ever had. 내가 지금까지 먹어 본 피자 중에 제일 맛있는걸.

It's exquisite. (**특히 정교하게 잘 만들어진, 예쁜 음식을 먹을 때**) 그건 정말 훌륭해/맛있어.

You should try this. It's delectable/ light.
이것 좀 먹어 봐. 맛있어/깔끔 담백하다.

이럴 때는 이렇게!

A **How's your coffee?** 커피 맛 어때?
B **Good! It's very smooth. How's yours?**
맛있어. 목 넘김이 정말 부드럽네. 네 커피는 어때?

A **I hope you like it.** (상대를 위해 요리한 후) 네 입맛에 맞으면 좋겠다.
B **Wow, it's delicious. You're such a great cook!**
(음식을 한 입 먹어 본 후) 우와, 진짜 맛있다. 너 요리 정말 잘한다!

컨디션이 안 좋다고 말할 때는

(Δ) I'm sick.

(o) I'm not feeling well.

MP3 103

컨디션이 안 좋을 때, 심지어 병가 휴가를 낼 때도 I'm sick.보다 I'm not feeling well.을 더 자주 씁니다. I'm sick.이 틀린 건 아니지만 이건 정말 심각하게 아플 때 쓰는 표현이거든요. 심지어 출근해서 I'm sick.(저 아파요.)이라고 하면 갑자기 구토를 할 것 같거나 심한 감기에 걸려 다른 사람들에게 옮길 것만 같기에, 저렇게 아프면서 왜 출근한 건지 동료들이 의아해할 수 있어요. 컨디션이 안 좋을 땐 I'm sick. 대신 I'm not feeling well.(컨디션이 안 좋아요.)을 쓰세요. 몸 상태가 좋지 않을 때 훨씬 더 자주 쓰이는 표현입니다.

1 평소와 달리 컨디션이 안 좋을 땐 I'm not feeling well.(컨디션이 안 좋아.)을 가장 많이 쓰지만 아래 표현들도 자주 씁니다.

I'm feeling under the weather. 컨디션이 안 좋아.
날씨에 따라 컨디션이 왔다 갔다 하는 것처럼 feel under the weather는 컨디션이 안 좋다는 의미입니다.

I think I'm coming down with a cold.
(**감기에 걸릴 것처럼 몸이 으슬으슬할 때**) 나 감기 기운이 있는 것 같아.

2 Sick은 심한 감기나 심각하게 아플 때 쓰세요.

I think I'm getting sick. Is it okay if I take a day off?
심한 감기에 걸린 것 같아서 그러는데 하루 쉬어도 될까요?

He's sick. He has cancer. 그 사람 정말 아파. 암에 걸렸어.

이럴 때는 이렇게!

A **I think I'm coming down with a cold.** 나 감기 기운이 있는 것 같아.

B **Aw, I'm sorry to hear that. Get some rest and feel better, okay?** 아이고, 안됐네. 푹 쉬고 나아. 알았지?

B **Do you want me to pick up some soup for you?** 수프 좀 사다 줄까?

미국에선 감기 기운이 있을 때 chicken noodle soup를 자주 먹어요. Soup는 국물이 많은 것이고, 우리에게 익숙한 죽은 porridge라고 합니다. 참고로 찌개는 stew입니다.

B **You poor thing, I can pick you up some medicine if you want.** 아이고, 저런. 괜찮으면 내가 약 좀 사다 줄게.

You poor thing은 상대가 안타깝고 안됐을 때 '아이고, 저런'의 느낌으로 쓰는 표현이에요. 주로 친한 친구 사이나 나보다 어린 사람에게 위로차 쓰는 표현입니다.

UNIT 13

자신이 뭔가를 잘 못할 때는

MP3 104

(Δ) I'm bad at it.

(o) It's not my strong suit.

우린 인간이기에 모든 걸 다 잘할 수는 없습니다. 그렇다고 잘 못하는 부분을 굳이 I'm bad at it.(나 그거 잘 못해.)이라고 bad로 강조해서 얘기할 필요까지는 없는 것 같아요. 뭔가를 못한다고 하는 것 대신, 그건 내 strong suit(강점, 잘하는 분야)가 아니라고 하세요. 내 자신은 물론, 상대가 부족한 부분을 대놓고 못한다고 지적하지 않으면서 부드럽게 표현할 수 있는 좋은 표현입니다. Strong suit 대신 forte를 써도 됩니다.
뭔가 잘할 때도 strong suit 또는 forte를 써서 표현할 수 있어요.
특히 상대를 칭찬할 때 자주 쓰입니다.

Asking for help is not my strong suit.
나 원래 도움 청하는 거 잘 못해.

Cooking is not her forte.
그녀는 원래 요리 잘 못해.

Math is your strong suit.
넌 원래 수학 잘하잖아.

Computers are my forte.
난 원래 컴퓨터 잘 다뤄.

1 강조해서 한 번도 잘한 적이 없다는 뉘앙스로 '~ was never my strong suit'를 써도 됩니다.

Math was never my strong suit.
원래부터 난 수학 잘 못했어.

Connecting with people was never her strong suit.
원래부터 그녀는 사람들과 친해지는 걸 잘 못했어.

이럴 때는 이렇게!

A **You should have called me.** 내게 전화하지 그랬어.

B **Well, asking for help is not my strong suit.**
음, 나 원래 도움 청하는 거 잘 못하잖아.

A **John, let me ask you this since math is your strong suit.**
John, 수학은 네가 잘하는 분야니까 이것 좀 물어볼게.

B **Well, I wouldn't say that is my strong suit, but I'll try my best to help.**
뭐, 그게 내가 잘하는 분야라고 하긴 좀 그렇긴 한데, 그래도 최선을 다해 도와줄게.

어디에 떨궈만 달라고 부탁할 때는

(Δ) Can you take me to the mall?

(o) Can you drop me off at the mall?

MP3 105

미국은 땅이 넓어서인지 대도시로 알려진 애틀랜타만 해도 중심가에서 조금만 벗어나면 차 없이 이동하기 어려워요. 그래서 지인에게 특정 장소에 차로 데려다 달라고 부탁할 때가 많은데요, 그때 take를 쓰면 같이 가 달라는 느낌이 강하기에 drop off를 쓰세요. 특정 장소에 떨궈만 주고 가도 된다는 drop off는 상대의 시간을 배려하는 느낌을 주기에 부탁하는 입장에서 더 부담 없이 쓸 수 있는 표현입니다. 일 보는 동안 상대가 날 기다릴 필요 없이 정말 말 그대로 떨궈 주고만 가면 된다는 뉘앙스니깐요.

Can you drop me off at the mall on your way to work?

(**몰 앞에서 떨궈 주기만 하면 됨**) 출근길에 나 좀 몰에 데려다 줄 수 있어?

백화점을 대부분 department store라고 생각하시잖아요. 그런데 사실 미국은 백화점이 하나만 단독으로 있는 게 아닌, 백화점끼리 연결되고 중간중간 가게들이 있는 mall 형태가 더 보편적이에요. 그래서 대부분 쇼핑하러 mall에 간다고 하지 department store에 간다고 하진 않습니다. 구체적인 백화점을 얘기할 땐 department store보단 Macy's, Nordstrom 등의 이름을 부르니 참고하세요.

Can you drop me off at work and pick me up at 7?

나 좀 회사에 떨궈 주고 7시에 데리러 와 줄 수 있어?

1 그냥 특정 장소에 같이 가 달라고 할 때는 take를 쓰세요.

Can you take me to the nearest hospital?

저 좀 근처 가장 가까운 종합병원에 데려다 주실 수 있나요?

Can you take me to the mailroom? (**위치를 잘 모를 때**) 우편실에 같이 가 줄 수 있어?

DROP OFF

이럴 때는 이렇게!

Q **Can you drop me off at the mall?**
저 좀 앞에서 떨궈 주실 수 있어요?

떨궈 줄 수 있을 때

A **Sure. What time?** 그래. 몇 시에?

A **Sure. I was going to go there anyway.**
그래. 어차피 나도 거기 가려고 했었는데.

A **I have to run some errands first, but I can drop you off afterwards.**
먼저 볼 일이 좀 있는데 끝나고 데려다 줄게.

떨궈 주기 어려울 때

A **I wish I could, but I'm really busy today. Is it okay if I take you tomorrow?**
그러고 싶은데 오늘 정말 바빠서 말야. 내일 데려다 줘도 괜찮을까?

UNIT 15

격식을 차려 사과할 때는

(Δ) I'm sorry.

(o) I sincerely apologize.

MP3 106

회사나 프로페셔널한 환경에서 격식을 차려 사과할 때 I'm sorry.가 틀리진 않지만, I sincerely apologize.(진심으로 사과드립니다.)가 더 공손해요. I'm sorry.는 지나가다 실수로 누군가와 툭 부딪혔을 때도 쓸 수 있을 만큼 캐주얼한 환경에서 자주 쓰이기도 하고 해서 실수나 잘못에 공손히 사과하는 느낌을 담기에는 약간 부족하거든요. 진심을 담아 사과한다는 걸 강조할 땐 I sincerely apologize.를 쓰세요. 특히 비즈니스상 자주 쓰이는 표현입니다.

I apologize for the inconvenience. 불편을 드려 죄송합니다.

I apologize for the delay. 지연이 돼서 죄송합니다.

I sincerely apologize. 진심으로 사과드립니다.

1 지인에게 사과할 땐 I'm sorry가 가장 많이 쓰이지만, 말투에 따라 자칫 성의 없는 느낌을 줄 수도 있기에 표정이나 말투에 주의하세요. 미안한 정도를 강조하는 very나 really를 넣어도 됩니다.

I'm sorry. I didn't mean to upset you.
미안해. 널 속상하게 하려던 건 아니었어.

I'm really sorry about everything.
여러모로 정말 미안해.

이럴 때는 이렇게!

A **I apologize.** 죄송해요.

사과를 받아줄 때

B **It's okay. We all make mistakes.**
괜찮아. 우리 다 실수하는 걸, 뭐.

B **Thank you for saying that. I was upset about what you said earlier, but I forgive you.**
사과해 줘서 고마워. 아까는 네가 말한 것 때문에 속상했는데 용서해 줄게.

사과를 받아주기 어려울 때

B **Thank you for apologizing, but I need some time and space.**
사과해 줘서 고마워. 그런데 혼자 생각할 시간이 좀 필요해.

B **I appreciate your apology, but I still need to talk to your manager.**
사과해 주신 건 감사하지만, 그래도 매니저 분과 얘기해야겠어요.

사과를 받아줄 때는

(Δ) It's okay.

(o) Apology accepted.

MP3 107

사과를 받아줄 때 It's okay.(괜찮아.)를 가장 많이 쓰지만, 이 표현은 말투나 표정에 따라 아직도 꿍해 있는 느낌을 줄 수 있어요. 실제로는 괜찮지 않은데 말로만 괜찮다고 할 때도 It's okay.를 정말 자주 쓰거든요. 정말 용서하는 듯한 자비로운 표정으로 It's okay.를 할 자신이 없다면 Apology accepted.(사과 받아줄게.)를 쓰세요. 겉으로 보기엔 딱딱해 보이지만, 오히려 무거운 분위기를 가볍게 만들어 줄 수 있어 It's okay. 못지 않게 자주 쓰는 표현입니다. 굳이 미소를 지으며 말하지 않아도 괜찮아요.

Apology accepted. (= **I accept your apology.**)
사과 받아줄게.

I forgive you. 용서해 줄게/사과 받아줄게.

1 사실 저도 상대가 사과하면 It's okay.를 쓰는 게 습관처럼 입에 배어 있어요. 이미 It's okay.가 익숙하다면 It's okay.로 말을 짧게 끝내지 말고 정말 괜찮다는 듯 뒤에 추가 설명을 해주세요.

It's okay.
(**아직 마음이 안 풀렸을 수도 있음**) 괜찮아.

It's okay. It's not your fault. I understand.
괜찮아. 네 잘못이 아닌걸. 이해해.

2 상대가 honest mistake(의도치 않은 실수) 후 사과했을 때 여유롭게 농담할 수 있다면 이렇게 말해 주세요.

Surprise, you're human!
(**사람이라면 누구나 다 실수를 한다는 뉘앙스로**) 너도 사람인 거지!

이럴 때는 이렇게!

A **I apologize for my tardiness.** 지각해서 죄송합니다.
B **I forgive you, but I hope you don't make a habit of it.**
용서해 줄게. 그런데 앞으로 늦지 않길 바라.

I hope you don't make a habit of it.은 안 좋은 행동을 습관화시키지 말아 달라는 뉘앙스로, 이번엔 넘어가지만 다음엔 특정 행동을 번복하지 않기를 바란다는 의미입니다.

A **Sorry I'm late. Traffic was a nightmare.**
늦어서 미안해. (악몽처럼 끔찍했다는 뉘앙스) 차가 정말 엄청나게 밀렸어.
B **It's okay. I'm glad you're here now.** 괜찮아. 지금이라도 와서 좋은걸.

UNIT 17

내 호의를 거절하지 말라고 강하게 말할 때는

(Δ) Don't say no.

(o) I insist.

MP3 108

식사를 대접하거나 차편을 제공하는 등의 호의를 베풀면 상대가 미안한 마음에 괜찮다고 하며 한 번쯤 거절할 수 있습니다. 상대에게 정말 호의를 베풀고 싶다면 거절하지 마시라고 강하게 말하는 I insist.를 쓰세요. 특히 돈 계산할 때 내가 내겠다고 하며 정말 자주 쓰는 표현입니다. Insist란 단어를 '주장하다'라고만 외우면 일상 회화에서 쉽게 응용하긴 어려운데요, 상대에게 호의를 베풀 때 쓴다고 생각하면 쉽게 쓸 수 있습니다.

Drinks are on me. I insist. 술은 내가 살게. (**꼭 그렇게 하고 싶으니**) 거절하지 마.

Let me give you a ride. I insist. 내가 태워다 줄게. (**꼭 그렇게 하고 싶으니**) 거절하지 마.

It's the least I can do. I insist. 그 정도는 제가 해드려야죠. (**꼭 그렇게 하고 싶으니**) 거절하지 마세요.

1 I insist 뒤에 구체적으로 대상을 넣어 쓸 수도 있습니다.

I insist you join us for dinner.
(**같이 식사했으면 좋겠다는 의미**) 꼭 같이 저녁 먹자.

I insist you stay for dinner.
(**그냥 가지 말고 저녁도 먹고 가라는 의미**) 꼭 저녁 먹고 가.

이럴 때는 이렇게!

A **My treat.** 제가 대접할게요.

내가 산다고 할 때

B **No, lunch's the least I can do. I insist.**
아뇨, 점심 정도는 제가 사 드려야죠. 거절하지 마세요.

B **No, your money's no good here.**
아뇨, 제가 낼 거니 어서 돈 치우세요.

'Your money's no good here.'는 네 돈을 여기서는 받아주지 않으니 내가 돈을 내야 한다는 뉘앙스로, 사 주고 싶은 마음을 강조할 때 씁니다.

B **No, it's my treat, and I won't take no for an answer.** 아뇨, 제가 대접할 거니 거절하지 마세요.

I won't take no for an answer.는 No, 즉 '싫다'는 답변으로 받아들이지 않겠다는 말로 거절하지 말라는 뜻입니다.

B **It's already been taken care of.** 이미 내가 계산했어.

얻어먹을 때

B **Are you sure?** (한번 튕기며) 진짜 그래도 돼요?

B **Thank you. It was delicious.** 감사해요. 정말 맛있었어요.

선물을 건네줄 땐

MP3 109

(x) Here.

(o) I got something for you.

상대에게 줄 선물을 정성스레 준비해 놓고 막상 줄 땐 'Here.(옜다)'하며 주면 분위기를 확 깰 수 있습니다. 선물을 줄 땐 I got something for you.(드릴 게 있어요.)를 쓰세요. 상대를 위해 뭔가를 준비했다는 뉘앙스로 Here보다 훨씬 더 듣기 좋은 표현입니다. 하지만 막상 선물 줄 때 부끄러워 말이 꼬일 것 같다면 최소한 For you(널 위해 준비했어)를 쓰며 선물을 건네 주세요. 약간 오글거릴 수 있지만, 그냥 선물 주면서 흔히 쓰는 표현입니다.

I got something for you. It's nothing fancy.
(**상대를 위해 준비했다는 뉘앙스**) 드릴 게 있어요. 비싼 건 아녜요.
우리도 선물을 주며 상대가 부담 느끼지 않게 비싼 건 아니라고 얘기하죠? 네이티브도 똑같아요. 조금 더 격식을 차린 It's a token of my appreciation.(약소하지만 감사의 표시입니다.)도 자주 씁니다.

For you. 널 위해 준비했어.

1 I got something for you.에서 동사 get은 원래는 없었는데 상대를 위해 사 오거나 구해 온 어감이 강해요. Have(가지고 있다)는 상대를 위해 선물을 사 왔을 수도 있지만 기존에 있던 물건을 줄 때도 쓰여요.

I have something for you. It's your dad's watch.
(**기존에 있던 걸 주며**) 너에게 줄 게 있어. 너희 아빠 시계야.

I almost forgot. I have something for you from H.R.
깜빡할 뻔했네. 인사팀에서 온 서류 줄 거 있어.

이럴 때는 이렇게!

A **I got something for you.** 드릴 게 있어요.

선물을 받으며

B **You shouldn't have.** 뭐, 이런 걸 다 준비했어.
You shouldn't have.는 말투가 정말 중요해요. 정색하고 쓰면 이럴 필요 없는데 왜 이런 걸 준비했냐고 퉁명스럽게 얘기하는 느낌을 줍니다.

B **Aw, thank you. You made my day.**
아이고, 감사해요. 덕분에 오늘 기분 좋은걸요.

B **I love it! This is so nice.** 마음에 쏙 들어요! 정말 멋져요.

선물을 거절하며

B **It's too much. I can't accept this.**
이건 너무 과한걸요. 받을 수 없어요.

UNIT 19

부담스러운 선물을 거절할 때는

MP3 110

(x) That's too expensive.

(o) That's too generous.

부담스러운 선물을 거절할 땐 상대의 마음을 헤아려 최대한 부드럽게 말해야 합니다. 부담스러운 선물은 대부분 비싼 선물이기에 That's too expensive.(너무 비싸요.)를 쓰면 된다고 생각할 수 있는데요. 그런데 가격에 초점을 맞춘 expensive를 쓰면 내가 마치 선물 값을 따져 보고 거절하는 것처럼 느껴질 수 있어요. 이때는 That's too generous.를 쓰세요. 이 generous는 '(무엇을 주는 데) 후한'이란 의미도 있습니다. 즉, 상대가 아낌없이 퍼주는 마음이 감사하지만 너무 관대해서 받아들이기 어렵다는 뉘앙스로 부드럽게 거절할 수 있습니다.

That's too generous. 받아들이기엔 너무 큰 선물인걸요.

1 너무 과해서 부담된다고 강하게 말하고 싶을 땐 'too much(너무 과한)'를 써도 돼요.

I can't accept this. This is too much. 이거 받을 수 없어요. 너무 과해서 부담돼요.

2 선물을 거절할 땐 generous 앞에 '너무(too)'를 썼는데요, 반대로 그 선물을 받을 땐 '정말(so)'을 쓰세요.

That's so generous. 정말 큰 선물인걸요.

You're so generous. (**상대를 올려 주며**) 정말 관대하세요.

3 이 generous는 돈이나 물건을 아낌없이 퍼줄 때 자주 씁니다.

They are generous with portions.
그 식당은 정말 양을 많이 줘.

She was very accommodating. I left her a generous tip.
그녀는 정말 친절하더라. 팁을 넉넉하게 주고 왔어.
서비스업에서 고객의 부탁을 어떻게든 잘 들어주려고 노력하는 걸 accommodating(선뜻 잘 협조하는, 친절한)이라고 합니다.

이럴 때는 이렇게!

A **I got something for you. It's a diamond necklace.**
너에게 줄 게 있어. 다이아몬드 목걸이야.

B **I can't accept this. This is too much.**
이거 받을 수 없어. 너무 과해서 부담돼.

A **My treat.** 제가 대접할게요.

B **Aw, thank you. You're so generous.** 아, 감사합니다. 정말 관대하세요.

지금 당장 결정을 내리기 어려워서 생각해 보겠다고 할 때는

MP3 111

(x) Wait.

(o) Let me think about it.

지금 당장 결정을 내리기 어려워 생각할 시간이 필요할 땐 Let me think about it.(생각 좀 해 볼게요.)을 쓰세요. '생각 좀 해볼게요'란 표현은 결정하는 데 시간이 진짜 필요할 때도 쓰지만, 대놓고 거절하기 어려울 때 상황을 회피하기 위해 쓰기도 합니다. 예를 들어, 전 가격이 너무 비싸 살 생각이 없는데 영업사원이 권유하면 딱 잘라 거절하기 어려우니 '생각 좀 해 볼게요'라고 말하고 가게를 나오는 편이거든요. 이처럼 Let me think about it.도 똑같은 상황에서 쓰여요. 그러니 지금 당장 결정을 내리기 어렵다고 Wait.(기다려.)라고 하거나, 딱 잘라 No라고 하는 대신 Let me think about it.을 쓰세요.

Let me think about it.
(정말 생각해 볼 시간이 필요할 때/딱 잘라 거절하기 곤란해서 이 상황을 회피하고 싶을 때) 생각 좀 해 볼게요.

1 하지만 살다 보면 딱 잘라 거절해야 할 때가 있죠. 그땐 이렇게 쓰세요.

Thanks, but I'm good for now. 고맙지만 지금은 괜찮아요/ 필요 없어요.

I'm going to have to say no.
(조심스럽게 확고한 의지 표명) 안 할 거라고 말씀드릴게요.

I'd like to say thank you, but I'm going to have to turn your offer down.
(조심스럽게 확고한 의지 표현) 감사하지만 제안은 거절해야 할 것 같아요.

이럴 때는 이렇게!

Q **Would you like to go ahead and purchase it today?**
오늘 바로 구매하시겠어요?

지금 당장 구매하기 어려울 때

A **Well, let me think about it.** 음, 생각 좀 해 볼게요.

A **Not today.** 오늘은 괜찮아요.

A **Honestly, I'm not in a position to make that kind of purchase.**
솔직히, 그런 구매를 할 상황이 아니라서요.

지금 구매하고 싶을 때

A **Sure, why not?** 그래요. 안 살 이유가 없죠, 뭐.

A **You know what, I work hard. I think I deserve this.** 그게 말이죠, 저 정말 열심히 일하는데 이거 살 자격 있는 것 같아요.

UNIT 21

그러면 나중에 후회할 거라고 부드럽게 경고할 때는

(x) Don't do that.

(o) You don't wanna do that.

MP3 112

상대에게 특정 행동을 하면 후회할 거라고 부드럽게 경고하고 타이를 땐 Don't do that. 대신 You don't wanna do that.을 쓰세요. 직설적으로 '하지 마!'란 의미인 Don't do that.은 자칫 강하게 느껴질 수 있거든요. 'You don't wanna + 동사원형'은 '~하지 않는 게 좋을 거야/~하면 후회할 거야'란 의미로 부드럽게 돌려 말할 때 자주 쓰입니다. 영화 〈포레스트 검프〉에서 Forrest가 평생을 짝사랑해 왔던 Jenny에게 좋은 남편이 될 테니 자신과 결혼하자고 하는데요, 그때 Jenny가 'You don't wanna marry me.(나 같은 사람과는 결혼하지 않는 게 좋을 거란 뉘앙스)'라고 합니다. 'Don't marry me.(나와 결혼하지 마!)'보다 네가 나중에 후회할 수도 있으니 안 하는 게 좋을 거라고 부드럽게 돌려 말하는 느낌을 주죠. 좀 더 격식을 차려야 할 때는 wanna 대신 want to를 쓰면 됩니다.

You don't wanna be late. (**늦지 않는 게 나을 거란 뉘앙스**) 늦으면 후회할 거야.

You don't wanna know. (**모르는 게 나을 거란 뉘앙스**) 알면 후회할걸.

1 'You don't wanna + 동사원형'이 특히 빛을 발할 때가 있어요. 상대가 취업, 결혼, 출산 등의 예민한 주제로 잔소리할 때 그 얘기는 꺼내지 않는 게 좋을 것 같다고 부드럽게 경고할 때죠. Shut up!보다 훨씬 더 부드럽습니다.

You don't wanna go there. 그 얘긴 꺼내지 않는 게 좋을 거야.

Go there를 써서 실제 특정 장소에 가지 않는 게 좋을 거란 의미로도 쓰이지만, 그 얘기를 꺼내면 서로 기분만 상하고 후회하게 될 거란 뉘앙스로도 쓸 수 있습니다.

이럴 때는 이렇게!

A **How much was it?** 얼마였어?

B **You don't want to know.** (모르는 게 나을 거란 뉘앙스) 알면 후회할걸.

A **When are you going to get married and have kids?** 언제 결혼하고 애 낳을래?

B **You don't wanna go there.** 그 얘긴 꺼내지 않는 게 좋을 거야.

답하기 곤란한 질문에 답변할 때는

(x) I don't want to answer that.

(o) I'm not comfortable answering that question.

MP3 113

종교, 정치 성향 등 답변하기 곤란한 질문을 받을 땐
I don't want to answer that.(그건 대답하고 싶지 않네요.) 대신 I'm not comfortable answering that question.(그 질문에 답변 드리는 게 불편하네요.)을 쓰세요. 'I'm not comfortable + 동사ing'는 특정 행동을 하는 게 불편하다 즉, 뭔가 하고 싶지 않다는 걸 돌려 말할 때 자주 쓰이거든요. 예민한 질문을 한 상대에게 문제가 있더라도 굳이 나까지 덩달아 직설적으로 말할 필요는 없잖아요. 품위를 유지하며 부드럽게 불편한 의사를 표현하세요.

I'm not comfortable going there.
(**가고 싶지 않을 때**) 거기에 가는 게 불편하네요.

I'm not comfortable making a decision right now.
(**지금 결정하고 싶지 않을 때**) 지금 당장 결정하는 건 불편하네요.

1 'I'm not comfortable with + 명사'를 써도 됩니다.

I'm not comfortable with that question.
(**답하고 싶지 않을 때**) 그 질문에 답변 드리는 게 불편하네요.

I'm not comfortable with this situation.
(**이 상황에서 벗어나고 싶을 때**) 이 상황이 불편하네요.

I'm not comfortable with that kind of language.
(**상대가 무례한 말을 했을 때**) 그런 말투, 저 불편해요.

I'm not very comfortable with this conversation.
(**대화 주제에서 벗어나고 싶을 때**) 이 대화가 아주 편치만은 않네요.

〈겨울왕국 2〉에서 엘사가 크리스토프의 순록 스벤을 빌리려고 하자 크리스토프가 이렇게 말합니다. I'm not very comfortable with the idea of that.(그 생각이 아주 편치만은 않네요.)이라며 상대가 제안한 생각을 따르고 싶지 않다는 마음을 나타냅니다. 딱 잘라 'I don't like your idea.(당신 생각이 맘에 안 들어요.)'라고 한 것보다 훨씬 더 부드럽게 싫다는 마음을 표현한 거예요. Comfortable 앞에 very, really, entirely, too 등을 넣으면 뭔가 아주/정말 편치만은 않다는 뉘앙스로 더 부드럽게 말할 수 있습니다.

이럴 때는 이렇게!

A **How much do you make a year?** 일 년에 얼마나 버세요?
B **I'm not too comfortable answering that question.**
(답하고 싶지 않을 때) 그 질문에 답하는 게 아주 편치만은 않네요.

A **Be honest. Do you like Amie?** 솔직히 말해 봐. Amie 맘에 들어?
B **I'm not very comfortable with this conversation.**
(대화 주제에서 벗어나고 싶을 때) 이 대화를 나누는 게 아주 편치만은 않네.

UNIT 23

확실히 모르겠다고 말할 때는

(x) I don't know.

(o) I'm not sure.

MP3 114

제가 사춘기 때 엄마가 가장 많이 지적하신 점이 질문을 하면 그냥 귀찮으니 무조건 '몰라'라고 한 부분이에요. 그만큼 우리말에서도 '몰라'라는 표현은 상황에 따라 성의 없게 들릴 수도 있어요. 그러니 상대방 질문에 확실히 답해 주기 어려울 땐 'I don't know.(몰라.)' 대신 I'm not sure.를 쓰세요. 확실히는 잘 모르기에 함부로 말하긴 조심스럽다는 느낌을 줍니다. 뒤에 상대가 궁금해하는 걸 같이 해결하기 위해 노력하는 듯한 말을 하면 더 좋겠죠.

I'm not sure. Let me ask Elijah.
잘 모르겠어. 내가 Elijah에게 물어볼게.

I'm not 100% sure. Let me look into that.
나도 100% 확실히는 잘 모르겠어. 내가 한번 알아볼게.

1 또는 'I think ~(내 생각엔 ~야)'를 넣어 내가 알고 있는 정보를 줘도 됩니다. 하지만 틀린 정보일 수도 있으니 확실하진 않다는 걸 언급해 주세요.

I think her last name is Marian, but I'm not 100% sure.
그녀의 성이 Marian인 것 같은데 100% 확실치는 않아.

I think it's Friday, but don't quote me on that.
내 생각엔 금요일인 것 같은데 확실하진 않아.

Quote는 '인용하다'란 의미가 있어요. Don't quote me on that.이라고 하면 내가 말하는 게 100% 사실인지 아닌지 확실치 않기에 내가 말한 걸 인용해서 다른 사람에게 전달하지 말라는 뉘앙스로 '그런데 확실하진 않아.'란 의미입니다.

I think it's 100 bucks, but I could be wrong.
내 생각엔 100달러인 것 같은데 내가 틀릴 수도 있어.

미국인들은 dollar 대신 buck을 구어체에서 많이 씁니다. 참고로, 1,000달러 단위를 grand 또는 k라고도 해요. 예를 들어 $30,000은 30 grand 또는 30k라고 하고 $100,000은 100 grand 또는 100k라고도 합니다. 돈은 절대 실수하면 안 되니 꼭 기억해 두세요.

이럴 때는 이렇게!

A **Do you know when she'll be back?** 그녀가 언제 돌아오는지 알아?
B **I'm not sure. Let me text her.** 잘 모르겠어. 문자해 볼게.

A **When is the application deadline?** 원서 신청 마감일이 언제야?
B **I think it's this Friday, but don't quote me on that.**
내 생각엔 이번 주 금요일인 것 같은데 확실하진 않아.

지금 당장 답변해 주기 어려운 질문에 답할 때는

(x) I don’t know.

(o) Can I get back to you on that?

MP3 115

고객이나 상사가 지금 당장 답변해 주긴 어려운 질문을 내게 했을 땐 당황하지 말고, I don’t know.(모르겠습니다.) 대신 Can I get back to you on that?(그 점은 알아보고 말씀드려도 될까요?)’을 쓰고 빠져 나가시면 됩니다. 알아보려 노력조차 하지 않는 듯한 I don’t know.는 성의 없이 들릴 수 있거든요. ‘Get back to + 사람’은 특히 회답을 하기 위해 ‘~에게 나중에 다시 연락하다’는 의미인데요, 이를 응용해 ‘Can I get back to you on that?’이라고 하면 단순히 답을 모를 때도 쓸 수 있지만 생각해 보거나 알아볼 시간이 필요할 때도 쓸 수 있습니다.

I’m not 100% sure. Can I get back to you on that?
100% 확실치는 않네요. 알아보고 말씀드려도 될까요?

Is it okay if I get back to you on that?
그 점은 알아보고 말씀드려도 괜찮을까요?

1 이 외에 자주 쓸 수 있는 표현들도 알아두세요.

I’m gonna have to get back to you on that.
그 점은 알아보고 말씀드려야 할 것 같아요.

Let me look it up and get back to you on that.
(인터넷, 참고 자료 등을) 찾아보고 말씀드릴게요.

I can’t give you a definite answer right now. Can I get back to you on that?
지금은 확답 드리기가 어려운데 알아보고 말씀드려도 될까요?

이럴 때는 이렇게!

Q **Is it okay if I get back to you on that?** 그 점은 알아보고 말씀드려도 괜찮을까요?

지금 당장 답변이 필요한 건 아닐 때

A **Sure. Take your time.** 그럼요. 천천히 하세요.

A **When can I expect to hear from you?**
언제쯤 말씀해 주실 거라고 생각하면 될까요?

지금 당장 답변이 필요할 때

A **I’m afraid I need an answer right now.**
죄송하지만, 지금 답변이 필요해요.

A **I’m sorry, but this can’t wait.**
죄송하지만, 이건 지금 당장 해결해야 해서요.

UNIT 25

상대방이 내가 잘 모르는 분야를 물어볼 때는

MP3 116

(x) I don't know.

(o) It's outside of my area of expertise.

누군가 저에게 시험 영어를 잘 치는 법을 물어보신다면, 같은 영어이긴 해도 제 전문 분야가 아니니 'It's outside of my area of expertise.(그건 제 전문 분야가 아니에요.)'라고 하며 잘 모른다는 걸 돌려 말할 것 같아요. 제가 잘 모르는 분야라고 딱 잘라 'I don't know.(모르는데요.)'라고 하면 질문하신 분을 무안하게 만들 수도 있으니까요. 이 area of expertise는 경력직 이력서나 면접에서도 자주 쓰는 표현입니다.

What is your area of expertise? 전문 분야가 어떻게 되시죠?

My area of expertise is social marketing. 제 전문 분야는 소셜 마케팅입니다.

1 상대에게 일을 시킬 때나 도움을 요청할 땐, 특정 분야를 전문가 수준으로 잘아는 네 도움이 필요하다며 아래처럼 구슬리세요. 전문 지식 또는 기술을 의미하는 expertise만 써서 단도직입적으로 도움을 요청해도 됩니다.

That's your area of expertise. (**네가 잘하니 네가 해 달라는 뉘앙스**) 그건 네 전문 분야잖아.

We could really use your financial expertise. 너의 재무 지식이 정말 필요해.

2 특정 분야에 오래 종사해서 잘 알거나 특별히 잘하는 건 specialty(전공, 전문)라고 합니다.

Psychiatry is his specialty. 정신 의학이 그의 전공이야.

I made you my specialty, seafood pasta.
(**특히 잘 만들어서**) 내 전공인 해산물 파스타를 만들었어.

Lying is not my specialty. 난 거짓말 잘 못해.

이럴 때는 이렇게!

A **It's a little outside of my area of expertise.**
(잘 모른다는 뉘앙스) 그건 제 전문 분야에서 조금 벗어나요.

B **Do you, by chance, know whom I can ask for help?**
혹시 제가 누구에게 도움을 청할 수 있는지 아세요?

A **Can you help me with that?** 그것 좀 도와줄 수 있어?

B **I'm sorry. That's in the realm of my interest but outside of my expertise.** 미안해. 그게 내가 관심 있는 분야이긴 한데 내 전문 분야는 아니야.

realm: (관심, 지식 등의) 영역, 범위

상대가 한 부탁에 바로 답변해 주기 어려울 때는

(x) I can't answer right now.

(o) I'll see what I can do.

MP3 117

특히 가까운 지인이나 비즈니스 상대가 바로 들어주긴 어려운 부탁을 했을 때, 딱 잘라 거절하면 속상해하겠죠. 대신 부드럽게 I'll see what I can do.(제가 해드릴 수 있는 게 있는지 한번 알아볼게요.)를 쓰세요. 부탁을 하는 입장에서 상대가 I'll see what I can do.를 쓰면 내가 한 부탁이나 요청 사항을 들어주기 위해 어떻게든 노력하는 것처럼 느껴져요. 심지어 할 수 있는 게 없더라도 서비스업에서 예의상 자주 하는 말이니 꼭 기억해 주세요. 좀 더 부드럽게 상대의 허락을 받는 듯한 Let me see what I can do.를 써도 됩니다.

I can't promise you anything, but I'll see what I can do.
뭘 약속할 수 있는 건 아니지만 내가 할 수 있는 게 있는지 한번 알아볼게.

It's against our policy, but let me see what I can do.
저희 방침에 어긋나긴 하는데, 그래도 제가 해드릴 수 있는 게 있는지 한번 알아볼게요.

We're on a tight budget, but let me see what I can do.
저희 예산이 좀 빠듯한데, 그래도 제가 해드릴 수 있는 게 있는지 한번 알아볼게요.

1 이 외에도 특정 행동을 할 수 있는지 한번 알아보겠다고 할 때 'I'll see if I can + 동사원형'을 응용할 수 있습니다. 진행 여부는 확실치 않지만 노력해 보겠다는 뉘앙스로 자주 쓰입니다.

I'll see if I can push it through.
(**강행하듯**) 밀어붙일 수 있는지 한번 봐 볼게.

I'll see if I can pull some strings.
(**영향력을 이용해 연줄을 조종하듯**) 내가 힘 좀 써 볼 수 있는지 한번 봐 볼게.

이럴 때는 이렇게!

A **Is there any way you could help us out?**
(무리한 부탁인 거 알지만) 저희 좀 도와주실 수 있나요?

B **I can't promise you anything, but I'll see what I can do.**
뭘 약속할 수 있는 건 아니지만 내가 할 수 있는 게 있는지 한번 알아볼게.

A **Let me see what I can do and get back to you as soon as I can.**
내가 할 수 있는 게 있는지 한번 알아보고 가능한 한 빨리 연락 줄게.

B **That would be great. You're a lifesaver.** 그럼 좋겠다. 너 덕분에 살았어.

A **Well, don't get too excited yet. I can't promise you anything.**
저기, 아직 너무 신나하긴 일러. 내가 뭘 약속할 수 있는 게 아니라서 말이야.

UNIT 27

상대가 요청한 걸 결정할 수 있는 입장이 아니라서 거절할 때는

MP3 118

(x) I can't make that decision.

(o) I'm not in a position to make that decision.

상대가 한 부탁을 들어줄 수 있는 입장, 지위, 처지가 아닐 때 I can't make that decision.(전 그런 결정을 내릴 수 없어요.)을 쓰면 단순히 거절하는 거지 어쩔 수 없이 도와주지 못한다는 느낌은 주지 않습니다. 대신 I'm not in a position to make that decision.(전 그런 결정을 내릴 입장/지위/처지가 아닙니다.)을 쓰세요. 설령 내가 원치 않아 그런 결정을 내리지 않는 거라도, 마치 내가 결정할 사안이 아니기에 어쩔 수 없이 부탁을 들어줄 수 없다는 뉘앙스로 부드럽게 거절할 수 있어요.

I'm not in a position to tell her what to do.
내가 그녀에게 이래라 저래라 할 수 있는 입장이 아냐.

1 좀 더 부드럽게 right now, at this point 등을 넣어 지금은 뭔가를 할 입장, 지위, 처지가 아니지만 나중에는 상황이 달라질 수 있다는 식으로도 얘기할 수 있습니다.

Unfortunately, I'm not in a position to make promises right now.
안타깝게도 지금은 내가 뭔가를 약속할 수 있는 입장이 아냐.

At this point, I'm not in a position to comment beyond that.
지금 시점에선 그 이상은 제가 말씀드릴 입장이 아닙니다.

2 이 외에 감정이 들어가지 않는 무생물 주어를 쓸 수도 있어요. '~ doesn't allow me to + 동사원형'을 쓰면 규정이나 계약상 특정 행동을 허용하지 않는다는 뉘앙스가 됩니다.

Our policy doesn't allow me to share details.
저희 규정상 자세한 건 공유하기 어렵습니다.

이럴 때는 이렇게!

A **Why don't you ask Allyson to go?** Allyson한테 가라고 하는 건 어때?
B **I'm not in a position to tell her what to do.**
내가 그녀에게 이래라 저래라 할 수 있는 입장이 아냐.

A **I'm not in a position to comment beyond that.**
그 이상은 제가 말씀드릴 입장이 아닙니다.
B **Fair enough.** 이해합니다.

Fair enough를 직역하면 충분히 타당하고 공정하다는 의미인데요. 전적으로 동의한다는 보장은 없지만 상대의 말을 듣고 나니 제안 및 생각이 일리가 있다고 판단이 돼서 받아들이겠다는 뉘앙스로 쓰입니다. '(듣고 보니) 이해되네, 좋아, 알겠어'란 의미죠.

영어 공부에 있어 제가 후회하는 것.
여러분은 이러지 마세요.

영어 공부에서 제가 정말 후회하는 건 '완벽함에 대한 집착'입니다. 고등학교 때 미국에 가서 친구들과 말하기 전에 관사, 전치사를 실수할까 봐 두려워서 문장을 머릿속으로 몇 번 생각해 보고 내뱉다 보니, 대화에 끼어들 타이밍을 못 잡기 일쑤였고, 간단한 이메일을 보내는 데도 몇 시간씩 걸린 것 같아요. 그런데 실수할까 봐 말을 아끼며 생활했던 제가 고등학교 때 우등생들이 듣는 영어 수업인 AP English를 들었는데요, 당연히 안 좋은 점수를 받을 거라고 생각했던 첫 번째 에세이 과제에서 선생님이 A⁻를 주시면서 내용이 너무 신선하다며 excellent writer라고 칭찬해 주셨어요. 선생님은 제 문법 실수보다 전체 내용에 더 초점을 두신 거였죠. 소위 공부 잘한다는 학생들만 듣는 AP English 수업에서 다른 미국 학생들보다도 더 좋은 점수를 받았던 게 제게는 자신감을 확 실어준 turning point였던 것 같아요.

우린 외국인들이 '안녕하세요'만 해도 '우와, 한국어 잘하시네요!'라고 칭찬을 아끼지 않으면서, 정작 자신의 영어 실력에 대해서만은 한없이 엄격해지는 것 같아요. 실제 네이티브는 자잘한 실수는 신경조차 쓰지 않고, 관사 하나 안 붙여도 일단 말을 내뱉는 게 중요한데 말이죠. 지금까지 미국에 살면서 제 친구나 동료는 단 한 번도 제 영어에 문법적인 실수가 있다고 지적한 적이 없어요. 의사소통을 하는 데, 저라는 사람을 알아가고 관계를 쌓는 데 a, in 따위가 문제가 될 만큼 중요하지 않았으니까요. 오히려 그런 걸 문제 삼을 사람이라면 가까이 두면 안 되는 이상한 사람이라는 의미겠죠.

사실 이 책을 읽고 있다는 것 자체가 여러분이 왕초보가 아니라는, 이미 충분히 영어를 잘하고 계시다는 증거예요. 그러니 영어를 할 때 조금만 더 자기 자신에게 관대해지세요. 완벽한 영어를 하려고 말을 아껴 매력을 발산하지 못하는 사람보다 조금 실수하더라도 자신을 표현하는 사람에게 훨씬 더 호감이 갑니다. 당연히 그런 사람이 더 친구가 많을 수밖에 없고 영어가 더 빨리 늘 수밖에 없지요. 조금 틀려도 괜찮아요. 그러니 완벽함을 추구하겠다는 집착을 조금 내려놓고 여러분이 지금도 이미 충분히 괜찮다는 자신감을 가지셨으면 좋겠어요.

CHAPTER 2

바꿔 말하니
호감도가 쑥 올라가는 표현 2

UNIT 1

친구에게 무언가를 부담 없이 추천할 때는

(Δ) I recommend it.

(o) You should check it out.

MP3 119

친구에게 맛집이나 재미있는 영화 등을 추천할 때 recommend만 썼다면, 앞으로는 check out도 써 주세요. 네이티브는 일상 회화에서 부담 없이 추천할 때 recommend보다 '한번 알아봐/봐 봐'란 가벼운 느낌으로 check out을 훨씬 더 자주 씁니다. 사실 우리 모두 check it out이란 표현을 한 번쯤은 들어봤는데, '확인하다'란 뜻으로 외워서 뭔가를 추천할 때 쓸 수 있다는 생각을 못하는 것 같아요.
Check out은 '흥미로운 것을 살펴보다/ 알아보다'란 뜻도 있으니, 앞으로 뭔가 추천할 때 자주 써 주세요. 위의 문장처럼 개인적인 생각을 바탕으로 한 조언이나 충고에 쓰이는 should를 써서 더 부드럽게 제안할 수 있습니다.

I got hooked on *Suits*. You should check it out sometime. I think you'll like it.
나 미드 〈Suits〉에 완전 푹 빠졌어. 언제 한번 봐 봐. 너도 좋아할 것 같아.
Get hooked on은 갈고리(hook)에 딱 걸린 것처럼 '푹 빠져 있다'로, 비슷한 의미의 be obsessed with도 일상 회화 표현에서 자주 씁니다.

You should check out that Chinese place. They have great dumplings.
그 중국집 한번 알아봐. 만두가 정말 맛있어.

1 사실 check out은 누군가 내게 맛집, 영화, 음악 등을 추천할 때 빛을 발합니다. 설령 상대가 추천한 게 마음에 들지 않더라도 그냥 알겠으니 언제 한번 알아보겠다고 하고 자연스레 넘어갈 수 있는 좋은 표현입니다. 시큰둥하게 'Okay' 또는 'I'm not interested'를 쓰는 것보다 훨씬 더 부드럽죠. 하지만 I'll check it out이 빈말로 자주 쓰인다는 걸 네이티브는 알기에 정말 관심이 있다면 아래처럼 강조해서 써 주세요.

I'll definitely check it out. 꼭 한번 알아볼게/ 봐 볼게.

이럴 때는 이렇게!

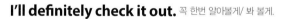

A **Do you know any good restaurants around here?**
이 근처에 괜찮은 음식점 아는 데 있나요?

B **You should check out the Japanese place across the street. They have great sushi.**
길 건너편에 있는 일식집 한번 알아보세요. 초밥이 정말 맛있어요.

A **Have you been to Chelsea Market?** 첼시 마켓에 가 보셨나요?

B **No, not yet, but I heard it's nice there. I'll have to check it out sometime.** 아직 안 가 봤는데 거기 좋다고 들었어요. 언제 알아봐야겠네요.

무료인지 물어볼 때는

(Δ) Is it free?

(o) Is it complimentary?

MP3 120

우리말도 공짜와 무료의 어감이 다른 것처럼 영어도 똑같아요. Free가 공짜라면, complimentary는 지불한 가격에 포함되어 있는 무료, 무상의 서비스를 의미합니다. 예를 들어, 레스토랑에서 주문한 메뉴 외에 나온 빵이나 음료에 추가 비용을 지불해야 하는지 궁금할 때, 'Is it free?(그거 공짜인가요?)'라고 하는 것보다 'Is it complimentary?(그건 무료인가요?)'가 결국 같은 걸 의미하더라도 더 좋은 어감을 줍니다.

1 그 외에 레스토랑에서 함께 쓸 수 있는 표현도 소개합니다.

Is it complimentary or will there be a charge?
그건 무료인가요, 아니면 비용을 지불해야 하나요?

I don't think we ordered that. 저건 저희가 주문한 게 아닌 것 같은데요.

Does it come with a drink? 음료도 같이 나오나요?

How much will it be? (**비용이 청구된다면 얼마인지 물어보며**) 얼마인가요?

2 추가 서비스가 무료인지 다음과 같이도 물어볼 수 있습니다. Be included in ~은 '~에 포함되다'의 의미로 쇼핑에서 특정 상품이 세일 상품인지 물어볼 때 활용할 수 있습니다.

Is that included in the price?
(**추가 비용을 지불해야 하는 게 아닌**) 그건 가격에 포함된 건가요?

Is this included in the sale? 이것도 세일 상품에 포함되나요?

Oh, I thought that was included in the sale.
(**계산하는데 할인이 적용되지 않았을 때**) 어, 그것도 할인 상품에 포함된 줄 알았는데요.

이럴 때는 이렇게!

A **Is it complimentary or will there be a charge?**
그건 무료인가요, 아니면 비용을 지불해야 하나요?

B **It's complimentary, sir. Enjoy.** 무료입니다. 맛있게 드세요.

A **Is that included in the price?** 그건 가격에 포함된 건가요?

B **Yes, it's included.** 네, 포함된 서비스입니다.

UNIT 3

단 걸 안 좋아한다고 말할 때는

(Δ) I don't like sweets.

MP3 121

(o) I don't have a sweet tooth.

상대가 내게 달달한 초콜릿이나 사탕을 먹으라고 줄 때 단 걸 안 좋아하더라도 'I don't like sweets.(전 단 거 안 좋아해요.)'라고 딱 잘라 말하면 상대를 무안하게 만들 수도 있습니다. 이때는 I don't have a sweet tooth.를 쓰세요. 결국 단 걸 좋아하지 않는다는 의미는 같지만, 좀 더 부드럽게 돌려 말하는 느낌을 줘요. 여기에 really를 쓰면 '꼭, 사실'이란 의미로, 부정문에서 내용의 강도를 완화시켜 말할 때 자주 쓰입니다.

I don't really have a sweet tooth, but I have to try this.
(**정말 맛있는 디저트가 있을 때**) 실은 전 단 걸 그리 좋아하진 않지만, 이건 먹어 봐야겠네요.

1 평소가 아니라 오늘따라 별로 단 게 당기지 않을 때가 있잖아요. 그럴 때는 이렇게 표현하세요.

I'll pass on dessert. I don't feel like eating anything sweet tonight.
디저트는 안 먹을게요. 오늘 밤엔 단 게 먹고 싶지 않네요.

2 그런데 달달한 걸 좋아하는 이유가 내게 'sweet tooth'가 하나 있어서라니 정말 예쁜 표현이지 않나요? 평소에 단 걸 좋아할 때는 이렇게 표현하세요.

I have a sweet tooth. 전 단 걸 좋아해요.

I have a huge sweet tooth. 전 단 걸 정말 좋아해요.

이 sweet tooth를 '충치'로 잘못 알고 계신 분들도 계신데요, sweet tooth는 '단 것을 좋아함'이고요, '충치'는 cavity라고 합니다.

3 달달한 게 당긴다고 할 땐 crave(~을 간절히 원하다)를 응용해 이렇게 말하기도 합니다.

I'm craving some sweets. 나 달달한 게 좀 당기네.

이럴 때는 이렇게!

A **Would you like some chocolate?** 초콜릿 좀 먹을래?
B **I'm good. I don't really have a sweet tooth.**
난 괜찮아. 실은 난 단 걸 그리 좋아하진 않아.

A **I have a huge sweet tooth.** 난 단 걸 정말 좋아해.
B **Me too. I could never give up desserts.**
나도 그래. 디저트는 절대 포기 못하겠더라고.

처음 만나는 상대를 반갑게 맞이할 때는

MP3 122

(Δ) Welcome!

(o) You must be + 사람 이름.

처음 만나는 상대를 반갑게 맞이할 때 Welcome이 틀리진 않지만, 단순히 미팅이나 특정 장소에서 처음 만나는 상대를 반갑게 맞이할 때 Welcome을 쓰면 어색할 수 있습니다. 런치 미팅을 하러 레스토랑에서 만난 고객에게 'Welcome!(환영해요!)'을 쓰는 건 상대를 만나서 반갑다는 것보단 레스토랑에 온 걸 환영한다는 뉘앙스가 되니까요. 이때는 'You must be + 사람 이름'을 쓰세요. '당신이 ~군요'란 의미로 이미 상대에 대해 익히 들어서 한눈에 알아볼 수 있다는 느낌을 줍니다. 격식을 차린 상황이나 캐주얼한 상황 둘 다에서 쓸 수 있고요. 우리 모두 특별한 존재가 되고 싶은 욕구가 있기에 상대가 나를 알아보며 반갑게 환영해 주는 걸 싫어할 사람은 없죠.

1 'You must be + 사람 이름'은 말투에 따라 평소 악명 높은 사람을 만날 때 '네가 바로 ~구나'라고 비꼬아 말할 때도 쓰기 때문에 반가운 표정과 말투가 중요합니다. 경직돼서 반가운 표정을 짓기 어려울 것 같으면 칭찬이나 기분 좋은 말을 한마디 더해 주세요. 긍정적인 첫인상을 남길 수 있는 좋은 방법입니다.

You must be Mr. Gorman. It's so nice to meet you in person.
Gorman 씨군요. 직접 뵙게 돼서 정말 반갑습니다.

You must be Rachel. Everyone speaks highly of you.
네가 Rachel이구나. 다들 좋은 말 많이 하더라.

2 조동사 must는 상대를 반갑게 맞이할 때 외에 상대와 공감하거나 상대를 위로할 때도 쓸 수 있어요. '~해야 한다'의 센 의미뿐만 아니라 정확한 활용법을 알아두시면 must가 은근 유용한 조동사란 걸 느끼실 거예요.

This must be tough for you. (상대에게 힘든 시기임이 틀림없다는 뉘앙스) 정말 힘들겠다.

이럴 때는 이렇게!

A **Hi, I'm here to meet Mr. Cooper.**
안녕하세요. Cooper 씨 만나 뵈러 왔습니다.

B **You must be Ms. Grant. Let me show you to his office.**
당신이 Grant 씨군요. 그분 사무실까지 안내해 드릴게요.

A **I heard what happened to your family. It must be hard for you.** 가족에게 무슨 일이 있었는지 들었어. 정말 힘들겠다.

B **It is, but I'm trying to hold it together.**
힘들어. 그래도 무너지지 않고 마음을 다잡으려 노력 중이야.

UNIT 5

성격, 대화 방식, 태도까지 매력 있는 사람을 표현할 때는

(x) She's pretty.

(o) She's charming.

MP3 123

백마 탄 왕자님을 Prince Handsome이 아닌 Prince Charming이라고 하는 데는
다 이유가 있어요. Pretty(예쁜) 또는 handsome(잘생긴)은 외모만 칭찬하는 표현이거든요.
성격, 대화 방식, 태도까지 모든 게 훌륭하고 사람들을 자석처럼 끌리게 하는 매력이 있을 땐
charming을 씁니다. 그리고 누군가를 charming하다고 묘사하는 것 자체가
단순히 외모로만 상대를 평가하는 게 아닌, 내적 매력 또한 중요하게 생각한다는 느낌을 줘요.
이 charming은 사람뿐 아니라 사물 등이 정말 근사할 때도 씁니다.

I find him very charming.
난 그가 정말 매력적이라고 생각해.

That's a charming idea.
멋진 아이디어네요.

It's a charming place.
멋진 곳인걸.

1 Charming은 외모보단 내적 매력을 칭찬하는 표현이기에 출중한 외모까지 칭찬하고 싶다면 이렇게 쓰세요.

She's pretty and charming.
그녀는 외모는 물론 성격까지 매력적이야.

She's beautiful, inside and out.
그녀는 외모는 물론 성격까지 아름다워.

2 Charming은 상대의 행동이나 상황이 마음에 안 들 때, '정말 대단하네요~'란 식으로 비꼬아 말할 때도 쓰여요.

Oh, how charming. 아, 정말 퍽이나 대단하네요.

이럴 때는 이렇게!

A **He's handsome and charming.** 그는 외모는 물론 성격까지 매력적이야.
B **Indeed. He's a catch.** 정말 그래. 놓치면 안 될 사람이야.
Catch는 특히 '결혼 상대로 완벽한, 놓치지 말고 붙잡아 두어야 할 사람'을 말합니다.

A **It's a charming place, isn't it?** 정말 멋진 곳이네요, 그렇죠?
B **It is. I've never been to a place like this.** 그러게요. 이런 데 처음 와 봐요.

어렵다는 걸 좀 더 긍정적인 느낌으로 나타낼 때는

MP3 124

(Δ) It's difficult.

(o) It's challenging.

영화 〈해리가 샐리를 만났을 때〉에서 샐리가 자신은 다루기 어려운 여자라며 'I'm difficult.'라고 훌쩍이며 얘기하자 해리가 샐리의 머리를 쓰다듬으며 'You're challenging.'이라고 위로합니다. 그 말은 challenging이 difficult보다 긍정적인 뉘앙스를 가지고 있다는 의미인데요. 회사에 처음 입사했을 때 뭔가 어려울 때마다 difficult만 쓰는 저와 달리 제 동료들은 challenging을 자주 쓰더라고요. Challenging은 어렵고 힘들긴 하지만 도전해 볼 만하다는 긍정적인 뉘앙스를 담고 있어요. 단순히 어렵다고 불평하는 것과 달리 자신의 한계와 능력을 테스트해 보기 위해 어려운 임무에 도전해 보는 느낌을 줍니다.

I find it challenging but doable.
전 그게 힘들긴 하지만 그래도 해 볼 만하다고 생각해요.
Find는 '찾다/알아내다' 외에 '여기다/생각하다'란 의미도 있어서 의미를 모르면 해석이 어색하게 될 때가 많으니 정확히 기억해 주세요.

I find parenting challenging but fulfilling.
전 육아가 힘들긴 하지만 그래도 성취감을 준다고 생각해요.

Make it more challenging next time.
다음엔 더 어렵게 만들어.

1 Challenging은 time(시기)과 짝꿍 단어로 자주 쓰이는데요. 단순히 힘든 시기라는 걸 불평하며 좌절하는 것보다 힘들긴 하지만 이겨낼 수 있다는 긍정적인 뉘앙스로 쓰입니다.

This is a challenging time.
(**이겨낼 수 있긴 하지만 그래도**) 힘든 시기입니다.

That was the most challenging time of my life.
그건 제 평생 가장 힘든 시기였어요.

이럴 때는 이렇게!

A **So, how was it?** 그래서 그건 어땠어?
B **It was challenging but doable.** 힘들긴 해도 해 볼 만했어.

A **This is a challenging time for all of us.** 우리 모두에게 힘든 시기야.
B **I know, but I believe that we can get through this.**
나도 알아. 그런데 난 우리가 이걸 헤쳐 나갈 수 있다고 믿어.

내가 좋아하는 걸 좀 더 부드럽게 언급할 때는

(Δ) It's my favorite movie.

(o) It's one of my favorite movies.

MP3 125

내가 정말 좋아하는 곡, 영화, 음식이 딱 한 개라면 my favorite을 써도 되지만, 그러기엔 세상에 좋은 게 너무나도 많지 않나요? 분야별로 가장 좋아하는 걸 자신 있게 딱 한 개씩만 고를 수 없다면 'one of my favorite + 복수 명사'를 쓰세요. 내가 가장 좋아하는 것들 중 하나라는 의미로 좋아하는 감정은 유지하되 정도를 약간 완화시켜 평소에 더 쉽게 쓸 수 있습니다. 이건 좋아하는 음악, 영화, 음식은 물론 장소나 사람에게도 쓸 수 있어요.

It's one of my favorite vacation spots.
거긴 제가 제일 좋아하는 휴양지 중 하나예요.

You're one of my favorite people.
넌 내가 제일 좋아하는 사람 중 한 명이야.
가까운 사이의 지인에게 자주 쓰는 표현입니다. You're my favorite person.(넌 내가 제일 좋아하는 사람이야.)보다 더 많은 사람에게 편히 쓸 수 있고, 상대도 큰 부담 없이 받아들일 수 있어요.

1 뭔가 정말 좋아한다는 걸 강조하고 싶을 땐 all-time favorite이라고 쓰세요. 지금까지 살면서 경험한 것 중 가장 좋아하는 거라는 의미입니다.

It's my all-time favorite movie. 그건 제 평생 최고의 영화예요.

2 유행을 타지 않을 정도로 훌륭할 땐 classic을 쓰세요. 세월이 흘러도 많은 이들의 사랑을 받는 음악, 영화, 음식 등에 쓸 수 있습니다. 예를 들어, traditional Korean food는 단순히 한국 전통 음식이라는 의미인 반면, Korean classic은 한국인들의 사랑을 받아 왔고 지금도 받고 있고 앞으로 세월이 흘러도 받을 거란 느낌을 줍니다.

It's a Korean classic. 그건 한국의 국민 음식/음료/영화/음악이야.

이럴 때는 이렇게!

A **You're one of my favorite people.**
넌 내가 제일 좋아하는 사람 중 한 명이야.

B **So are you.** 너도 그래.

A **Have you ever been to Destin, Florida?**
플로리다주 Destin에 (한 번이라도) 가 보신 적 있으세요?
경험을 물어볼 때 ever는 '한 번이라도' 뭔가를 해 본 적 있는지 강조하는 느낌을 줍니다.

B **Of course. It's my all-time favorite beach. I go there almost every summer.** 그럼요. 제 평생 최고의 해변인걸요. 거의 매년 여름마다 가요.

뭔가를 하고 싶은 기분이 들 때는

MP3 126

(x) I want to skip class.

(o) I feel like skipping class today.

그냥 학교 수업 빼먹고 뒹굴거리며 쉬고 싶은 날이 있잖아요. 그렇다고 want to(~하고 싶어)를 쓰면 빠지고 싶은 의지를 담아 진지하게 말하는 느낌을 줄 수 있는데요. 이때는 대신에 feel like(~하고 싶은 기분이 들어)를 응용해 'I feel like skipping class today.(오늘은 수업 땡땡이 치고 싶은 기분이야.)'라고 해 주세요. 하고 싶다는 want to보다 단순히 어떤 기분이 든다는 feel like가 좀 더 약한 의지를 담고 있기에 가볍게 쓸 수 있습니다. Feel like는 '~하고 싶은 기분이 들어'란 의미로 '~하고 싶어'라고 의역이 가능하지만 want to보단 정도가 약해요.
뒤엔 동사ing를 씁니다.

I kind of feel like walking. 조금 걷고 싶은 기분이 들어.

I feel like getting a drink. 술 한잔하고 싶은 기분이야.

1 Feel like는 의문문 또는 부정문으로도 자주 쓰입니다.

What do you feel like eating?
뭘 먹고 싶은 기분이야?

I don't really feel like eating right now.
(**배가 안 고프거나 밥맛이 없을 때**) 지금 딱히 뭘 먹고 싶은 기분은 아니야.

2 뭔가를 간절히 원하거나 필요로 할 땐 'I could use + 대상'을 쓰세요. '~를 정말 필요로 해/원해'란 의미인데 정확한 뉘앙스를 모르면 오역할 수 있는 표현이니 꼭 알아두세요.

I could use a drink.
(**마치 술 한잔이 필요하고 원한다는 뉘앙스**) 술 한잔 마시고 싶네.

I could really use a cup of coffee.
(**몸이 피곤해서 커피 한 잔이 필요하고 원한다는 뉘앙스**) 커피 한 잔 정말 마시고 싶네.

이럴 때는 이렇게!

A **Do you want to take a cab?** 택시 탈래?
B **Actually, I feel like walking today.** 실은, 오늘은 걷고 싶은 기분이 드네.

A **There's leftover pizza in the fridge.** 냉장고에 먹다 남은 피자 있어.
B **I don't feel like eating right now, but thank you.**
지금 뭔가 먹고 싶은 기분은 안 들지만 그래도 고마워.

UNIT 9

상대방의 농담을 받아줄 기분이 아닐 때는

(x) Shut up.

(o) I'm not in the mood for jokes.

MP3 127

기분이 안 좋은데 상대가 와서 농담하며 장난칠 때는 Shut up.보다 I'm not in the mood for jokes.(농담할 기분 아냐.)라고 하세요. Shut up을 '에이, 그만해 ~'란 뉘앙스로 친한 사이에서 농담처럼 쓸 수 있다고 해도 분명한 건 절대 품위 있거나 격식을 차린 표현은 아니라는 겁니다. 말투에 따라 기분 나쁠 수도 있고요. 상대의 농담이나 장난을 받아줄 기분이 아닐 땐, I'm not in the mood for ~(나 ~할 기분 아냐)를 응용해 기분이 안 좋으니 날 건들지 말라고 부드럽게 경고하세요.

I'm not in the mood for a lecture.
잔소리 들을 기분 아니야.

'강의'의 뜻으로 익숙한 lecture는 '잔소리'란 의미도 있습니다. 결국 잔소리를 하는 이유가 상대에게 뭔가 깨달음을 주려고 하는 거니까요.

I'm not in the mood for company.
(**혼자 있고 싶을 때**) 누군가와 같이 있고 싶은 기분 아니야.

Company는 '회사'란 의미 외에 '함께 있음, 함께 있는 사람들'이란 의미로 일상 회화에서 자주 쓰입니다. Do you need company?(같이 가 줄까?)로도 자주 쓰이고 같이 대화, 식사 등을 한 후 I enjoyed your company.(함께해서 즐거웠어.)라고도 자주 씁니다.

1 뒤에 right now(지금 당장은), tonight(오늘 밤은), today(오늘은) 등의 시점을 넣으면 더 부드럽게 말할 수 있어요.

I'm not in the mood for this right now.
지금 당장은 이걸 할 기분이 아냐.

I'm not in the mood for jokes tonight.
오늘 밤은 농담할 기분 아냐.

이럴 때는 이렇게!

A **Is it Jake or is it me?** 제이크야 나야?

B **Seriously, stop. I'm not in the mood for this.**
진짜 그만해. 나 이럴 기분 아니라고.

A **Do you want to go shopping?** 쇼핑하러 갈래?

B **I know why you're doing this, but I'm really not in the mood.**
네가 왜 이러는지 아는데 나 정말 그럴 기분 아냐.

A **Okay. Let me know if you change your mind.**
알겠어. 마음 바뀌면 말해 줘.

여러 가지를 따져 곰곰이 생각해 보고 말할 때는

(x) I thought you were busy.

(o) I figured you were busy.

MP3 128

Think가 개인적인 의견을 바탕으로 생각하는 거라면, figure는 '숫자, 수치'란 명사의 뜻과 관련지어 훨씬 더 계산적이고 논리적으로 이것저것 따져 보며 생각하는 뉘앙스를 풍깁니다. 예를 들어, 'I got you a sandwich. I figured you were hungry.'라고 하면 이 시간쯤 배고프지 않을까 생각하고서 샌드위치를 사 왔다는 뉘앙스가 돼요. I figured you might need ~(네가 ~를 필요로 할지도 모른다고 생각했어)를 쓰면 상대가 혹시 필요로 하는 게 있을지, 내가 도와줄 수 있는 부분이 있을지 곰곰이 생각해 봤다는 느낌을 줍니다.

I figured you might need some help. 네가 도움이 좀 필요할지도 모르겠다고 생각했어.

I figured you might need a ride home. 집까지 갈 차편이 필요할지도 모르겠다고 생각했어.

1 Figure out은 곰곰이 생각한 후에(figure) 결과적으로 뭔가 나온다(out)란 의미로, '(곰곰이 생각한 후에) 알아내다, 이해하다'의 뜻입니다. 아래 이 표현만은 꼭 알아두세요.

Don't worry. We'll figure something out.
걱정하지 마. (**아직은 해결책이 없지만**) 우리가 어떻게든 해결책을 마련할게.

2 동사 외에 명사로 쓰이는 figure(숫자, 수치)도 정말 중요해요. 특히 아래 표현들이 자주 쓰입니다.

Give me a ballpark figure.
(**야구장에 관객이 얼마인지 눈대중으로 짐작했다는 데서 유래**) 얼마인지 어림잡아 말해 줘.

He landed a six-figure job.
(**미화 여섯 자리 숫자는 한화로 억대: $100,000**) 그는 억대 연봉 일자리를 구했어.

이럴 때는 이렇게!

A **Why didn't you call me?** 왜 나한테 전화 안 했어?

B **I didn't want to bother you. I figured you were busy.**
너 귀찮게 하고 싶지 않아서. 네가 바쁠 거라 생각거든.

A **I always have time for you. You know that.**
널 위해선 언제든 시간 낼 수 있다는 거 너도 알잖아.

전혀 오글거리는 느낌 아니니까 당당히 써 주세요. 누구나 미소 짓게 하는 표현입니다.

A **I figured you might need some help.**
네가 도움이 좀 필요할지도 모르겠다고 생각했어.

B **Aw, you're the best.** (네가 최고로 느껴질 만큼) 아, 정말 고마워.

네이티브는 상대에게 고마울 때 'You're the best.'를 자주 쓰는데요. 상대가 최고로 느껴질 만큼 정말 고마울 때 쓴다고 생각해 주세요.

UNIT 11

업무상이 아니라 친한 지인을 도와주고 싶어 제안할 때는

(x) Can I help you?

(o) Is there anything I can do?

MP3 129

Can I help you?(무슨 일이신가요?/ 도와드릴까요?)를 쓰는 상황을 생각해 보면 다 업무와 연관된 상황이에요. 그래서 친한 지인에게 쓰기엔 너무 딱딱한 표현입니다. 친한 친구나 동료에게 정말 도움을 주고 싶을 땐 Is there anything I can do?(내가 해 줄 수 있는 게 뭐라도 있을까?)를 쓰세요. 훨씬 덜 사무적이고 정말 뭐 하나라도 해 주고 싶다는 느낌을 줍니다. 친한 친구 외에 동료나 상사에게도 쓸 수 있지요.

Is there anything at all I can do?
(**강조**) 내가 조금이라도 해 줄 수 있는 게 뭐라도 있을까?
At all은 '조금이라도'의 뜻으로, 의문문이나 조건문에서 강조할 때 자주 쓰입니다. 진짜 해 주고 싶다는 느낌이 들게 하는 어구죠.

1 도움을 준 후 더 필요한 게 있는지 물어볼 땐 이렇게 쓰세요.

Is there anything else I can do for you? 제가 또/더 해드릴 수 있는 게 있나요?

2 사무적인 말투인 Can I help you?(무슨 일이신가요?/ 도와드릴까요?)는 이렇게 쓰세요. What can I do for you?(제가 뭘 도와드릴까요?)도 사무적인 말투로 자주 쓰입니다.

Can I help you?
(**모르는 사람이 회사에서 서성일 때**) 무슨 일이신가요?

Can I help you?
(**동료가 갑자기 내 사무실에 들어왔을 때**) 무슨 일이야?

Can I help you?
(**상점에서 손님에게**) 뭐 찾으세요?/ 도와드릴까요?

이럴 때는 이렇게!

A **Is there anything else I can do for you?**
제가 또/더 해드릴 수 있는 게 있나요?

영화 〈악마는 프라다를 입는다〉에서 상사가 주인공 Andrea에게 〈해리포터〉 미출간 원고를 구해 오라는 터무니없는 미션을 주는데요. 그걸 운 좋게 해낸 Andrea가 상사에게 원고를 건네주며 당당히 말하는 표현입니다.

B **No, that's all.** 아뇨. 그게 다예요.

A **Can I help you?** (상점에서) 도와드릴까요?
B **No, I'm just looking around.** 아니요. 그냥 둘러보는 중이에요.
A **Well, let me know if you need anything.**
필요한 게 있으면 말씀해 주세요.

시간 엄수하라며 경각심을 주고 싶을 때는

(x) Meet me at 3:30 o'clock.

(o) Meet me at 3:30 sharp.

MP3 130

O'clock은 정각에만 쓰고 분 단위에는 못 씁니다. 그래서 3:30 o'clock은 틀린 표현이죠. 중요한 회의, 약속 등이 있을 때 상대에게 늦지 말고 시간에 딱 맞춰 오라는 경각심을 주고 싶다면 o'clock 대신 sharp를 쓰세요. 시간 뒤에 sharp가 붙으면 정말 1분 1초도 늦으면 안 되고 칼같이 시간을 지켜야 할 것 같은 느낌을 줍니다.

The meeting starts at 10 a.m. sharp. 미팅은 오전 10시 정각에 딱 시작합니다.

I want you to be here at 2 o'clock sharp. 여기에 2시 정각에 딱 맞춰서 와 줘.

Sharp는 숫자 뒤에 단독으로 쓸 수도 있지만, 정각을 의미하는 o'clock 뒤에 쓰일 수도 있습니다.

1 하지만 시간을 정확히 딱 맞춰서 시작한다는 걸 굳이 강조할 필요가 없다면 sharp 대신 o'clock을 쓰거나 생략하세요.

The party starts at 7 o'clock. Hope to see you there.
파티는 7시 정각에 시작해. 올 수 있길 바라.

Let's meet at 11. 11시에 만나자.

2 참고로 on time(시간을 어기지 않고, 정각에)은 '3:30 on time'처럼 숫자 뒤에 쓸 수 없고 단독으로만 씁니다.

It's 7 o'clock. You're right on time. 7시 정각인데 시간 딱 맞춰 왔네.

3 '대략, ~ 쯤'이라고 할 땐 구어체에서 접미사 -ish도 자주 써요. 특히 시간, 나이, 색상에서 자주 쓰입니다.

How about 11-ish? (시간) 11시쯤은 어때?

She's 30-ish. (나이) 그녀는 서른쯤 됐어.

It's black-ish. (색상) 그건 거무튀튀해.

이럴 때는 이렇게!

A **The bus leaves at 7 p.m. sharp, so please be here on time.**
버스는 저녁 7시에 딱 맞춰 출발하니 시간 맞춰 와 주세요.

B **Okay. I'll be here.** 네, 그럴게요.

A **Do you want to meet at 9?** 9시에 만날까?

B **Well, let's make it 9:30.** 음, 9시 반으로 하자.

UNIT 13

상대가 잘하고 있다고 칭찬할 때는

(x) You're doing it well.

(o) You're on the right track.

MP3 131

우린 종종 우리가 잘하고 있는 건지 선생님, 상사 등 주변 사람들에게 확인받고 싶어 하는 것 같아요. 영어를 잘하기 위해 열심히 노력하는 수강생이 제게 "선생님, 저 지금 잘하고 있는 거 맞나요?"라고 물어보면 전 "You're on the right track."이라고 답변할 것 같아요.
누군가가 목표를 달성하기 위해 한 걸음 한 걸음 옳은 방향으로 나아가고 있다는 의미로, 계속 해 왔던 것처럼만 하면 목표에 도달할 것 같은 희망적인 느낌을 줍니다.
금연, 다이어트, 영어 공부 등 개인적인 목표는 물론
업무적인 목표까지 다양한 상황에서 쓸 수 있는 표현입니다.

You're on the right track. 넌 잘하고 있어.

We're on the right track. 우린 잘하고 있어.

1 반면 잘 나아가다 순간 삐끗했을 땐 on the wrong track 대신 off track을 쓰세요. On the wrong track은 정말 틀린 길을 걷고 있는 걸 강조할 때 쓰지만, off track은 순간 경로 이탈을 했다는 의미로 다시 잘할 수 있을 것 같은 희망을 줍니다. 같은 맥락으로, 하던 말이나 일에서 벗어나 곁길로 샐 땐 get sidetracked를 써도 됩니다.

This is a sign that you're on the wrong track.
(**잘 못하고 있다는 걸 강조**) 이건 네가 잘 못하고 있다는 징조야.

You're getting off track here.
(**대화나 토론 중 주제에서 벗어나 딴소리할 때 자주 씀**) 너 지금 요점에서 벗어나고 있어.
변화를 강조하는 get을 현재진행형으로 써서 점점 off track(경로 이탈하는)하고 있다고 더 부드럽게 상대를 지적할 수 있어요.

We're getting sidetracked. 지금 얘기가 다른 길로 좀 새고 있어.

이럴 때는 이렇게!

A **You're on the right track. I'm so proud of you.**
잘하고 있어. 정말 대견한걸.

B **It's all thanks to you, Ms. Morris.** 다 덕분인걸요. Morris 씨.

A **You're getting off track here.** 너 지금 요점에서 벗어나 딴소리하고 있어.

B **My bad.** 미안.

My bad는 실수나 잘못을 인정하며 가볍게 미안하다고 할 때 '아이쿠, 미안' 느낌으로 캐주얼한 상황에서 자주 쓰입니다. 예를 들어, 친구가 캐러멜 라테를 주문해 달라고 했는데 실수로 바닐라 라테를 주문했을 때 My bad라고 자신의 실수를 인정하고 넘어갈 수 있는 거죠.

아직 회사에서 근무 중이라고 말할 때는

MP3 132

(x) I'm still at company.

(o) I'm still at work.

'회사'란 단어를 보면 company가 생각나죠? 하지만 일상 회화에서 회사나 직장을 얘기할 때 미국인들은 work를 훨씬 더 자주 써요. 네이티브는 공식적으로 회사나 조직을 얘기하지 않는 이상, 매일 출퇴근하는 직장은 at work라고 합니다. 면접이나 특정 회사에서 근무한다고 얘기할 때 등 회사나 조직을 강조할 필요가 없는 이상 직장, 일터를 말할 때는 at work를 쓰세요.

I'm still at work.
아직 근무 중이야.

Are you at work?
너 지금 회사야?

Something's come up at work.
회사에 무슨 일이 생겼어.

See you at work.
회사에서 보자.

1 공식적으로 회사나 조직을 얘기할 땐 company를 쓰세요.

I've been working for this company for 5 years.
전 5년째 이 회사에서 근무하고 있어요.

Do you all work for the same company?
다 같은 회사에서 근무하시는 건가요?

Would this be good for the company in the long run?
이게 회사에 장기적으로 도움이 될까요?

이럴 때는 이렇게!

A **Are you on your way home?** 집에 오는 길이야?
B **No, I'm still at work.** 아니. 아직 근무 중이야.

A **What do you do for a living?** 하시는 일이 어떻게 되세요?
B **I work for a pharmaceutical company.** 전 제약회사에 근무해요.

UNIT 15

'내가 고등학생 때'를 말할 때는

(Δ) When I was a high school student

(o) When I was in high school

MP3 133

네이티브는 학창시절 혹은 학창시절에 일어난 일을 얘기할 때 굳이 student를 넣어 말하기보다, When I was in high school(내가 고등학생 때) 또는 When I was in college(내가 대학생일 때) 이렇게 씁니다.
학생이라는 직업에 초점을 맞추는 것보다 특정 시기에 일어났다는 시점에 초점을 맞춰 말하는 거죠.

My family moved here when I was in high school.
저희 가족은 제가 고등학생 때 여기로 이사 왔어요.

I studied abroad when I was in college.
전 대학생 때 외국에서 공부했어요.

1 고등학생이나 대학생을 언급할 때도 굳이 학생이라는 걸 강조할 필요가 없는 이상 다음과 같이 쓰세요.

My youngest daughter is in high school.
내 막내딸은 고등학생이야.

He's in college.
그는 대학생이야.

We met in college.
우린 대학 때 만났어.

이럴 때는 이렇게!

A **When did you move to Memphis?** 언제 멤피스로 이사 오셨어요?
B **My family moved here when I was in high school.**
제가 고등학생 때 저희 가족이 여기로 이사 왔어요.

A **Is your daughter in college?** 따님이 대학생인가요?
B **No, she's a junior in high school.** 아뇨. 제 딸은 고등학교 2학년이에요.
미국 고등학교는 9학년부터 12학년까지, 총 4년 동안 다니는데요. 우리나라의 중학교 3학년이 미국에서는 9학년이 되는 거죠. 그래서 고등학교에서의 freshman은 9학년, sophomore는 10학년, junior는 11학년, senior는 12학년입니다. 대학생도 1학년부터 4학년까지 읽는 법은 같습니다.

감정이 울컥해 눈물이 날 것 같을 때는

(Δ) I'm crying.

(o) I'm getting emotional.

MP3 134

감정이 울컥해 눈물이 날 것 같을 땐 I'm getting emotional.(울컥 하는걸.)을 쓰세요. Emotional은 '감정적인, 감정을 자극하는'이란 의미로 슬플 때, 감동받았을 때, 속상할 때 등 특정 감정이 고조되었을 때 쓸 수 있습니다. 눈물이 찔끔 날 땐 I'm tearing up, 실제 눈물을 흘릴 땐 I'm crying.을 써도 되지만, 감정이 울컥해 눈물이 날 것 같을 때 또는 눈물이 날 때 쓸 수 있는 I'm getting emotional.이 더 다양한 상황에서 쓰여요. Cry는 아이들이 울 때도 쓸 수 있기에, 눈물을 흘리는 행위보다 감정이 고조된다는 것에 초점을 맞춘 I'm getting emotional.이 특히 공적인 장소에서 울컥할 때 쓰기에 더 프로페셔널한 표현입니다. 꼭 눈물이 안 나더라도 울컥할 때 쓸 수 있습니다.

I get emotional thinking about it.
(**늘 생각할 때마다 울컥할 때**) 그걸 생각하면 눈물이 나요.

I'm getting emotional just thinking about it.
(**지금 이 순간 울컥한다는 걸 강조**) 생각만 해도 눈물이 나요.

1 극도로 기쁘거나 감동을 받았을 때도 뭉클한 감정을 get emotional로 표현하세요.

You shouldn't have. I'm getting emotional.
(**상대가 감동적인 선물을 주었을 때**) 이러지 않아도 되는데. 나 울컥하잖아.

I got emotional during the speech.
(**극도로 감동받았을 때**) 강연 들을 때 울컥했어.

2 화가 많이 나서 욱하거나 속상해서 감정적으로 굴 때 역시 get emotional을 쓰세요.

I'm sorry that I got emotional.
(**화 내거나 속상했을 때**) 감정적으로 굴어서 미안해.

Don't get emotional over this.
(**화 내거나 속상해하지 말라는 뉘앙스**) 이걸로 감정적으로 굴지 마.

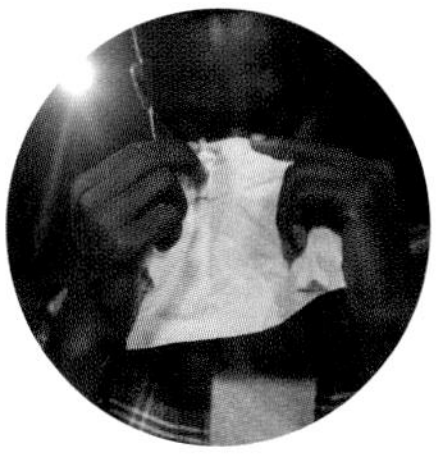

이럴 때는 이렇게!

A **Don't get emotional. Just do it.** 감정적으로 굴지 말고 그냥 해.
B **It's easier said than done.** 말이야 쉽지. 그게 그렇게 쉬운 게 아냐.

A **What do you think of Marie?**
(Marie에 대한 상대의 생각을 물을 때) Marie 어때?
B **I think she's too emotional.**
(툭하면 울거나 속상해할 때) 내 생각에 그녀는 너무 감정적으로 구는 것 같아.

UNIT 17

취업 준비생이라고 말할 때는

(x) I'm a job seeker.

(o) I'm looking for a job.

MP3 135

취업 준비생이란 표현으로 많은 분들이 job seeker를 쓰시는데요, 사실 job seeker는 자기 자신한테는 잘 쓰지 않는, 통계 자료나 타인을 얘기할 때 쓰는 표현입니다. 현재 취업 준비생인 나를 표현할 땐 I'm looking for a job.을 쓰세요. 처음 취업을 하든 경력직이든 상관없이 쓸 수 있어요. 물론, 구직 중인 다른 사람을 얘기할 때도 쓸 수 있습니다.

She's been looking for a job since July. 그녀는 7월부터 쭉 구직 중이야.

특정 활동이 과거부터 현재까지 쭉 지속된다는 걸 강조할 땐 'have/has been + 동사ing(현재완료진행형)'를 쓰세요.

1 구직하고자 하는 분야 또는 도시 앞에는 in을 쓰세요.

I'm looking for an entry level job in finance.
재무 분야에서 신입사원직을 구하고 있습니다.

2 일상 회화에서는 구직 중인 사람을 얘기할 때도 주로 look for a job을 쓰기에, job seeker는 내가 알고 있는 지인보다는 취업 준비생이라는 하나의 그룹을 일컬을 때 쓰입니다.

The government should provide better unemployment benefits for job seekers.
정부는 취업 준비생에게 더 나은 실업 수당 혜택을 줘야 해.

If you are a job seeker, you might find this information helpful.
취업 준비생이라면 이 정보가 유용하다고 생각하실 수도 있어요.

이럴 때는 이렇게!

A **Are you in college?** 대학생이세요?

B **No, I graduated in May, and now, I'm looking for a job.**
아니요. 5월에 졸업해서 지금 취업 준비생입니다.

A **What was the meeting about?** 뭐에 관한 미팅이었어?

B **It was about unemployment benefits for job seekers. They covered the basics.**
취업 준비생을 위한 실업 수당 혜택에 대한 내용이었어. 기본적인 내용을 다뤘어.

수업이나 미팅에서 특정 범위의 내용을 다룰 때 cover를 자주 씁니다. 비슷한 의미로 go over도 자주 쓰이는데요. We have a lot to go over today.라고 하면 하나하나 꼼꼼히 검토하며 다루는 느낌이 조금 더 강하다는 점을 기억해 주세요.

잠시 일을 쉬며 구직 중임을 나타낼 때는

MP3 136

(x) I have no job.

(o) I'm between jobs.

잠시 일을 쉬며 구직 중일 땐 I have no job. 대신 I'm between jobs.를 쓰세요. 일과 일 사이에서 잠시 쉬고 있다는 어감을 줍니다. 뒤에 at the moment(지금 이 순간)를 넣어 'I'm between jobs at the moment.'라고 하면, 지금 이 순간은 구직 중이지만 곧 일을 구할 거라는 느낌을 줄 수 있어요. Be between jobs는 처음 구직 활동을 할 땐 쓸 수 없고 경력직이 이직할 때 씁니다. 같은 의미로 be in between jobs라고도 합니다.

I used to work on Wall Street, but I'm between jobs at the moment.
월가에서 일하다 지금은 잠시 일을 쉬며 구직 중입니다.

She's in between jobs at the moment.
그녀는 지금은 잠시 일을 쉬며 구직 중이에요.

1 참고로, 회사에 장기 휴가를 내서 일을 쉬고 있을 수도 있잖아요. 그중 대표적인 것이 '출산 휴가'인데요, 영어로는 maternity leave라고 합니다. 병가 중인(on sick leave) 또는 휴가 중인(on vacation)처럼 전치사 on을 써서 She's on maternity leave right now.(그녀는 지금 출산 휴가 중이에요.)라고 하지요. 아빠가 하는 육아 휴직은 paternity leave라고 합니다.

Jen is on maternity leave right now. Is there anything I can help you with?
Jen은 지금 출산 휴가 중인데요. 제가 도와드릴 수 있는 게 있을까요?

I have a lot of work to catch up on coming back from paternity leave.
(**남자가 하는 말**) 육아 휴직 끝내고 돌아오니 밀린 일이 정말 많네요.

이럴 때는 이렇게!

A **What does your daughter do for a living?** 따님이 무슨 일 하세요?

B **She used to work for an airline, but now she's in between jobs at the moment.**
항공사에서 일하다가 지금은 잠시 일을 쉬며 구직 중이에요.

A **Kelly went on maternity leave last month, and she had her baby yesterday.**
Kelly 지난달에 출산 휴가 냈잖아요. 어제 아이 낳았대요.

B **Do you by chance know when she's coming back?**
혹시 Kelly가 언제쯤 복직하는지 알아요?

A **She's supposed to be back in July, but I'm not sure. Well, is there anything I can help you with?**
7월에는 돌아오기로 했는데 잘 모르겠어요. 저기, 제가 뭐 도와드릴 게 있나요?

UNIT 19

맨 처음이란 걸 강조해서 말할 때는

MP3 137

(x) at the most beginning

(o) at the very beginning

Very는 형용사로 장소나 시점을 강조할 때 '맨, 가장'이란 의미로도 자주 쓰입니다. 그래서 맨 처음이란 걸 강조해서 말할 땐 at the very beginning, 맨 마지막이란 걸 강조해서 말할 땐 at the very end라고 합니다. 강조의 형용사 very를 우리는 이미 알고 있어요. 유명한 크리스마스 캐럴인 〈Last Christmas〉 중 "Last Christmas, I gave you my heart. But the very next day, you gave it away.(작년 크리스마스 때 난 네게 내 마음을 전했지만, 바로 그 다음 날 넌 날 거절했지.)"를 다들 한 번쯤은 들어보셨을 것 같은데요. 여기서도 very next day가 '바로 그 다음 날'이란 의미로 그냥 next day보다 더 강조해서 쓴 거예요.

Let's start at the very beginning. 맨 처음부터 시작하자.
이 표현도 영화 〈The Sound of Music〉에서 Julie Andrews가 도레미송을 시작할 때의 첫 구절입니다.

We'll have a quick Q&A session at the very end.
(**특히 프레젠테이션 진행할 때 자주 씀**) 맨 끝에 간단한 질의응답 시간이 있습니다.

1 또 '(정확히) 다름 아닌 바로 그'란 의미로도 강조할 때 쓰입니다.

That's the very item I was looking for.
그게 바로 제가 찾던 물건이에요.

"Shit happens." Those were his very words.
"살다 보면 안 좋은 일도 생기는 거죠, 뭐." 정확히 그가 그렇게 말했어.
Shit은 절대 예쁜 표현이 아니지만, 안 좋은 일이 생긴 지인을 위로할 때 정말 캐주얼한 상황에서 shit happens(살다 보면 안 좋은 일도 생기는 거야)를 쓰는 사람들이 가끔 있기에 참고해 두세요.

이럴 때는 이렇게!

A **Do we have a Q&A session?** 질의응답 시간이 있나요?
B **Yes, we'll have that at the very end of the presentation.**
네, 프레젠테이션 맨 끝부분에 있습니다.

A **Is this the right one?** 이거 맞나요?
B **Yes, that's the very item I was looking for!**
네, 그게 바로 제가 찾던 물건이에요!

Look for와 find를 둘 다 그냥 '찾다'라고 외우면 안 돼요. Look for는 아직 원하는 물건을 찾지 못했지만 찾는 과정에 초점을 맞추는 거고, find는 원하는 걸 찾은 결과에 초점을 맞출 때 씁니다.

동료에게 자료를 한번 훑어봐 달라고 부탁할 때는

(x) Could you go over this material for me?

(o) Could you look over this material for me?

MP3 138

Cambridge 영영 사전에 따르면 go over는 'to examine something in a careful or detailed way(~를 주의 깊게 또는 꼼꼼히 검토하다)', look over는 'to quickly examine something(~를 재빨리 검토하다)'의 의미인데요. 동료나 지인에게 특정 자료를 한번 봐 달라고 부탁할 땐 go over 대신 look over를 쓰세요. 상대가 바쁜 걸 알기에 꼼꼼히 살펴본다는 go over보단, 실수나 조언해 줄 부분이 있는지 한번 쓱 훑어봐 달라고 하는 뉘앙스로 부담이 더 적은 표현입니다. 그리고 어차피 look over를 써도 꼼꼼히 봐 줄 사람은 다 꼼꼼히 봐 주는 것 같아요.

Could you look over this contract for me?
나를 위해 이 계약서 좀 한번 훑어봐 줄 수 있어?
네이티브는 부탁할 때 뒤에 'for me(나를 위해, 나를 봐서라도)'를 자주 붙입니다.

Could you look over this material to make sure there are no mistakes?
실수한 게 없는지 확실히 하게 이 자료 좀 한번 훑어봐 줄 수 있어?

1 Go over는 look over보다 주의 깊게, 꼼꼼히 살펴보고 검토할 때 쓰세요. 특히 수업이나 회의에서 중요한 내용을 하나하나 짚고 넘어갈 때 자주 씁니다.

We have a lot to go over today.
(**특히 수업, 회의 시작하기 전**) 오늘 짚고 넘어가야 할 내용이 정말 많아.

Could we go over the details of the contract?
계약서 세부사항을 같이 꼼꼼히 검토해 볼 수 있을까요?

We already went over this.
(**이미 자세히 검토했는데 상대가 잊어버렸거나 이해를 못했을 때 짜증을 내며 자주 씀**) 이미 이 부분 짚고 넘어갔잖아.

이럴 때는 이렇게!

A **Could you look over this contract for me?**
나를 위해 이 계약서 좀 한번 훑어봐 줄 수 있어?

B **Sure. Let me take a look.** 그럼. 한번 봐 볼게.

A **Let's go over the list now.** 지금 리스트를 같이 꼼꼼히 검토해 보자.

B **I thought we already went over that yesterday.**
어제 그거 이미 검토한 것 같은데.

A **Well, you can never be too thorough.** 뭐, 면밀히 봐서 나쁠 거 없잖아.

You can never be too ~는 '아무리 ~해도 지나치지 않다/ ~해서 나쁠 것 없다'란 의미예요.

UNIT 21

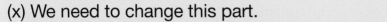

고칠 점이 약간 있어서 부드럽게 알려 줄 때는

MP3 139

(x) We need to change this part.

(o) We need to tweak this part.

상대가 정성스레 작업한 것에 고칠 점이 좀 있을 때 change를 쓰면 그냥 바꾸자는 느낌이라서, 결과물에 대한 가치를 인정하지 않는 느낌을 줘요. 대신 tweak(개선하기 위해 살짝 수정/변경하다)을 쓰면 개선하기 위해 내용, 디자인, 시스템 등을 살짝만 변경하는 느낌을 줍니다.
열심히 작업한 걸 완전 다 바꾸자는 게 아니라 기존에 있는 것에서 조금만 손을 보자는 거죠. 상대의 공을 인정하며 훨씬 더 부드럽게 변경 사항을 요청할 수 있습니다.

I'd like to tweak the last paragraph, and everything else is good to go.
맨 마지막 단락만 약간 수정하고 싶어요. 나머지는 다 좋아요.

1 Tweak 자체가 조금만 손을 본다는 의미이지만 just(딱, ~만) 또는 a little(조금)과 같이 쓰면 정말 조금만 변경하면 훨씬 더 나아질 거라는 뉘앙스를 전달할 수 있습니다.

We just need to tweak this part. 이 부분만 조금 바꾸면 돼요.

We need to tweak it a little. 그것만 살짝 변경하면 돼요.

2 Tweak은 '(개선하기 위한) 약간의 수정/변경'이란 명사로도 자주 쓰입니다.

I think it just needs a little tweak. 내 생각엔 그냥 조금만 손보면 될 것 같아.

It just needs a little tweak. 그냥 조금만 손보면 돼.

이럴 때는 이렇게!

Q **Is it okay if I tweak the last paragraph?**
맨 마지막 단락만 약간 수정해도 될까?

수정해도 괜찮을 때

A **Sure. Go ahead.** 네, (수정 사항) 말씀하세요.

A **I was thinking the same thing. The last paragraph sounds a little bit off.**
저도 같은 생각했어요. 마지막 단락이 약간 이상하죠.

수정하기 어려울 때

A **Actually, I needed you to sign off on this like yesterday.**
(수정할 시간 없이 빨리 승인해 줘야 한다는 뉘앙스)
실은 이거 어제쯤 승인해 주셨어야 했어요.

A **Unfortunately, we can't make any last-minute changes.** 죄송하지만 막판에 뭔가 변경할 수는 없어요.

현재 약속 장소로 이동 중이라고 말할 때는

(x) I'm coming.

(o) I'm on my way.

MP3 140

I'm coming은 현재 이동 중일 수도 있지만, 미래에 갈 예정일 때도 쓸 수 있기에 지금 가고 있는 중이라는 보장은 없습니다. 예를 들어, 친구에게 'Are you coming to my party tomorrow?(내일 내 파티에 올 거야?)'라고 물어봤을 때, 'Of course, I'm coming.(당연히 가야지.)'라고 하면 미래에 갈 예정이라는 의미로 쓴 거죠. 현재 약속 장소로 이동 중일 땐 I'm on my way.를 써야 '지금 가는 길이야.'란 의미가 됩니다.

1 영어 문장을 보다 보면 come이 '오다,' go가 '가다'로 해석되지 않는 경우가 있기에, 정확한 활용법을 알아야 해요. Come은 말하는 상대와 내가 서로 가까워질 때 써요. I'm coming.은 현재 이동 중일 때도 쓰지만 갈 예정일 때도 쓸 수 있습니다.

I'm coming!
(**음식 배달 기사가 초인종을 눌렀을 때, 기사와 내가 서로 가까워짐**) 나가요!

Are you coming with us?
(**동료에게 점심 먹으러 같이 갈 건지 물어보며**) 우리랑 같이 갈 거야?

Are you coming to my wedding?
(**내 결혼식엔 당연히 내가 있을 테니 나와 상대가 서로 가까워짐**) 내 결혼식에 올 거야?

2 Go는 말하는 상대와 내가 서로 멀어질 때 쓰세요.

Are you going to work?
(**아들에게 출근하는지 물어볼 때, 출근하는 아들과 집에 계신 엄마가 서로 멀어짐**) 출근하는 거니?

Where are you going for your vacation?
(**같이 휴가 가는 게 아니라서 나와 휴가 가는 상대가 멀어짐**) 휴가로 어디 가세요?

Are you going to Olivia's wedding?
(**내가 Olivia 결혼식에 간다는 보장은 없지만 단순히 상대가 가는지 물어볼 때**) Olivia 결혼식에 갈 거야?

이럴 때는 이렇게!

A **Are you on your way?** (현재 이동 중인지 묻는 것) 지금 오고 있어?
B **Yes, I'll be there in 5 minutes.** 응, 5분 있다 도착해.

A **Dinner's ready.** (엄마가 아이를 부르며) 저녁 준비 다 됐다.
B **I'm coming.** (주방에 계신 엄마와 내가 가까워지니) 지금 가요.

UNIT 23

혹시 상대가 중요한 날짜를 잊어버릴까 봐 다시 말해 줄 때는

(Δ) Don't forget.

(o) Just a friendly reminder,

MP3 141

중요한 날짜나 일을 혹시라도 상대가 잊어버릴까 봐 걱정돼 미리 이메일로 상기시켜 줄 때 Don't forget.(잊어버리지 마.)을 쓰는 게 틀리진 않지만, 격식을 차린 상황에서 쓰기엔 너무 캐주얼한 표현입니다. 게다가 실제 상대가 잊지 않고 잘 기억하고 있을 수도 있으니, 최대한 부드럽게 다시 말해 주는 게 좋겠죠. 중요한 날짜나 공지 사항을 살짝 상기시켜 줄 땐, Just a friendly reminder를 쓰세요. '혹시 모르니 다시 한 번 말씀드리는데'란 의미에 friendly(친절한)를 넣어 결국 잊지 말라는 의미지만, 그래도 조금 더 공손히 리마인드 해 주는 느낌을 줍니다. Friendly 대신 gentle을 넣어 'Just a gentle reminder'라고 해도 됩니다.

Just a friendly reminder, the application deadline is this Friday.
혹시 모르니 다시 한 번 말씀드리는데 지원서 마감일은 이번 주 금요일입니다.

Just a gentle reminder, our office will be closed tomorrow.
혹시 모르니 다시 한 번 말씀드리는데 저희 사무실은 내일 휴무입니다.

1 이 외에 'I just would like to remind you that ~(~라는 점을 상기시켜 드리고 싶습니다)'를 써도 됩니다.

I just would like to remind you that we have a mandatory staff meeting at 2.
2시에 의무적으로 참석해야 하는 직원 회의가 있다는 점, 상기시켜 드리고 싶습니다.

Mandatory는 꼭 해야 하는 '의무적인'이란 뜻으로, 반대 표현은 optional(선택적인)인데요. 예를 들어, 회사에서 진행하는 세미나에 꼭 참석해야 하는지가 궁금할 때 'Is it mandatory or optional?'이라고 하면 됩니다. 꼭 해야 하는 건지 아니면 안 해도 되는 선택적인 사항인지 물어보는 거죠.

이럴 때는 이렇게!

원어민이 이메일로 중요한 날짜나 일을 잊지 않도록 부드럽게 상기시켜 줄 땐 이렇게 답하세요.

Thank you for the reminder.
상기시켜 주셔서 감사합니다.

I completely forgot about the deadline. Thank you for letting me know.
마감 기한을 완전 잊고 있었는데 알려 주셔서 감사합니다.

Thank you for the reminder about the staff meeting.
직원 회의 있다는 것 상기시켜 주셔서 감사합니다.

Thank you, Andy. What would I do without you?
(캐주얼한 사이에서 고마움을 과장되게 표현할 때) Andy, 고마워. 너 없으면 내가 뭘 하겠어.

상대가 잊어버린 걸 다시 설명해 줄 때는

(x) I'll repeat.

(o) Let me refresh your memory.

MP3 142

우리 모두 사람이기에 살면서 뭔가 잊어버릴 수 있죠. 상대가 깜빡했을 땐 무안하지 않도록 최대한 부드러운 말투로 Let me refresh your memory.라고 하세요. 기억을 새로 고침해 주는 것처럼 다시 말해 줌으로써 특정 일을 생각나게 도와준다는 뉘앙스로, I'll repeat.보다 훨씬 더 부드러워요. 격식을 차린 상황에선 (Please) allow me to refresh your memory.라고 하면 상사나 고객에게 무안을 주지 않고 과거에 있었던 특정 일이나 사건에 대한 기억을 친절히 다시 되살려 주는 느낌을 줍니다. 친절한 말투로 얘기해 주는 게 가장 중요합니다.

1 내 기억이 가물가물해서 상대에게 다시 말해 달라고 할 땐 이렇게 쓰세요.

Refresh my memory.
(**기억이 나도록**) 다시 말해 줘.

Could you refresh my memory?
(**기억이 나도록**) 다시 말해 줄 수 있어?

2 상대를 만난 건 기억을 하지만 이름이 잘 기억나지 않아 다시 말해 달라고 할 땐 이렇게 말하세요. 캐주얼한 상황에선 What was your name again?도 괜찮지만 그것보다 좀 더 부드러운 표현들입니다.

I'm so sorry. I remember meeting you, but I just can't remember your name.
정말 죄송해요. 만난 건 기억이 나는데, 성함이 생각나지 않네요.

I'm sorry. I'm really bad with names. Could you tell me your name again?
죄송한데 제가 이름을 잘 못 외워서요. 성함 다시 한 번 말씀해 주실래요?

이럴 때는 이렇게!

A **Did I really say that?** 내가 정말 그렇게 말했어?
B **Yes, let me refresh your memory.**
응. (그때 일이 기억이 나도록) 상황을 다시 말해 줄게.

A **You're Chloe's sister, right? I'm sorry. I remember meeting you, but I just can't remember your name.**
네가 클로이 여동생 맞지? 미안. 만난 건 기억이 나는데 이름이 생각나지 않네.
B **It's Emma. I just started working here.**
Emma예요. 이제 막 여기에서 근무하기 시작했어요.

UNIT 25

급히 처리해야 하는 일을 도와달라고 조심스레 부탁할 때는

(x) URGENT!!!

(o) This is time-sensitive.

MP3 143

동료에게 내가 급히 처리해야 하는 일을 도와달라고 조심스레 부탁할 때 'URGENT!'라고 하면 황당해할 거예요. Urgent는 하고 있던 일을 멈추고 지금 당장 1순위로 처리해야 한다는 위급함을 나타내는 표현이거든요. 그런데 사실 나만 급한 거지, 동료에겐 급한 일도 아닌데 부탁하는 입장에서 urgent를 쓰면 무례하고 뻔뻔하게 느껴질 수 있어요.

이때는 time-sensitive를 쓰세요. 분초를 다툰다는 의미로 시급히 처리해야 한다는 걸 조심스레 부탁하거나 급하다는 걸 정중히 강조할 때 쓸 수 있습니다.

Time-sensitive만 써도 얼마나 급한 일인지 충분히 전달할 수 있어요.

I really need your help. It's time-sensitive.
정말 네 도움이 필요해. 급한 일이라서.

This issue is time-sensitive, so hear me out.
이 문제 급히 처리해야 해서 내 말 좀 들어봐.

Hear me out은 내 말을 끊지 말고 끝까지 들어달라고 할 때 쓰는 표현으로, '(일단) 내 말 좀 들어봐'란 뜻입니다. 상대에게 자신의 주장이나 의견을 얘기할 때 섣불리 판단하여 내 말을 끊지 말라는 뉘앙스로 자주 쓰입니다.

1 Urgent는 조심스런 부탁보단 하던 일을 다 멈추고 지금 당장 이걸 처리해야 할 정도로 급한 일에만 쓰셔야 해요.

This is urgent. I need your answer right away.
급한 일이니 즉시 답변해 줘야 해.

Drop everything you were doing. This is very urgent, and it needs to be handled right away.
하던 거 다 멈춰. 이거 정말 급한 일이니 즉시 처리해야 해.

이럴 때는 이렇게!

A **Sorry to interrupt. It's time-sensitive.**
방해해서 죄송합니다. 급하게 처리해야 하는 일이라서요.

B **Sure. What is it?** 그래. 무슨 일이야?

A **This is very urgent, and it needs to be handled right away.**
정말 급한 일이니 즉시 처리해야 해.

B **Okay. Consider it done.** 네, 바로 처리할 테니 걱정 마세요.

Consider it done은 다 해결되었다고 생각해도 괜찮을 정도로 확실히 처리할 테니 걱정하지 말고 맡겨 달라는 뉘앙스로, 특히 상사나 고객이 일을 맡겼을 때 자주 쓰는 표현입니다.

점심 먹으면서 얘기하자고 할 때는

(x) Let's talk about it during lunch time.

(o) Let's talk about it over lunch.

MP3 144

Over를 보면 뭔가 끝났다는 'Game over(게임 오버)' 또는 'over the rainbow(무지개 너머로)'처럼 뭔가 넘어간다는 의미만 생각나지 않나요?
그런데 네이티브는 '~하는 동안에/ ~하면서'란 의미로 전치사 over를 정말 자주 씁니다.
점심 먹으면서 얘기하자고 할 때 during lunch time이라고 하면
단순히 점심시간에 얘기를 하자는 거지, 같이 점심을 먹는다는 보장은 없거든요.
대신 over lunch를 쓰면 점심을 먹는 동안에 특정 행동이 일어난다는 걸
강조해서 쓸 수 있어요.

I'll tell you everything over lunch.
점심 먹으면서 다 말해 줄게.

Why don't we continue this conversation over lunch?
(**부드러운 제안**) 점심 먹으면서 계속 얘기하는 건 어때?

I reviewed it over lunch.
점심 먹으면서 리뷰했어.

1 점심 외에도 다양하게 응용해서 쓸 수 있습니다.

Let's discuss it over coffee.
커피 마시면서 의논하자.

Discuss 자체가 '~에 대해 논의하다'란 의미여서 뒤에 about(~에 대하여)을 쓸 필요가 없습니다. Discuss about을 쓰면 '~에 대하여 대하여 논의하다'란 느낌이니 주의하세요.

Why don't we discuss it over a drink?
(**부드러운 제안**) 술 한잔하면서 얘기하는 건 어때?

Do I have to do it in person, or can I do it over the phone?
(**전화상에서 특정 행동이 이뤄지는 걸 강조**) 직접 가서 해야 하나요, 아니면 전화로 해도 되는 건가요?

이럴 때는 이렇게!

A **We should talk about it over dinner. What time do you get off work?** 저녁 먹으면서 얘기하는 게 좋겠다. 몇 시에 퇴근해?
B **I get off at 6. How about you?** 난 6시에 퇴근해. 너는?

A **Can I make a reservation over the phone?**
전화상으로 예약할 수 있을까요?
B **I'm sorry, but we don't take reservations.**
죄송하지만, 저희는 예약을 받지 않습니다.

UNIT 27

잘하고 오라고 행운을 빌어줄 때는

MP3 145

(Δ) Good luck.

(o) Good luck, not that you need it.

중요한 면접, 프레젠테이션 등을 앞두고 있는 상대에게 잘하고 오라고 행운을 빌어줄 땐 Good luck이 생각나죠. 그런데 사실 Good luck은 말투나 상황에 따라 빈말처럼 쓰이기도 하고, 상대가 열심히 노력한 만큼 잘할 수 있을 거란 믿음을 심어 주진 않아요. 대신 평소 열심히 노력한 만큼 상대가 잘할 수 있을 거라는 느낌을 전하고 싶을 때는 Good luck, not that you need it.을 쓰세요. 굳이 Good luck이라고 하며 내가 행운을 빌어주지 않아도 잘하겠지만, 그래도 잘하고 오라는 뉘앙스로 상대를 좀 더 추켜세워 주는 근사한 표현입니다. 평소 노력하지 않는 사람에겐 쓸 수 없는 표현이죠.

Good luck with everything, not that you need it.
굳이 말 안 해도 잘하겠지만 그래도 다 잘되기 바라.

1 평소에 단순히 잘됐으면 좋겠다며 행운을 빌어줄 땐 이렇게 쓰세요.

Good luck on your project. 프로젝트 잘되길 바라.

Good luck on your interview. Just relax and be yourself. I'm sure you'll do great.
면접 잘 보고 와. 그냥 마음 편히 먹고 평소대로 하면 잘할 거라고 확신해.

Fingers crossed.
잘됐으면 좋겠다/행운을 빌어.
실제 두 번째, 세 번째 손가락을 꼬며 Fingers crossed란 표현을 Good luck 못지않게 자주 씁니다.

2 내가 중요한 시험이나 면접 등을 앞두고 있을 땐 이렇게 쓰세요.

I'm so nervous, but wish me luck.
정말 긴장되지만 잘되기 바라줘.

이럴 때는 이렇게!

A **Good luck, not that you need it.**
굳이 말 안 해도 잘하겠지만 그래도 잘하고 와.
B **Aw, thank you.** 아, 고마워요.

A **Good luck on your date.** 데이트 잘하고 와.
B **Thanks. I hope she likes me.** 고마워. 그녀가 날 좋아하면 좋겠다.

네가 최고로 느껴질 만큼 정말 고맙다고 할 때는

MP3 146

(Δ) You're the best. = 넌 최고야.

(o) You're the best! = (네가 최고로 느껴질 만큼) 정말 고마워!

단골 커피숍에서 한여름에 실수로 뜨거운 커피를 어플로 주문한 적이 있어요. 커피를 받으면서 '아이고, 뜨거운 걸로 시켰군요'라고 하자 바리스타가 '차가운 걸로 바꿔 드릴까요?'라고 말씀하시더라고요. 그때 제가 'Aw, you're the best!'라고 하면 바리스타가 정말 제 인생에서 만난 최고의 사람이라는 의미일까요? 네이티브는 고마운 마음을 표현할 때 종종 You're the best.란 표현을 쓰는데요. 그걸 직역하면 '넌 최고야.'란 의미이기에 함부로 쓰기 부담되는 표현일 것 같지만, 사실 이건 네가 최고로 느껴질 만큼 정말 고맙다는 의미로 쓰여요. 상대가 내게 You're the best.라고 했다고 너무 심각하게 받아들일 필요도 없고, 반대로 평소 고마움을 표현할 때 Thank you.만 하지 말고 You're the best.도 써 주세요.

Thanks, guys. You're the best!
얘들아, 고마워. (**최고로 느껴질 만큼**) 진짜 고맙다!

1 상대가 정말 인생에서 만난 최고의 사람이라 강조해서 말할 땐 이렇게 쓰세요.

You're the best, dad.
아빠가 최고예요.

You're the best husband ever.
(**강조**) 자기는 정말 최고의 남편이야.

2 또는 누구든지 원할 만한 최고의 사람이라고 강조해서 이렇게도 쓸 수 있습니다.

You are the best boss anyone could ever ask for.
당신은 누구든 원할 만한 최고의 상사예요.

I have the best group of friends anyone could ever ask for.
난 누구든 원할 만한 최고의 친구들이 있어.

이럴 때는 이렇게!

A **I can help you with that.** 그거 내가 도와줄게.
B **Really? You're the best!** 정말? (네가 최고로 느껴질 만큼) 정말 고마워!

A **You're the best friend anyone could ever ask for.** 넌 누구든 원할 만한 최고의 친구야.
B **I feel the same way about you.** 너도 그래.

UNIT 29

상대가 큰 도움을 줘서 잘됐다고 고마운 마음을 표할 때는

(x) You helped me very much.

(o) I couldn't have done it without you.

MP3 147

제가 미국에서 회사 다닐 때 상을 받은 적이 있었는데요. 직속 상사가 축하한다고 하자 저도 모르게 I couldn't have done it without you.가 나오더라고요. 정말 제게 멘토 같던 상사였기에 진심을 담아 말한 거지만, 상대가 큰 도움을 줬고 결과적으로 좋은 결과로 연결되었을 때 감사의 표시로 '너 없이는 해낼 수 없었다'는 I couldn't have done it without you.(다 잘된 건 네 덕분이야.)를 쓰세요. 겸손함을 지닌 건 물론 고마움을 표현할 줄 아는 사람이란 느낌을 주는 좋은 표현입니다. 동료나 친구 사이에서도 무난히 쓸 수 있어요. 참, 실수로 couldn't을 could로 쓰면 I could have done it without you.(너 없이도 잘할 수 있었거든?)란 의미가 되기에 제대로 외워 주세요.

We couldn't have done it without you. Thank you for everything.
다 잘된 건 네 덕분이야. 여러모로 고마워.

1 구체적으로 도움을 준 덕분에 잘된 거라고 써도 됩니다.

I couldn't have done it without your help.
(**네 도움 없이는 해낼 수 없었다는 뉘앙스**) 다 네가 도와줘서 잘된 거야.

2 반면 상대의 도움 없이는 해내기 어렵기에 꼭 도와줬으면 좋겠다고 부탁할 때도 응용해서 쓸 수 있습니다.

I really need your help. I can't do it without you.
네 도움이 정말 필요해. 너 없이는 할 수 없어.

이럴 때는 이렇게!

A **Congratulations on your promotion. You worked day and night. No one deserves it more than you.**
승진 축하해. 밤낮으로 정말 열심히 일했는데 넌 그 누구보다 그걸 누릴 자격이 있어.

B **Thank you. I couldn't have done it without you.**
감사합니다. 다 덕분에 잘된 거예요.

A **I really need your help. I can't do it without you, and the last thing I want to do is mess anything up.**
네 도움이 정말 필요해. 너 없이는 하기 어렵고 정말로 실수해서 망치고 싶지 않아.

'The last thing I want'는 내가 원하는 걸 나열했을 때 맨 마지막에 있을 정도로 정말 원치 않는 걸 의미하고, 'The last thing I need'는 내가 필요로 하는 걸 나열했을 때 맨 마지막에 있을 정도로 정말 필요하지 않는 걸 의미합니다.

B **Okay, but you owe me one.**
알겠어. 그런데 이걸로 너 나한테 신세 진 거다 ☺

극도로 고마운 마음을 표현할 때는

(x) I'm very very grateful.

(o) I'm beyond grateful.

MP3 148

상대가 준 도움에 극도로 고마운 마음을 표현할 때 I'm very very grateful. 대신 I'm beyond grateful.을 쓰세요. '(~을 넘어) 극도로'란 의미의 beyond 단어 하나로 고마운 마음을 강하게 표현할 수 있습니다. Beyond는 고마울 때 외에도 다양한 상황에서 응용할 수 있으니 강조할 때 very나 so만 쓰지 말고 beyond도 써 주세요. 훨씬 더 강조하는 느낌을 줍니다.

I am beyond grateful.
(**강조**) 정말 감사합니다.

I am beyond grateful for everything.
(**강조**) 여러모로 정말 감사합니다.

I'm grateful beyond words. 말로 표현할 수 없을 만큼 정말 감사합니다.

1 Beyond(~을 넘어 극도로)는 고마운 마음을 표현할 때 외에 뭔가를 강조하고 싶을 때도 쓸 수 있습니다.

I am beyond excited.
(**강조**) 정말 신나요.

I passed out on the couch. I was beyond tired.
(**강조**) 나 소파에서 곯아떨어졌어. 어제 정말 피곤했거든.

Pass out은 '기절하다'란 의미도 있지만 술에 취하거나 피곤해서 뻗거나 곯아떨어질 때 씁니다.

2 Beyond는 '(~을 넘어) ~를 할 수 없는'이란 부정적인 뉘앙스로도 쓸 수 있습니다.

That's beyond my comprehension.
(**내 이해를 넘어선다는 뉘앙스**) 그 점은 잘 이해가 안 돼요.

It's beyond my control.
(**내가 통제할 수 있는 범위를 넘어선다는 뉘앙스**) 그건 내가 통제할 수 있는 게 아냐.

이럴 때는 이렇게!

A **I am grateful beyond words.** 말로 표현할 수 없을 만큼 정말 감사합니다.
B **Aw, it's the least I can do.** 아, 제가 이 정도는 해드려야죠.

A **I am beyond excited to see you!** (강조) 널 본다니 정말 신나는걸!
B **Likewise! We're going to have a great time.**
나도 그래! 같이 재미있게 놀자.

UNIT 31

상대의 의미 있는 말이나 행동에 고마움을 표현할 때는

(x) Thank you for meaningful saying.

(o) That means a lot to me.

MP3 149

상대가 내게 의미 있는 말이나 행동을 해서 고마움을 표현하고 싶을 땐 That means a lot to me.를 쓰세요. 이렇게 해야 정말 내겐 소중하고 의미 있다며 감사한 마음을 표현할 수 있습니다. 특히 상대가 좋은 말을 해 주거나 나를 생각하고 배려해 줄 때 자주 쓰는 표현인데요. 네이티브는 평소 큰 힘을 실어주는 말이나 행동에 자주 쓰는 건데 우리에겐 은근 어색한 표현이니 오늘 정확히 정 붙여 주세요. 맥락상 뒤에 to me(내겐)를 생략해도 됩니다.

Thank you for coming. It means a lot to me.
와 줘서 고마워. 내겐 정말 큰 힘이 돼.

1 구체적인 대상이 내게 소중하다는 걸 표현할 땐 이렇게 쓰세요.

Your friendship means a lot to me.
네 우정은 내게 정말 소중해.

This job means a lot to me.
이 일은 내게 정말 소중해.

2 무언가가 내게 온 세상을 의미하는 것처럼 소중하다고 강조해서 써도 돼요.

Family means the world to me.
가족은 내게 이 세상 전부일 정도로 정말 소중해.

Your encouragement means the world to me.
네 응원은 내게 정말 무척이나 소중해.

이럴 때는 이렇게!

A **Thank you for doing this for me. It means a lot.**
날 위해 이걸 해 줘서 고마워. 정말 큰 힘이 돼.

B **You're welcome. I'm always here for you.**
별 것 아닌걸. 항상 난 네 편이야.

미드 〈프렌즈〉 주제곡에 I'll be there for you란 표현이 나오는데요. 이는 네가 힘들 때 내가 네 곁에 있을 테니 내게 의지하라는, '항상 난 네 편이야'란 의미예요. 힘든 곳이나 상황이 어디든 그곳에(there) 내가 있겠다는 뉘앙스죠. 반면, 지인이 지금 힘든 시기를 겪고 있을 땐 I am here for you.를 씁니다. 지금 내가 널 위해 여기 있으니 내게 의지해 즉, 난 네 편이란 의미로 힘을 실어 줄 때 자주 쓰는 표현입니다.

A **Your friendship means the world to me.**
네 우정은 내게 정말 무척이나 소중해.

B **Likewise.** 동감이야.

덕분에 정말 기분 좋다는 뉘앙스를 풍기고 싶을 때는

MP3 150

(x) You make me very happy.

(o) You made my day.

상대가 내게 칭찬을 하거나 작은 선물을 줬을 때는 You made my day.를 쓰세요. 네가 내 하루를 완성시켰을 만큼 덕분에 정말 기분이 좋다는 뉘앙스로, 상대의 다정한 말이나 행동에 감사함을 표현할 때 자주 씁니다. 또 기분 좋은 소식을 알려 줬을 때도 쓸 수 있어요. 여기서 make 대신 made를 쓴 건 일상생활의 반복되는 패턴을 의미하는 현재형 동사를 쓰면 상대가 날 늘 기분 좋게 한다는 뉘앙스가 되기에 너무 강하게 느껴질 수 있기 때문입니다. 특정 말이나 행동 하나 덕분에 기분이 좋다는 뉘앙스로 You made my day.를 써 주세요. 평소 부담 없이 쓸 수 있는 좋은 표현입니다.

Thank you. You made my day.
감사해요. (**제 하루를 완성시켰을 만큼**) 덕분에 정말 기분 좋은걸요.

You made everybody's day.
(**모두의 하루를 완성시켰을 만큼**) 덕분에 모두 정말 기분 좋은걸요.

1 주어를 상대(You) 대신 특정 대상으로 써도 됩니다.

This made my day.
이거 덕분에 정말 기분 좋은걸.

The things you just said really made my day.
네가 방금 한 말 덕분에 정말 기분 좋은걸.

이럴 때는 이렇게!

A **I got you a soy latte.** 너 주려고 두유 라테 사 왔어.

B **It's actually my go-to drink. You made my day!**
실은 내가 평소 즐겨 마시는 건데. 덕분에 정말 기분 좋은걸.

A **Michelle and I have decided to give you a 5 percent raise.**
미셸과 난 자네에게 5% 월급 인상을 해 주기로 결정했네.

B **This really made my day. I promise, I won't let you down.**
덕분에 정말 기분 좋은걸요. 약속드립니다. 절대 실망시키지 않을게요.

A **I know you won't.** 당연히 실망시키지 않을 거란 걸 아네.

UNIT 33

맡긴 일을 빨리 처리해 줘서 고맙다고 할 때는

MP3 151

(x) Thank you for doing it very fast.

(o) Thank you for the quick turnaround.

작업을 맡긴 상대가 예상 시간보다도 훨씬 더 빠른 시간 안에 처리해 줘서 고마움을 표현할 땐 Thank you for the quick turnaround.를 쓰세요. Turnaround (time)은 '작업을 완료해서 회송하는 데 걸리는 시간'이란 의미로, 상대에게 일을 맡긴 후 내 손에 다시 완성된 결과물이 되돌아오는 데 걸린 시간을 뜻합니다. 예를 들어, 3일 걸리는 인쇄 작업을 하루 만에 완료해서 완성본을 보내 줬다면 Thank you for the quick turnaround.(빨리 처리해 주셔서 고맙습니다.)를 쓸 수 있어요. 일이나 작업을 빨리 처리해 준 상대에게 고마움을 표현해야 다음에 또 빨리 처리해 주겠죠.

Thank you for the quick turnaround.
빨리 완료/완성해 줘서 고마워.

That was a really quick turnaround. Thank you.
정말 빨리 완료/완성해 줬는걸. 고마워.

1 'Turnaround time(작업을 완료해서 회송하는 데 걸리는 시간)'은 다음과 같이 응용해서 쓸 수도 있습니다. 시간을 얘기할 땐 time은 맥락상 생략해도 이해 가능합니다.

What's the average turnaround time?
작업 완료해서 회송하는 시간이 평균 얼마나 걸리나요?

We offer a turnaround of two business days.
영업일 기준 이틀 내에 작업 완료 후 회송해 드립니다.

That's a tight turnaround.
(**상대가 요청한 시간 내에 작업을 완료하기 어려울 때**) 그건 빠듯한 일정인데요.

이럴 때는 이렇게!

A **I need it ASAP.** 최대한 빨리 필요해요.
B **I'm sorry, but ASAP is a tight turnaround.**
죄송하지만, '최대한 빨리(**ASAP**)'는 빠듯한 일정이에요.

A **We offer a turnaround of one business day.**
영업일 기준 하루 만에 작업 완료 후 회송해 드립니다.
B **Wow, that's convenient.** 우와, 정말 편리하네요.

Convenient는 시간, 돈, 노력을 아껴 줘서 편리한 걸 의미하고, comfortable은 신체적으로 편안한 걸 의미합니다. 예를 들어, 어플로 쉽게 주문할 수 있는 건 편리한 거니 convenient고, 침대에 누워 뒹굴거리는 건 신체적으로 편안하니 comfortable을 쓰는 거죠.

THANK YOU FOR THE QUICK TURNAROUND!

회사나 일상 생활에서 자주 쓰이는 핵심 이디엄

둘 이상의 단어가 조합돼 새로운 의미를 갖는 관용어를 idiom(이디엄)이라고 합니다. 이 세상에 존재하는 모든 이디엄을 다 알 필요는 절대 없지만, 그래도 자주 쓰이는 이디엄의 정확한 뜻을 모르면 의사소통이 안 될 수도 있기에 평소 회사나 일상 생활에서 네이티브가 정말 자주 쓰는 핵심 이디엄 8개를 알려드릴게요.

1 **roll up one's sleeves**: (소매를 걷어 붙이며) 적극적으로 임하다

특히 회사에서 뭔가를 으쌰으쌰 열심히 해 보자고 할 때 자주 써요. 구인광고에서는 roll-up-your-sleeves attitude(적극적인 태도)를 가진 인재를 찾는다는 식으로 자주 쓰입니다.

We need to roll up our sleeves. 우리가 적극적으로 임해야 해.

2 **top notch**: 최고의, 아주 뛰어난

notch는 품질이나 성취 정도를 나타내는 등급을 의미하는데요. Top notch는 '최고 등급'이란 의미로 뭔가 정말 뛰어난 품질이나 수준일 때 자주 씁니다. 유사 표현인 second to none 역시 '1등인, 둘째가라면 서러울 정도로 그 누구에게 뒤지지 않는'의 의미로 훌륭한 수준을 강조할 때 자주 활용합니다.

You're getting a top-notch education here.
넌 여기서 정말 최고 수준의 교육을 받고 있어.

3 **up in the air**: 아직 미정인, 결정되지 않은

마치 그 어떤 것도 결정한 것 없이 말풍선만 공기에 둥둥 떠다니듯 미정일 때 up in the air라고 합니다.

Everything is a little up in the air. 아직 아무것도 결정난 게 없어.

4 **24/7**: (하루 24시간 일주일에 7일을 할 만큼) 늘

You work 24/7. You practically live here. 넌 늘 일만 하고 여기에 사는 거나 다름없잖아.

They are open 24/7. 그 가게는 연중 무휴야.

5 **elephant in the room**: 말 꺼내기 어려운 주제/문제

방에 커다란 코끼리가 있다면 누구든 코끼리가 있다는 걸 알겠죠. 코끼리의 존재감이 무시하기엔 너무 크니깐요. 하지만 다들 다른 곳으로 옮기기 귀찮거나 싫어서 외면하고 있는 모습을 상상하면 elephant in the room의 뉘앙스가 이해될 거예요. 예전에 근무하던 회사에서 경영진이 바뀐 적이 있었는데, 다들 예전 편집장님이 해고되고 새로운 분으로 대체될 거라는 걸 알고 있지만 말을 꺼내지 않고 있었거든요. 그런데 어느 날 새로운 회장님이 옛 편집장님을 해고하시고는, It's time to talk about the elephant in the room.(말 꺼내기 힘든 주제를 얘기할 때네요.)라고 하시면서 현 상황을 설명해 주시더라고요.

We need to talk about the elephant in the room.
언급하기 꺼려지는 주제지만 같이 얘기해야 해.

6 **Your wish is my command.**: 분부대로 할게요.

네가 원하는 대로 다 해 주겠다는 뉘앙스로 상대가 바라는 걸 들어줄 때 쓰입니다.

When it comes to the wedding, your wish is my command.
결혼식에 관해서는 네 분부대로 할게.

7 **crystal clear**: (clear의 의미를 강조) 정말 투명한, 정말 확실한

It's crystal clear. 물이 정말 맑다. / 정말 확실히 이해했어.

A: **Is this clear?** 이거 분명히 이해했지?
B: **Crystal.** 정말 확실히 이해했어요.

Crystal만 써도 '확실히/분명히'란 의미인 crystal clear의 줄임말이라는 걸 바로 알 정도로 정말 자주 쓰이는 표현입니다.

8 **get the hang of it**: 요령을 익히다, 감을 잡다, 익숙해지다

마치 익숙지 않은 무언가에 계속 매달려(hang) 꾸준히 하다 보면 결국 이해하고 요령을 익히는 것처럼, 특히 처음 뭔가를 시작해서 버벅거리는 상대에게 힘을 실어줄 때 자주 쓰는 표현입니다.

It might take some time, but I know you'll get the hang of it.
시간이 좀 걸릴지는 몰라도 분명 점점 익숙해질 거야.

CHAPTER 3

예의 바른
영어 패턴의 끝판왕

UNIT 1

나이, 결혼 여부 등 실례가 될 만한 질문을 할 때는

(Δ) Are you married?

(o) If you don't mind me asking, are you married?

MP3 152

나이, 결혼 여부 등 실례가 될 만한 질문 전에 If you don't mind me asking(이런 질문 드려도 될지 모르겠지만)을 넣어 주세요. 예를 들어, 누군가 다짜고짜 제게 'Are you married?(결혼하셨어요?)'라고 하면 무례한 사람이라고 생각할 것 같은데, 'If you don't mind me asking, are you married? (이런 질문 드려도 될지 모르겠지만, 결혼하셨나요?)'라고 하면 자칫 결례가 될 만한 질문을 훨씬 더 부드럽고 정중하게 할 수 있습니다. 물론 나이, 결혼 여부, 종교, 사는 곳 등 실례가 될 만한 개인적인 질문은 하지 않는 게 좋지만, 그래도 이미 어느 정도 상대와 친해진 상태고 지금보다 상대를 더 알아가기 위해 꼭 묻고 싶다면 이렇게 조심스레 물어보세요.

If you don't mind me asking, how old are you?

이런 질문 드려도 될지 모르겠지만, 나이가 어떻게 되세요?

우리나라에서는 생일 케이크 위에 큰 초는 열 살 단위, 작은 초는 한 살 단위로 꽂아 공공연하게 나이를 오픈하지만, 미국에서는 나이와 상관없이 5개든 10개든 막 꽂습니다. 생일은 나이가 한 살 더 드는 게 중요한 게 아닌, 상대의 탄생을 같이 기념해 주는 날이니까요. 또 여러 사람들이 모여 있는 상황에서 나이를 공개하는 건 사생활을 존중하지 않는 거라고 볼 수도 있고요. 그러니 비슷한 또래의 친한 사이가 아닌 이상 함부로 나이를 물어보면 자칫 무례해 보일 수 있어요.

1 개인적인 질문 외에 상대가 불편해할 만한 질문을 하기 전에도 쓸 수 있습니다.

If you don't mind me asking, why did you and your wife split up?

이런 질문 드려도 될지 모르겠지만, 왜 아내와 헤어지신 건가요?

If you don't mind me asking, what brings you here?

이런 질문 드려도 될지 모르겠지만, 여긴 어쩐 일이세요?

What brings you here?는 여긴 어쩐 일로 왔냐고 물어볼 때 무엇이 상대로 하여금 여기 오게 했냐는 뉘앙스로, 정말 자주 씁니다.

If you don't mind me asking, where do you stand on that?

(**예민한 주제에 대해 상대의 의견을 물을 때**) 이런 질문 드려도 될지 모르겠지만, 그 점에 있어 어떤 입장이신가요?

이럴 때는 이렇게!

A **If you don't mind me asking, how old are you?**
이런 질문 드려도 될지 모르겠지만, 나이가 어떻게 되세요?

B **I'm 42.** 42살입니다.

A **If you don't mind me asking, where do you stand on that?**
이런 질문 드려도 될지 모르겠지만, 그 점에 있어 어떤 입장이신가요?

B **Honestly, I'm not comfortable answering that question.**
솔직히 말씀드려 그 질문에 답변 드리기가 불편하네요.

과거진행형으로 쓰면 더 공손해지는

(Δ) I wonder if you'd like to join me for dinner tonight.

MP3 153

(o) I was wondering if you'd like to join me for dinner tonight.

조심스레 뭔가를 물어볼 때 네이티브가 I wonder if ~(~한지 궁금해)를 자주 쓰는데요. 쓰는 형태에 따라 정중함의 정도도 달라집니다. 현재형인 I wonder if를 쓰면 지금 이 순간 궁금한 걸 바로 묻는 것이기에 가장 캐주얼하고, 현재진행형인 I am wondering if를 쓰면 정말 궁금하다는 간절함이 담겨 있고, 과거진행형인 I was wondering if를 쓰면 예전부터 궁금했는데 고민고민하다 지금 조심스레 물어본다는 뉘앙스로 가장 정중해요. 특히, 비즈니스 영어에서 요청 및 부탁할 때 자주 쓰이는 기본 틀이기에 꼭 외워 두세요.

I was wondering if you'd like to join me for dinner tonight.
혹시 오늘 저녁에 같이 저녁 먹는 게 어떨지 여쭤 봐요.

I was wondering if you were free for lunch today. 혹시 오늘 점심 같이 먹을 수 있는가 해서 물어봐.
꼭 격식을 차린 상황이 아니더라도 친구에게 조심스럽게 물어보거나 요청할 때도 자주 쓰입니다.

I was wondering if you were available this evening. 혹시 오늘 저녁에 시간 되시는지 여쭤봐요.

1 내가 뭔가를 해도 괜찮은지 허락을 받을 때도 I was wondering if I ~를 쓰세요.

I was wondering if I could ask you a few questions.
혹시 몇 가지 질문 드려도 괜찮을지 조심스레 여쭤봐요.

I was wondering if I could leave my luggage at the hotel after checking out. 체크아웃 후에 호텔에 짐을 맡길 수 있을지 조심스레 여쭤봐요.
체크아웃 전엔 before checking in, 체크아웃 후엔 after checking out을 써서 짐을 보관할 수 있는지 물어보면 됩니다.

이럴 때는 이렇게!

Q **I was wondering if you could walk me through the process.**
(이해하는 과정에서 손을 잡고 천천히 걸어가듯) 이 과정/절차를 차근차근 설명해 주실 수 있는지 조심스레 여쭤봐요.

A **Sure, I'd be happy to walk you through this.**
그럼요. 기꺼이 차근차근 설명해 드릴게요.

A **Didn't I already walk you through this? I don't have time to keep doing that.**
이미 자세히 설명해 드리지 않았나요? 이렇게 계속 설명만 해드릴 시간 없어요.

A **Well, I think Nick might be a better person to do that.** 음, 제 생각엔 Nick이 더 잘 설명해 드릴 것 같아요.

UNIT 3

조심스럽게 확고한 의지를 표현할 때는

MP3 154

(Δ) I have to say no.

(o) I am going to have to say no.

조심스럽게 확고한 의지를 표현할 땐 'I am going to have to + 동사원형(~해야만 할 것 같아요)'을 쓰세요. 구어체에선 주로 'I'm gonna have to + 동사원형'으로 줄여서 자주 씁니다. I have to say no(안 된다고 말해야 해) 또는 I'm going to say no(안 된다고 말할 거야)보다 조심스럽고 정중히 말하지만, 상대에게 충분히 확고한 의지를 전달하는 좋은 표현입니다.

I am going to have to turn your offer down.
당신이 한 제안을 거절해야 할 것 같아요.

I am going to have to pass.
안 해야 할 것 같아요/ 패스해야 할 것 같아요.
Pass는 상대의 제안을 거부할 때 'No'를 쓰지 않고 부드럽게 넘길 수 있는 좋은 표현입니다. 다음을 기약하며 미루는 I am going to have to take a rain check.(다음에 해야 할 것 같아요.)과 달리 pass는 다음에 한다는 보장은 없습니다.

I'm sorry. I'm gonna have to call you back.
미안. 다시 전화해야 할 것 같아.

I'm gonna have to take a rain check on beer.
맥주는 다음에 마셔야 할 것 같아.

이럴 때는 이렇게!

Q **Why don't you stay for another drink?** 술 한잔 더 하고 가는 게 어때?

한잔 더 마실 수 있을 때

A **Sure. Next round's on me.** 좋아. 다음 잔은 내가 살게.

A **Sounds good. I'll go get us another beer.** 좋아. 가서 맥주 한 잔씩 더 사 올게.

더 마시기 어려울 때

A **I wish I could, but I'm gonna have to take a rain check.** 그러고 싶은데 다음에 해야 할 것 같아.

A **Well, it's getting late. Let's do this another night.** 음. 시간이 늦었는데 다음에 더 마시자.

A **I'd love to, but I have to get going. My daughter has called me like 10 times.** 그러고 싶은데 가 봐야겠어. 딸아이가 한 열 번은 전화했어.

정중히 허락을 받을 때는

(Δ) Can I go to the restroom?

(o) May I go to the restroom?

MP3 155

고등학교 때 수업 중 화장실이 급해 선생님께 잠시 화장실 좀 다녀와도 되는지 'Can I go to the restroom?'이라고 물어봤거든요. 그랬더니 선생님이 'Yes, you can, but you may not.'이라고 하시더라고요. 당연히 화장실에 갈 수는 있지만 그렇게 가도록 허락하지 않겠다는 뉘앙스죠. 물론 장난스레 얘기하시며 가도록 허락하셨지만요. 일상 회화에서 네이티브도 May I ~?(~해도 되나요?)를 써야 하는 상황에서 Can I ~?(~할 수 있을까요?)를 쓰기도 하지만, 정확히 따지면 Can I ~?는 가능성/능력을 묻는 것이기에, 정중히 허락을 구할 땐 May I ~?를 쓰는 게 맞아요.

May I use your phone? 전화기 좀 써도 될까요?

May I continue? 계속해도 될까요?

1 일상 회화에서는 May I ~?를 쓰는 게 맞지만, Can I go to the restroom?처럼 Can I ~?를 쓰기도 합니다.

Can I help you? 도와드릴까요?
도와줘도 괜찮은지 허락을 받는 May I help you?(도와드려도 될까요?)가 더 정중합니다.

Can I borrow a pen? 펜 하나만 빌려줄 수 있어?
Borrow를 물건을 빌릴 때만 쓴다고 생각하지 마세요. 누군가에게 도움을 요청할 때 Can I borrow you for a second?(잠깐 이리 와서 나 좀 도와줄 수 있어?)라고도 자주 씁니다.

이럴 때는 이렇게!

Q **May I borrow $100?**
100달러만 빌려줄 수 있어?

빌려줄 수 있을 때

A **Sure. Just think of it as a small gift.**
그래. 그냥 작은 선물이라고 생각해.

A **Yes, as long as you pay me back by next week.**
그래, 다음 주까지 갚을 수 있으면 말이야.

빌려주기 어려울 때

A **I'm not really in a position to lend you money.**
내가 너한테 돈을 빌려줄 수 있는 입장이 아냐.

A **I really don't feel comfortable doing that. They say friends and money don't mix.**
돈 거래하는 게 정말 불편해서 말이야. 사람들이 원래 친구와 돈 거래하면 안 된다고 하잖아.

They say를 직역하면 그들이 말한다는 게 되지만, 보통 사람들이 흔히 말하는 걸 얘기할 때도 They say를 쓸 수 있습니다.

UNIT 5

Can you ~?보다 더 정중하게 말할 때는

MP3 156

(Δ) Can you help me?

(o) Could you help me?

누군가에게 부탁할 때 'Can you ~?(~해 줄 수 있어?)'를 많이 쓰죠. 하지만 정중히 요청할 땐 Could you ~?를 쓰세요. 같은 의미로 해석이 되더라도 네이티브가 느끼는 게 달라요. Can보다 확실의 정도가 약한 Could는 정중히 부탁하는 느낌을 주거든요. Could you ~?는 비즈니스 영어 외에 일상 회화에서도 요청할 때 자주 쓰여요. 상대가 당연히 뭔가를 해 줄 거라고 생각하는 게 아닌, 그렇게 해 줄 수 있는지 조심스레 물어보는 느낌을 줍니다.

Could you give this to Jenny?
Jenny에게 이걸 전해 주실 수 있으세요?

Could you elaborate?
좀 더 자세히 설명해 줄 수 있어요?
상대방이 설명한 게 이해가 잘 되지 않을 때 조금 더 자세히, 덧붙여 부가 설명을 해 달라고 하며 elaborate를 쓰세요.

Could you fill me in on the last meeting?
(**회의에 빠져서 듬성듬성 알 때**) 지난 회의 때 있었던 일 내게 말해 줄 수 있어?
'Fill 사람 in on'은 뭔가에 빠지거나 늦게 합류에서 듬성듬성 알 때 모르는 부분을 채워 주듯 설명해 주는 걸 의미합니다.

1 의문문이 아닌 평서문에서도 can과 could의 느낌은 다릅니다. 예를 들어, You can ~은 '넌 ~할 수 있어'란 의미로 확실의 정도가 강하다면, You could ~는 '넌 ~할 수도 있어'란 의미로 확실의 정도가 약해요.

You can get promoted.
(**확신에 참**) 넌 승진할 수 있어.

You could get promoted.
(**확실의 정도가 약함**) 넌 승진할 수도 있어.

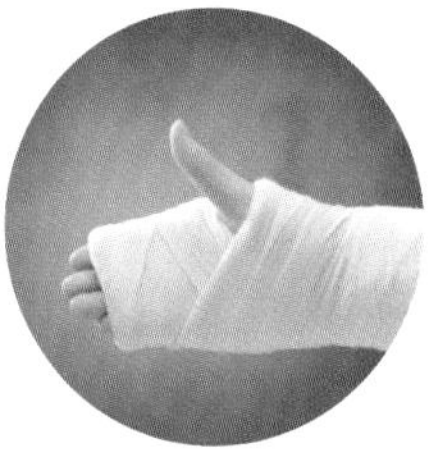

이럴 때는 이렇게!

A **Could you help me with something? I really don't know what to do.** 뭐 좀 도와주실 수 있어요? 어떻게 해야 할지 정말 모르겠어서 말이에요.
B **Sure. What is it?** 그럼. 뭔데 그래?

A **Could you walk me through this?**
(이해의 과정에서 손을 잡고 걸어가듯) 이걸 차근차근 설명해 주실 수 있으시나요?
B **Happy to.** 기꺼이요.

Could you ~?보다 조심스럽게 협조나 허락을 구할 때는

MP3 157

(Δ) Could you help me?

(o) Would it be possible for you to help me?

평소에는 Could you ~?(~해 주실 수 있으세요?)로도 충분히 공손하게 요청할 수 있지만, Would it be possible ~?(~할 수 있을까요?/ ~하는 게 가능할까요?)이 더 조심스럽게 상대의 협조나 허락을 구할 때 자주 쓰입니다. 예를 들어, Could you help me?는 도움을 요청할 때 '절 도와주실 수 있으세요?'로 쓸 수 있지만, 정말 조심스럽게 상대의 협조나 허락을 구할 땐 Would it be possible for you to help me?(절 도와주시는 게 가능할까요?)를 씁니다. 안 될 가능성이 있다는 걸 분명 알지만 그래도 '될 가능성'이 있는지 조심스레 물어보는 느낌을 줍니다.

Would it be possible for me to speak to Ms. Brown?
Brown 씨와 통화하는 게 가능할까요?

Would it be possible for me to get a refund?
환불을 받는 게 가능할까요?

1 Would it be possible 뒤에 'for 사람'을 넣어 대상을 정확히 언급하지만, 맥락상 오해의 여지가 없는 경우에는 생략해도 됩니다.

Would it be possible to reschedule?
일정을 재조정하는 게 가능할까요?

Would it be possible to push the deadline?
마감일을 미루는 게 가능할까요?

이럴 때는 이렇게!

A **Would it be possible for me to speak to Ms. Brown?**
Brown 씨와 통화하는 게 가능할까요?

B **Sure. Please hold.** 네, 잠깐만 기다리세요.

통화 중 단순히 잠시 기다리라고 할 땐 Please hold를, 잠시 기다리라고 한 후 전화를 연결해 줄 땐 'I'll put you through.(연결해 드릴게요.)'를 쓰세요. 그런데 전화가 바로 연결되지 않아 상대가 기다려야 할 땐, 'Sorry to keep you waiting.(기다리게 해서 죄송합니다.)'을 쓰면 되는데요. 특히, 이 표현은 전화 영어 외에도 약속 장소에서 상대가 나를 1분을 기다리더라도 무조건 써야 하는 기본 에티켓 표현이니 꼭 기억해 두세요.

A **Would it be possible to reschedule?** 일정을 재조정하는 게 가능할까요?

B **Well, the next available date is 3 weeks from today.**
음, 다음 가능한 날짜는 오늘부터 3주 후입니다.

조심스레 무리한 부탁을 할 때는

(Δ) Could you help me?

(o) Is there any way you could help me?

MP3 158

원래는 안 된다는 걸, 힘들다는 걸 분명히 알지만 그래도 어떻게든 방법이 있는지 물어볼 땐 Could you ~?(~해 주실 수 있어요?)로는 부족해요. 이때는 'Is there any way ~?(무리한 부탁인 거 아는데) ~할 수 있는 방법이 있을까요?'를 쓰세요. 예를 들어, 평소 도움을 요청할 땐 Could you help me?(저 좀 도와주실 수 있어요?)로도 충분하지만, 원래는 날 도와주면 안 되거나 힘든 상황인 걸 알지만 그래도 간절히 부탁할 땐 'Is there any way you could help me?(무리한 부탁인 거 아는데) 절 도와주실 수 있는 방법이 어떻게든 없을까요?'를 쓰면 딱입니다.

Is there any way you could squeeze me in?
(**힘든 예약을 잡을 때**) 바쁘신 거 알지만 잠깐이라도 저 좀 일정에 끼워 주시면 안 될까요?
squeeze 사람 in: (몹시 바쁘거나 상황이 여의치 않지만) ~를 위한 짬을 내다

Is there any way you could expedite the process?
무리한 부탁인 거 아는데 더 빨리 처리해 주실 수 있으실까요?
expedite: 더 신속히 처리하다

1 'Is there any way I could + 동사원형 ~?'은 '(힘들다는 거 알지만) 제가 ~할 수 있는 방법이 있을까요?'로 원래는 어렵다는 걸 알지만 그래도 내가 특정 행동을 할 수 있는 방법이 어떻게든 있을지 조심스레 물어볼 때 쓰세요.

Is there any way I could start over?
(힘들다는 거 알지만) 처음부터 다시 시작할 수 있을까요?

Is there any way I could make things better?
(힘들다는 거 알지만) 제가 상황을 더 낫게 만들 수 있는 방법이 있을까요?

이럴 때는 이렇게!

A **Is there any way you could squeeze me in?**
(잡기 힘든 예약을 잡을 때)
바쁘신 거 알지만 잠깐이라도 저 좀 일정에 끼워 주시면 안 될까요?

B **I'm sorry, sir. We're completely booked this Saturday.**
죄송합니다, 손님. 이번 주 토요일엔 일정이 완전히 꽉 찼어요.

A **Is there any way I could start over?**
힘들다는 거 알지만 처음부터 다시 시작할 수 있을까요?

B **Sure. Go ahead.** 그래요. 처음부터 다시 하세요.

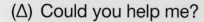

부드럽게 제안할 때는

MP3 159

(Δ) Let's get tacos for lunch.

(o) Why don't we get tacos for lunch?

Let's ~가 Let us의 줄임말로 '~하자'란 의미라면, Why don't we ~?는 '~하는 게 어때?'란 의미로 부드럽게 제안할 때 자주 쓰입니다. 예를 들어, Let's get tacos for lunch.가 '점심에 타코 먹자.'란 의미로 단순히 뭔가를 하자고 주도하는 느낌이라면, Why don't we get tacos for lunch?는 '우리 점심에 타코 먹는 게 어때?'란 의미로 상대에게 특정 행동을 부드럽게 제안하며 의견을 묻는 느낌을 줍니다. 훨씬 더 부드럽고 상대 의견을 배려하는 느낌인 것이죠.

Why don't we wrap it up? 우리 여기서 마무리하는 게 어때요?

Why don't we call it a day? 우리 오늘은 여기까지 하는 게 어때요?

Wrap up은 특정 행동을 마무리하는 걸로 집에 간다는 보장은 없습니다. 예를 들어, 주간 회의에서 상사가 wrap up을 쓰면 회의만 마무리 짓고 다들 일하러 가야 하는 거죠. Call it a day는 오늘 일과는 여기까지 하고 끝내자는 의미로 집에 가자는 뉘앙스로 쓰입니다.

1 상대가 뭔가를 하는 게 어떤지 부드럽게 제안할 땐 'Why don't you ~?(너 ~하는 게 어때?)'를 쓰세요.

Why don't you get some rest?
좀 쉬는 게 어때?

Why don't you join us for dinner?
우리와 같이 저녁 먹는 게 어때?

이럴 때는 이렇게!

Q **Why don't we call it a day?**
우리 오늘은 여기까지 하는 게 어때요?

그러자고 할 때

A **Sounds good. Let's pick this up tomorrow.**
좋아. 내일 이어서 계속하자.

Pick up은 '(중단된 상황으로 돌아가) 계속하다'란 의미로, 회사나 학교에서 오늘은 여기까지 하고 다음에 이어서 하자고 할 때 자주 쓰입니다.

A **Yeah, I'm exhausted. Let's get out of here.**
그래. 정말 피곤하다. 빨리 집에 가자.

아직 할 일이 많이 남았다고 할 때

A **I wish we could, but we still have a lot of work to do.** 그럼 좋을 텐데, 아직 해야 할 일이 많이 남았어.

A **Are you out of your mind? This is like a life-or-death situation for the company.**
너 제정신이야? 지금 회사의 생사가 달린 상황인데.

UNIT 9

진심을 담아 얘기하고 싶을 때는

MP3 160

(Δ) Thank you.

(o) I wanted to say thank you.

진심을 담아 예전부터 꼭 하고 싶었던 말을 할 땐 I wanted to say ~(~라고 예전부터 꼭 말씀드리고 싶었어요)를 붙이세요. 예를 들어, Thank you라고만 하면 작은 고마움을 표현하는 건지 큰 고마움을 표현하는 건지 구분하기가 쉽지 않지만, I wanted to say thank you.(예전부터 감사하다고 꼭 말씀드리고 싶었어요.)를 쓰면 더 진심을 담아 표현하는 느낌을 줍니다. 예전부터 뭔가를 꼭 말해 주고 싶었다고 할 땐 I wanted to say ~를 붙이세요.

I wanted to say thank you for everything.
여러모로 감사하다고 예전부터 꼭 말씀드리고 싶었어요.

I wanted to say thank you for doing this for me.
날 위해 이걸 해 줘서 고맙다고 예전부터 꼭 말해 주고 싶었어.

1 오랜 기간이 아닌 아까부터 말하고 싶었다고 할 때도 쓸 수 있습니다.

I wanted to say sorry about earlier.
아까 일 죄송하다고 꼭 말씀드리고 싶었어요.

I wanted to say sorry for yelling at you.
아까 소리 질러서 미안하다고 꼭 말하고 싶었어.

I wanted to say sorry for taking it out on you.
너에게 화풀이해서 미안하다고 아까부터 꼭 말하고 싶었어.

2 Wanted 대신 현재형 동사 want를 써서 I want to say ~로 시작하면 지금 이 순간 뭔가를 꼭 말해 주고 싶다는 의미로 좀 더 캐주얼하게 쓸 수 있습니다.

I want to say you're the best.
(**고마움을 표현할 때**) 너무 고맙다고 꼭 말하고 싶어.

이럴 때는 이렇게!

A **I just wanted to say thank you for everything.**
그냥 여러모로 감사하다고 예전부터 꼭 말씀드리고 싶었어요.

B **You're very welcome.** 별 것도 아닌걸, 뭐.

A **I want to say thank you for understanding.**
이해해 줘서 고맙다고 꼭 말하고 싶어.

B **Of course.** 당연히 이해해 줘야지.

상대의 실수나 잘못을 조심스레 지적할 때는

(Δ) You're in my seat.

(o) I think you're in my seat.

MP3 161

비행기를 탔는데 실수로 누군가 내 자리에 앉았다고 You're in my seat.(제 자리에 앉아 계시네요.)라고 하면 상대가 실수한 게 100% 맞다고 확정 지어 말하는 거죠. 제 경우에는 이렇게 말해 놓고 알고 보니 제가 착각한 적도 여러 번 있었거든요. 그러니 상대의 실수나 잘못을 조심스레 지적할 땐 앞에 I think(제 생각엔 ~인 것 같아요)를 붙여 주세요. 굳이 상대에게 직설적으로 얘기해야 하는 상황이 아니라면, I think you're in my seat.(제 자리에 앉아 계신 것 같아요.)라고 하는 게 훨씬 더 부드러워요.

I think you're in my seat.
제 자리에 앉아 계신 것 같아요.

I think there's a problem with my laptop.
제 노트북에 문제가 있는 것 같아요.

I think there's a typo. 오타가 있는 것 같아요.
You made a typo.처럼 주어를 'You'로 써서 대놓고 '네가 오타를 냈어.'라고 상대를 비난하는 말투보단 there's a typo처럼 단순히 오타가 있다고 부드럽게 말해 주세요. 우리 모두 실수하며 사는데 굳이 실수한 사람을 꼭 집어 비난할 필요는 없죠. 심지어 누군가의 옷이나 얼굴에 뭔가 묻었을 때도 You로 시작하는 게 틀리진 않지만 'I think there's something on your shirt.(셔츠에 뭐가 묻은 것 같아요.)' 또는 'What's that on your shirt?(셔츠에 그거 뭐야?)' 식으로 돌려 말하는 게 훨씬 더 부드러워요.

1 조심스레 조언을 할 때도 I think(제 생각엔 ~인 것 같아요)를 붙이면 어감이 더 부드러워집니다.

I think you should be more considerate.
난 네가 다른 사람들을 좀 더 배려하는 게 좋겠다고 생각해.

I think we should get back to work.
다시 일하러 가는 게 좋을 것 같아.

I think we should go with option A.
옵션 A를 선택하는 게 좋다고 생각해.

이럴 때는 이렇게!

A **Excuse me. I think you're in my seat.**
(기내나 극장 안에서) 저기요. 제 자리에 앉아 계신 것 같아요.

B **Oh, my bad.** 아, 죄송합니다.

A **Let's go get some coffee.** 커피 마시러 가자.

B **Well, I think we should get back to work.**
저기, 우리 다시 일하러 가는 게 좋을 것 같아.

UNIT 11

부정의 의미는 앞으로 꺼내서

MP3 162

(Δ) I think the wi-fi isn't working.

(o) I don't think the wi-fi is working.

카페에 갔는데 와이파이가 안 된다고 점원에게 가서 The wi-fi doesn't work.(와이파이가 안 돼요.)라고 확정 지어 말하는 건 추천하지 않습니다. 단순히 내가 와이파이 비밀번호를 잘못 입력했을 수도 있고, 내 컴퓨터에 문제가 있을 수도 있으니까요. 앞서 말씀드린 것처럼 앞에 I think를 붙여 말하는 게 훨씬 더 부드러운데요. 네이티브는 부정의 의미를 앞으로 끄집어내는 걸 좋아하기에 I think the wi-fi isn't working.이 틀리지는 않지만 I don't think the wi-fi is working.이 더 자연스러워요.

I don't think the A/C is working.
에어컨이 안 되는 것 같아요.

I don't think the sound is working.
소리가 안 나는 것 같아요.

1 이 외에도 다양한 상황에서 조심스레 얘기할 때 I don't think를 쓸 수 있어요. 예를 들어, 누군가의 말을 믿기 어려울 때 딱 잘라서 That's not true.(그건 사실이 아니에요.)라고 하는 것보단 I don't think that's true.(그건 사실이 아닌 것 같아요.)로 돌려 말하는 게 훨씬 더 부드럽죠.

I don't think we should do this.
우리 이걸 하면 안 될 것 같아.

I don't think this is for me.
이건 내 취향이 아닌 것 같아.

I don't think that's possible.
그건 가능하지 않은 것 같아.

이럴 때는 이렇게!

A **Excuse me. I don't think the wi-fi is working.**
저기요, 와이파이가 안 되는 것 같아요.

B **Oh, really? Let me check.** 아, 정말요? 확인해 볼게요.

A **I don't think we should do this.** 우리 이걸 하면 안 될 것 같아.

B **Why? I think it's a good investment opportunity.**
왜? 좋은 투자 기회인 것 같은데.

상대가 듣고 싶어 하지 않을 말을 해야 할 때는

MP3 163

(Δ) You can't come with us.

(o) With all due respect, you can't come with us.

상대를 비판하거나 상대방 의견에 동의하지 않는다 등의 말을 해야 할 때 그 전에 With all due respect(외람된 말씀이지만, 이런 말씀드려 죄송하지만)를 넣어 주세요. 뒤에 이어 나오는 말을 한다고 상대를 존경하지 않는 게 아닌, 존경심을 한껏 담아 말한다는 뉘앙스로 쓰여요. With all due respect를 쓰는 순간, 뒤에 별로 좋지 않은 말이 나올 거란 걸 알지만, 그래도 좀 더 격식을 차려 예의를 갖춘 느낌을 줍니다. 예를 들어, You can't come with us.(저희와 함께 가실 수 없어요.)라고 하는 것보다 With all due respect, you can't come with us.(이런 말씀드려 죄송하지만 저희와 함께 가실 수 없으세요.)라고 하는 게 안 좋은 얘기를 하면서도 그나마 예의를 차려 말하는 느낌을 줘요.

With all due respect, this isn't fair.
이런 말씀드려 죄송하지만 이건 불공평해요.

With all due respect, it could have been worse.
(**이만한 걸 다행으로 생각하라는 뉘앙스**) 이런 말씀드려 죄송하지만 상황이 더 안 좋았을 수도 있어요.

With all due respect, I got this.
이런 말씀드려 죄송하지만 제가 알아서 잘할게요.

1 좀 더 캐주얼한 일상 회화 버전으로는 다음 표현들이 있습니다. 분명 듣고 싶지 않은 말이 따라 나오지만 그나마 부정적인 뉘앙스를 조금이라도 줄이려는 노력을 보여주는 표현들입니다.

No offense, but your taste is a little feminine for me.
이런 말 해서 미안한데 네 취향이 너무 여리여리해.

I hate to say this, but this is impossible.
이런 말 하고 싶지 않은데 이건 불가능해.

이럴 때는 이렇게!

A **With all due respect, this isn't fair.**
이런 말씀드려 죄송하지만 이건 불공평해요.

B **Why would you say that?** 왜 그렇게 말하는 거야?

A **No offense, but you deserve to get fired.**
이런 말 해서 미안한데, 넌 잘릴 만해.

B **Take that back!** 그 말 취소해!

상대가 상처 주는 말을 했을 때 네이티브가 자주 쓰는 귀여운 표현이 있는데요. 바로 네가 내뱉은 말을 다시 가져가라는 뉘앙스로 하는 Take that back.(그 말 취소해.)입니다.

UNIT 13

상대를 실망스럽게 할 소식을 전할 때는

(Δ) We have no choice.

(o) I'm afraid we have no choice.

MP3 164

'두려워하는'이란 의미로 우리에게 익숙한 afraid는 상대를 실망스럽게 할 만한 소식을 전하기 전에 예의상 덧붙이는 표현으로 자주 쓰여요. 유감스러운 소식을 전하기 전 I'm afraid를 붙이면 '(죄송하지만/아쉽지만) ~할 것 같다/~이다'란 의미로 아쉬운 마음을 담아 정중히 얘기하는 뉘앙스가 돼요. 일상 회화는 물론 서비스업에서 고객에게 자주 쓰이는 표현입니다.

I'm afraid we have no choice.
죄송하지만, 저희에겐 선택의 여지가 없습니다.

I'm afraid we're fully booked.
죄송하지만, 이미 만실입니다.

I'm afraid I can't help you with that.
죄송하지만, 그건 도와드릴 수가 없습니다.

I'm afraid you have to do it on your own.
미안하지만, 그건 네가 혼자 해야 해.
On your own은 남의 도움 없이 혼자서 해야 한다는 의미로, 외로움의 느낌이 강한 alone과는 다릅니다.

1 I'm afraid는 이렇게도 응용돼요. 다음 표현들의 정확한 뉘앙스를 모르면 오역할 수도 있으니 정확히 알아두세요.

I'm afraid not.
(**반대**) 미안하지만 그렇게는 안 돼.

I'm afraid so.
(**동의**) 미안하지만 그래.

이럴 때는 이렇게!

A **Can you help me with my paper?** 보고서 쓰는 것 좀 도와줄 수 있어?
B **I'm afraid you have to do it on your own.**
미안하지만 그건 네가 혼자 해야 해.

A **Can it wait till tomorrow?** 내일 하면 안 돼요?
B **I'm afraid not.** 죄송하지만 그렇게는 안 됩니다.

A **Dad, do you really have to work late on my birthday?**
아빠, 정말 제 생일에 야근하셔야 해요?
B **I'm afraid so.** 아쉽지만 그렇단다.

문장에 확신을 실어 주며 말하고 싶을 때는

MP3 165

(Δ) You can do it.

(o) I know you can do it.

상대가 해낼 수 있을 거라고 힘을 실어 줄 때 You can do it!(넌 할 수 있어!)이라고 하죠. 하지만 I can do it, You can do it.은 평소 너무 자주 쓰이기에 자칫 식상하게 들릴 수도 있어요. 대신 앞에 I know를 붙여서 I know you can do it.(난 네가 할 수 있다는 걸 알아.)이라고 하면 훨씬 더 문장에 확신을 실어 줍니다. 상대가 해낼 수 있다는 걸 난 분명히 안다고 그러니 힘내라는 훨씬 더 의미심장한 느낌을 줘요.

I know you can do it. I believe in you.
난 네가 할 수 있다는 걸 알아. 네 가능성을 믿어.
I believe you.가 상대가 한 말이나 특정 행동을 믿는다는 뉘앙스라면, I believe in you.는 상대의 가능성을 믿는다는 의미입니다.

I know you can handle this.
난 네가 이걸 처리할 수 있다는 걸 알아.

1 상대에게 힘을 실어 줄 때 외에 내 자신이나 제3자의 가능성을 믿을 때도 쓸 수 있습니다.

I know we can fix this. 우리가 이걸 해결할 수 있다는 걸 알아.

I know she can do better than that. She's just not trying hard enough.
난 그녀가 그것보다 더 잘할 수 있다는 걸 알아. 그냥 충분히 열심히 노력하지 않을 뿐이지.

2 상대가 힘나는 격려의 말을 해 줄 땐 이렇게 말하세요. 특히 상사가 응원의 말을 했을 때 쓰기 좋은 표현입니다.

Thank you for the pep talk. 힘나는 응원의 말/격려의 말 고맙습니다.

이럴 때는 이렇게!

A **I hope I can make it.** 내가 해낼 수 있으면 좋겠다.
B **I know you can. No doubt about that.**
네가 해낼 거란 걸 난 알아. 의심의 여지가 없지.

의심의 여지가 없을 만큼 확실할 땐 No doubt about that을 쓰세요. 자신감 넘치게 자신의 의견을 말하는 느낌을 줍니다.

A **Do you think we can do it?** 우리가 할 수 있을 거라 생각해?
B **I know we can.** 우리가 할 수 있다는 걸 난 알아.

UNIT 15

부담 없이/편히 ~하라고 말할 때는

(x) Ask me any questions freely.

(o) Feel free to ask me if you have any questions.

MP3 166

궁금한 게 있으면 부담 없이, 편히 질문하라고 할 땐 Feel free to ask me if you have any questions.라고 하세요. 사실 이 표현은 특히 비즈니스 영어에서 정말 자주 쓰이는데요. 'Feel free to + 동사원형'은 '부담 없이/편히 ~하세요'란 의미로 다양한 상황에서 활용됩니다. 정확한 뉘앙스를 모르면 '자유를 느껴라'라고 오역할 수 있으니 꼭 정확한 의미를 기억해 두세요. 앞에 Please를 넣으면 더 정중하게 쓸 수 있습니다.

Feel free to look around.
편히 둘러 봐.

Please feel free to stop by my office anytime.
언제든 편하게 제 사무실에 들르세요.

Please feel free to stop me at any point if you have questions.
궁금한 게 있으시면 언제든 편히 물어보세요.
특히 프레젠테이션 할 때 궁금한 점이 있으면 언제든 주저하지 말고 물어보라는 뉘앙스로 자주 쓰입니다.

1 비슷한 표현으로 'I'm open to + 명사'가 있는데요. 특히 동료나 부하 직원이 제시하는 걸 열린 마음으로 듣고 받아들일 테니 편히 말하라는 뉘앙스로 자주 쓰입니다. 브레인스토밍 단계에서 많이 활용하니 참고하세요.

I'm open to suggestions.
(**열린 마음으로 제안을 듣고 받아들일 테니**) 제안할 게 있다면 편히 말해 줘.

I'm open to ideas.
아이디어가 있다면 편히 말해 줘.

이럴 때는 이렇게!

A **Feel free to call me if you have any questions.**
궁금한 점이 있으면 내게 편히 전화해.

B **I'll. Thanks for your help.** 그럴게. 도와줘서 고마워.

A **We have to do something.** 뭔가 액션을 취해야 하는데 말이야.

B **I know. I'm open to suggestions.**
그러니까. 제안할 게 있다면 편히 말해 줘.

더 강조해서 I'm open to any and all suggestions.(그 어떤 거라도 뭐든 다 받아들일 테니 제안할 게 있다면 편히 말해 줘.)라고 해도 됩니다.

공손하게 자기 소개를 할 때는

(Δ) Let me introduce myself.

(o) Allow me to introduce myself.

MP3 167

자기 소개를 할 때 바로 자기 이름을 얘기하지 굳이 '제 소개를 드리겠습니다'란 표현을 일상에서 쓰는 상황은 많지 않아요. 그럼, 어차피 격식을 차린 상황에서 써야 하는 표현이라면 아예 더 공손한 Allow me to introduce myself.를 쓰는 게 어떨까요?
네이티브는 격식을 차린 상황에선 'Allow me to + 동사원형'도 자주 쓰는데, 우린 'Let me + 동사원형'만 쓰는 것 같아요. 심지어 디즈니 만화 영화 〈공주와 개구리 왕자〉에서 개구리 왕자가 자신을 소개할 때도 'Allow me to introduce myself.'를 썼을 정도로 네이티브는 어렸을 때부터 자주 듣는 표현입니다.

Allow me to introduce myself.
제 소개를 드리고자 합니다.

Allow me to explain.
설명해 드리고자 합니다.

1 특히 상사나 연장자에게 도움을 줄 때 '(Please) allow me to + 동사원형'이 자주 쓰입니다. 도움을 드릴 수 있도록 허락해 달라는 뉘앙스로, 상대가 도움을 받는 것에 최대한 불편해하지 않도록 조심스레 제안하는 거죠.

(Please) allow me to assist you.
제가 도와드릴게요.

(Please) allow me to introduce John Moore.
(**공식 석상에서 제3자를 소개할 때**) John Moore 씨를 소개해 드리고자 합니다.

이럴 때는 이렇게!

A **Allow me to introduce myself. My name is Leslie Anderson.**
제 소개를 드리겠습니다. 제 이름은 Leslie Anderson입니다.

B **It's a pleasure to make your acquaintance, Ms. Anderson.**
Anderson 씨, 만나서 반갑습니다.

A **Allow me to offer you a ride home.** 집까지 모셔다 드릴게요.

B **Are you sure? I don't want to impose.** 정말요? 폐 끼치고 싶지 않은데.

상대의 제안을 예의상 한번 튕길 때 Are you sure?(정말? 그래도 돼?)를 가장 많이 쓰긴 하지만, 응용해서 Are you sure it's not an imposition?(진짜 부담되는 건 아니고?)이라고 해도 됩니다.

A **Oh, no imposition at all!** 아, 전혀 그런 거 아니니 걱정하지 마세요.

UNIT 17

정도를 말로 표현하기 어려울 때는

(x) I can't explain how sorry I am with words.

(o) Words can't express how sorry I am.

MP3 168

때론 상대에게 극도로 미안하거나 고마워서 차마 정도를 말로 표현하기 어려울 때가 있죠. 그땐 강조해서 'Words can't express ~(~를 말로 다 표현할 수 없어요)'를 쓰세요. 예를 들어, 정말 미안할 땐 Words can't express how sorry I am.(얼마나 죄송한지 말로 다 표현할 수 없어요.)을 쓰면 단순히 I am sorry를 쓰는 것보다 진짜 미안해하고 있다는 게 더 확 느껴져요.

Words can't express how grateful I am.
얼마나 감사한지 말로 다 표현할 수 없어요.
I am grateful beyond words.(말로 표현할 수 없을 만큼 고마워.)를 써도 됩니다.

Words can't express what this means to me.
이게 제게 얼마나 의미 있는지 말로 다 표현할 수 없어요.

1 뒤에 단순히 명사만 써도 됩니다.

Words can't express my gratitude.
제 감사함을 말로 표현할 수 없어요.

Words can't express our grief.
저희의 슬픔을 말로 표현할 수가 없네요.

2 강조해서 Words can't possibly express ~(~를 도저히 말로 다 표현할 수 없어요)라고 해도 됩니다. Can't 뒤에 possibly가 쓰이면 '도저히, 도무지'라고 해석되니 참고하세요.

Words can't possibly express how thoughtful you've been.
얼마나 배려해 주셨는지 도저히 말로 다 표현할 수 없네요.

Words can't possibly express how much I hate this place.
여기가 얼마나 싫고 짜증나는지 도저히 말로 다 표현할 수가 없어.

이럴 때는 이렇게!

A **Words can't express how sorry I am.**
얼마나 죄송한지 말로 다 표현할 수 없어요.

B **It's okay. Everyone makes mistakes.** 괜찮아. 누구나 다 실수하잖아.

A **Words can't possibly express my gratitude.**
제 감사함을 도저히 말로 표현할 수 없어요.

B **Well, friends are supposed to help each other.**
뭐, 원래 친구라면 다 돕고 그런 거잖아.

'아무리 ~해도 부족하다'고 강조하고 싶을 때는

MP3 169

(x) This is very very important.

(o) I can't stress this enough.

네이티브는 감정도 풍부하게 표현하고 바디 랭귀지도 크게 강조해서 얘기하는 걸 좋아합니다. 하지만 우리는 강조하는 표현을 생각하면 very, so, really 이 삼총사만 쓰게 되는 것 같아요. 뭔가의 중요성을 강조하고 싶을 땐 'This is very very important.'라고 하지 말고 'I can't stress this enough.(이 점을 아무리 강조해도 부족해요.)'라고 하세요. Stress에는 '강조하다'란 의미가 있는데요. 뭔가 너무 중요해서 아무리 강조해도 충분하지 않다는 뉘앙스로, 학교는 물론 회사에서도 중요성을 강조할 때 자주 쓰는 표현입니다. 'I can't 동사 enough'를 잘 활용하면 보다 풍부한 감정 표현이 가능합니다.

I can't emphasize this enough.
(**정말 중요해서**) 이 점을 아무리 강조해도 부족해요.

I can't stress enough the importance of exercise.
(**정말 중요해서**) 운동의 중요성을 아무리 강조해도 부족해요.

1 'I can't 동사 enough'는 일상 회화에서도 자주 쓰여요.

I can't thank you enough.
(**너무 고마워서**) 아무리 감사함을 표현해도 부족해요.

I can't apologize enough.
(**너무 죄송해서**) 아무리 사과드려도 부족해요.

I can't speak highly enough of her.
(**너무 훌륭해서**) 그녀에 대해 아무리 좋은 말을 해도 부족해요.

I can't get enough of it.
(**너무 좋아서 아무리 해도 충분하지 않다는 뉘앙스**) 아무리 먹어도/해도 질리지 않아.

이럴 때는 이렇게!

A **I can't stress enough the importance of eating healthy.**
(정말 중요해서) 건강한 식습관이 중요하다는 걸 아무리 강조해도 부족해요.

B **I couldn't agree with you more.** 정말 그래요.

I couldn't agree with you more.는 상대의 말에 이보다 더 동의할 수 없다는 뉘앙스로 전적으로 동의한다는 의미입니다.

A **I can't thank you enough for coming.**
(너무 고마워서) 와 주신 것에 아무리 감사함을 표현해도 부족하네요.

B **Oh, we had a lovely time. Thank you for organizing everything.**
아이고, 저희도 정말 즐거웠는걸요. 여러모로 준비하느라 수고 많으셨어요.

UNIT 19

예정되어 있는 가까운 계획이지만 변동의 여지가 있을 때는

(x) I am going to meet my friends.

(o) I am supposed to meet my friends.

MP3 170

이 'be supposed to + 동사원형'은 예정된 가까운 계획이지만, 변동의 여지가 있을 때 정말 유용하게 쓸 수 있어요. 예를 들어, 엄마가 제게 주말에 뭐 할 건지 물어보면 전 I am supposed to meet my friends.(친구들 만나기로 했어요.)라고 말씀 드릴 거예요. 변동의 여지를 남겨 두지 않는 I am going to meet my friends.(친구들 만날 거예요.)와 달리 be supposed to를 쓰면 친구를 만나기로 했지만, 엄마가 제 도움이 필요하시다면 일정을 조정할 수도 있다는 변동의 여지를 남겨 두면서 더 부드럽고 예쁘게 답변할 수 있죠. 이 be supposed to는 '원래 ~하기로 되어 있고, 원래 ~하기로 했어'라는 의미로, '원래'라는 뉘앙스가 담겨 있다는 걸 꼭 기억해 주세요. 즉, 특정 행동을 하기로 했기에 실천해야 할 의무감은 들지만 꼭 지켜진다는 보장은 없어요.

I am supposed to hang out with Ben after work.
(**원래**) Ben이랑 퇴근 후에 놀기로 했어. (**하지만 변동의 여지가 있음**)

It's supposed to rain today.
(**원래**) 오늘 비 온다고 하더라. (**하지만 100% 비가 올 거라는 보장은 없음**)

You're not supposed to smoke in here.
(**원래**) 여기서 흡연하시면 안 돼요.

1 반면 be going to는 내가 실천하고 싶다는 의지가 있고 실제 일어날 가능성이 높을 때 씁니다.

I am going to hang out with Ben after work.
Ben이랑 퇴근 후에 놀 거야.

I am going to go prep for the meeting tomorrow.
가서 내일 있을 회의 준비할 거야.
Prep은 prepare의 구어체로 뭔가를 준비하거나 대비할 때 자주 쓰입니다.

이럴 때는 이렇게!

A **Do you have any plans after work?** 퇴근 후 약속 있어?
B **Well, I am supposed to hang out with Ben after work, but I am tired.** (원래) Ben이랑 퇴근 후에 놀기로 했는데 피곤하네.

A **You're not supposed to smoke in here.** (원래) 여기서 흡연하시면 안 돼요.
B **Oh, I'm sorry. I didn't know that.** 아, 죄송합니다. 몰랐어요.

개인적인 생각을 바탕으로 조언 및 충고를 할 때는

(x) You call her and apologize.

(o) You should call her and apologize.

MP3 171

Should를 '~해야 한다'란 센 어감으로 생각하면 평소 쉽게 쓰기 어려워요. 그리고 should는 사실 정말 부드러운 어감입니다. 네이티브는 개인적인 생각을 바탕으로 상대에게 조언이나 충고를 할 때 'You should ~(~해야 해/ ~해 봐)'를 자주 쓰거든요. 예를 들어, 'You should call her and apologize.'라고 하면 강한 어감이 아니라, '그녀에게 전화해서 사과해야 해.'란 식의 부드러운 조언조예요. 오히려 이 문장에서 should를 빼면 전화해서 사과하지 않으면 혼날 것만 같은 정말 강한 명령조가 됩니다.

You should check out that restaurant.
(**부드럽게 추천**) 그 레스토랑 한번 알아봐.

You should give it a shot.
(**그렇게 하는 게 좋을 것 같다는 뉘앙스**) 한번 시도해 봐/도전해 봐.

Give it a shot은 give it a try와 같은 의미로 한번 시도해 보거나 도전해 본다는 의미입니다. 큰 도전에도 쓸 수 있지만, 평소 커피만 마시는 친구에게 녹차를 마셔 보라든지 일상 생활에서 소소한 새로운 시도에도 쓸 수 있습니다.

1 좀 더 부드럽게 조언 및 충고를 하고 싶다면 I think you should ~를 쓰세요.

I think you should call her and apologize.
난 네가 그녀에게 전화해서 사과해야 한다고 생각해.

I think you should listen to your mother.
난 네가 어머님 말씀을 들어야 한다고 생각해.

I think you should get some rest.
난 네가 좀 쉬어야 한다고 생각해.

이럴 때는 이렇게!

A **You should give it a shot.** 한번 도전해 봐.
B **I'll. It's better late than never.**
그럴게. 늦더라도 아예 안 하는 것보단 나으니깐.

A **What do you think I should do?** 내가 어떻게 해야 한다고 생각해?
B **I think you should call her and apologize before it's too late. If not, you might regret it later.**
너무 늦기 전에 그녀에게 전화해서 사과해야 한다고 생각해. 안 그러면 나중에 후회할지도 몰라.

UNIT 21

약점이나 단점을 부드럽게 완화시키면서 말할 때는

MP3 172

(x) She is blunt.

(o) She tends to be blunt.

Blunt는 상대방의 감정을 별로 생각하지 않고 마음에 있는 걸 그대로 표현하는 직설적이고 무딘 사람에게 쓰는 표현이에요. 사실 제가 맨 처음 미국에 갔을 때 예쁘게 돌려 말하는 법을 몰라서 하고 싶은 말만 툭툭 내뱉다 보니 친구들이 종종 제게 쓴 표현이랍니다. 그래서 She is blunt.(그녀는 직설적이야.)는 그녀가 늘 직설적인 사람이란 의미가 돼요. 하지만 제 친구들은 저를 제3자에게 말할 때 She tends to be blunt.(그녀는 직설적인 경향이 있어.)라고 표현했는데요. 그녀가 직설적일 때도 있고 아닐 때도 있다는 의미로, 부정적인 면을 좀 더 완화시켜 말한 거죠. 이처럼 tend to 또는 have a tendency to를 쓰면 '~하는 경향이 있다'는 의미로, 약점이나 단점을 부드럽게 완화시켜 표현하게 해 줍니다. 일상 회화에서는 have a tendency to보다 tend to가 더 많이 쓰이고요, 약점이나 단점뿐 아니라 정도를 완화시켜 말하고 싶을 때도 쓸 수 있습니다.

My parents tend to be conservative.
저희 부모님은 보수적인 경향이 있어요.

She tends to be a perfectionist.
그녀는 완벽주의자처럼 구는 경향이 있어요.

I tend to be a bit of a workaholic.
제가 조금 워커홀릭처럼 구는 경향이 있어요.

1 Tend to는 정도를 완화시켜 단점 등을 부드럽게 말할 때 빛을 발하지만, 긍정적인 면에도 쓸 수 있어요.

I tend to be positive.
전 긍정적인 경향이 있어요.

He tends to be a planner.
그는 계획적인 경향이 있어요.

이럴 때는 이렇게!

A **I tend to be blunt.**
제가 직설적인 경향이 있어요.

B **Well, it can be good and bad.** 음, 그건 좋을 수도 있고 나쁠 수도 있어.

A **She tends to be positive.** 그녀는 긍정적인 경향이 있어.

B **Yes, I like that about her. I like her can-do attitude.**
응, 난 그녀의 그런 점이 좋아. 뭐든지 할 수 있다는 태도가 마음에 들더라고.

Can-do attitude는 뭐든 할 수 있다는 긍정적인 태도를 의미합니다.

요청 및 부탁을 하면서 어감이 확 달라지게 할 때는

MP3 173

(x) Can you do this?

(o) Can you do this for me?

네이티브가 특히 지인에게 요청이나 부탁을 할 때 for me(날 위해서/ 날 봐서라도)를 자주 붙이는데요. 정말 간단한 표현인데도 for me만 붙이면 어감이 확 달라져요. 예를 들어, Can you do this?(이걸 해 줄 수 있어?)보다 Can you do this for me?(날 위해/ 날 봐서라도 이걸 해 줄 수 있어?)가 훨씬 더 꼭 해 줬으면 하는 간절함이 묻어나죠. 물론 처음 만난 사람에게 쓰면 어색할 수 있기에 지인에게 힘든 부탁을 할 때 써 주세요.

Could you do something for me?
(**날 위해**) 뭐 좀 해 줄 수 있어?

Could you do that for me?
(**날 위해**) 그것 좀 해 줄 수 있어?

1 꼭 큰 요청이나 부탁이 아니라 일상에서의 작은 부탁에서도 쓸 수 있습니다.

Could you hold this for me for a second?
(**날 위해**) 이것 좀 잠시 들고 있어 줄 수 있어?

Could you write that down for me?
(**날 위해**) 그것 좀 적어 줄 수 있어?
특히 잊기 쉽거나 헷갈리는 내용을 종이에 적어 달라고 부탁할 때 자주 쓰이는 표현입니다.

Could you get Ian for me?
(**날 위해**) Ian 좀 불러 줄 수 있어?

이럴 때는 이렇게!

A **Could you do something for me?** (날 위해) 뭐 좀 해 줄 수 있어?
B **Well, it depends. What is it?** 음, 뭐냐에 따라 다르지. 뭔데 그래?

A **I know it's a big favor to ask, but could you do that for me just once?** 큰 부탁인 거 아는데, (날 위해) 딱 한 번만 그것 좀 해 줄 수 있어?
B **Okay. You owe me one.** 알겠어. 나한테 신세 진 거야.

You owe me one.은 상대의 부탁을 들어주며 능청스레 '나한테 빚 진 거야/ 신세 진 거야.'란 농담으로 자주 쓰입니다.

UNIT 23

바쁘다는 표현을 상대가 무안하지 않게 할 때는

MP3 174

(x) I am busy.

(o) I am busy at the moment.

여러분이 제게 질문을 하셨는데 제가 아무리 바쁘다고 해도 I'm busy.(저 바빠요.)라고 딱 잘라 말하면 속상하시겠죠. 바쁘다는 말을 할 땐 도움을 요청하거나 말을 건 상대가 무안하지 않도록 뒤에 at the moment(지금 이 순간)를 넣어 주세요. I'm busy at the moment.(지금은 좀 바빠서요.)라고 하면, 지금 당장은 바쁘지만 나중에 조금 한가해지면 도움을 줄 거라는 뉘앙스로 부드럽게 말할 수 있습니다. 바쁘다는 의미로 busy, tied up, unavailable 등 다양한 표현이 있지만, 다 뒤에 at the moment를 붙여야 좀 더 부드러운 어감을 줍니다.

I'm busy at the moment.
제가 지금은 좀 바빠서요.

I'm tied up at the moment.
(**두 손이 다른 일에 묶여 있어 추가로 일을 떠맡기 어렵다는 뉘앙스**) 제가 지금은 좀 바빠서요.

1 이 표현은 제3자가 현재 바쁘거나 자리에 없어 지금 당장 도움 주기 어려운 상황에도 응용해 쓸 수 있습니다.

He's busy at the moment. Is there anything I can help you with?
그분 지금 좀 바쁘세요. 제가 도와드릴 수 있는 게 있을까요?

He's in a meeting at the moment. Would you like to leave a message?
그분 지금 미팅 중이세요. 메시지 남기실래요?

She's unavailable at the moment.
지금은 그분과 통화가 어려우세요.

She's not in the office at the moment. She'll be back in an hour.
그분 지금 사무실에 안 계세요. 한 시간 후에 돌아오실 거예요.

이럴 때는 이렇게!

A Could you help me with something? 뭐 좀 도와줄 수 있어?
B Well, I'm tied up at the moment. Why don't you ask Katie?
저기, 내가 지금은 좀 바빠서 말이야. Katie에게 부탁하는 건 어때?

A Can I speak to Diane, please? Diane과 통화할 수 있을까요?
B She's in a meeting at the moment. Would you like to leave a message? 지금 미팅 중이어서요. 메시지 남기시겠어요?
A I'll just call back in a few hours. Thanks.
몇 시간 있다 다시 전화할게요. 감사합니다.

잠시 대화 좀 하자고 할 때는

(Δ) Can I talk to you?

(o) Can I talk to you for a second?

MP3 175

'우리 얘기 좀 할까?'란 말은 지인이 쓰든 상사가 쓰든 은근 사람 긴장하게 만들지 않나요? 뭔가 심각한 얘기를 할 것 같고 내가 실수한 게 있나 생각하게 되고요. 정말 심각한 주제를 얘기하는 게 아닌 이상 잠시 대화 좀 하자고 할 땐 뒤에 for a second(잠시 동안)를 붙여 Can I talk to you for a second?(잠시 대화 좀 할 수 있을까?)를 써 주세요. 정말 1초가 걸릴 만큼 짧은 시간 동안 할 얘기가 있다는 뉘앙스로 듣는 이의 부담을 줄여줍니다.

Can I talk to you for a second?
잠시 대화 좀 할 수 있을까?

Can I see you for a second?
잠시 나 좀 볼 수 있을까?

Can I sit down for a second?
(대화를 하기 위해 앉아도 되는지 물어보며) 잠시 앉아도 될까?

1 좀 더 긴 대화라면 뒤에 for a minute(잠시 동안)을 붙여 주세요. For a second보단 오래 걸린다는 걸 암시하더라도 아예 아무것도 안 붙이는 것보단 상대를 덜 긴장하게 만듭니다. 정말 몇 분 안 걸리는 비교적 심각하지 않은 내용의 대화일 수도 있으니깐요.

Can I talk to you for a minute?
잠시 대화 좀 할 수 있을까?

Can I see you for a minute?
잠시 나 좀 볼 수 있을까?

Can I sit down for a minute?
(대화를 하기 위해 앉아도 되는지 물어보며) 잠시 앉아도 될까?

이럴 때는 이렇게!

A **Claire, can I see you for a second?** Claire, 잠시 나 좀 볼 수 있을까?
B **Sure. Did I do something wrong?** 네. 제가 뭐 잘못한 거 있나요?
미국인들은 특히 상사가 잠시 나 좀 보자고 할 때 농담 반 진담 반으로 Did I do something wrong? 또는 Am I in trouble?이라고 하며 내가 잘못한 게 있는지 물어봅니다. 상사가 잠시 나 좀 보자고 하는 건 미국인들에게도 긴장되는 일이니까요.

A **Can I sit down for a minute?**
(대화를 하기 위해 앉아도 되는지 물어보며) 잠시 앉아도 될까?
B **Sure. What's up?** 그럼. 무슨 일이야?

UNIT 25

초면이 아니라 구면일 때는

(x) Nice to meet you again.

(o) Nice to see you again.

MP3 176

초면이든 구면이든 상관없이 무조건 Nice to meet you.(만나서 반갑습니다.)를 쓰면 안 돼요.
Nice to meet you.는 처음 만났을 때 딱 한 번만 쓸 수 있는 일회용 문장이거든요.
게다가 처음 만났을 때만 쓸 수 있기에 절대 뒤에 again(또, 다시)이 올 수 없어요.
구면일 땐 Nice to see you again.(다시 봐서 반가워.)을 쓰세요.
뒤에 again을 생략해도 괜찮아요.

(It's) nice to meet you. = (I'm) glad to meet you. = (It's a) pleasure to meet you.
만나서 반갑습니다.

It's a pleasure to make your acquaintance.
(**격식을 차린 상황에서**) 만나서 반갑습니다.

It's nice to finally meet you in person. 드디어 이렇게 직접 만나 뵈니 정말 반가운걸요.

1 구면에 만나서 반갑다고 인사할 땐 see를 쓰세요.

(It's) nice to see you. = (I'm) glad to see you. = (It's a) pleasure to see you.
반갑습니다.
뒤에 again을 붙인 'Good to see you again.'은 '다시 봐서 반가워.'

2 헤어질 땐 이렇게 쓰세요. Bye 못지않게 자주 쓰이는 인사말입니다.

(It was) nice meeting you.
(**초면일 땐**) 만나서 반가웠어요.

(It was) nice seeing you.
(**구면일 땐**) 다시 봐서 반가웠어요.

이럴 때는 이렇게!

A **Nice to meet you.** 만나서 반갑습니다.
B **Nice to meet you, too.** 저도 만나서 반가워요.

A **I've gotta run, but it was nice seeing you, Erin.**
나 빨리 가 봐야 하는데 그래도 만나서 반가웠어, Erin.

B **It was nice seeing you, too. Let's get together sometime.**
나도 만나서 반가웠어. 언제 한번 같이 만나자.

I've gotta run.은 I have got to run.의 줄임말로 '빨리, 서둘러 가 봐야 한다'는 뜻입니다.
Go를 쓰는 것보다 더 바삐 가는 느낌을 줍니다.

급한 일 때문에 대화 중에 끼어들 때는

(Δ) (바로 용건 언급) Someone's here to see you.

MP3 177

(o) Sorry to interrupt, but someone's here to see you.

중요한 손님이 찾아오거나 급한 일이 생겼다는 걸 알려 주기 위해 대화 중 끼어들어야 할 땐 바로 용건만 말하지 마세요. 아무리 급한 일이더라도 상대가 누군가와 대화 중인데 다짜고짜 끼어들면 무례하다고 생각할 수 있으니까요. 대신 Sorry to interrupt(방해해서/끼어들어 죄송해요)로 문장을 시작하세요. 예를 들어, 중요한 손님이 찾아와 다른 사람과 대화 중인 상대가 지금 급히 나가 봐야 할 땐 Sorry to interrupt, but someone's here to see you.(대화 중 끼어들어 죄송한데 손님 오셨어요.)라고 살짝 언급하세요. 훨씬 더 대화하는 상대를 배려하는 것처럼 느껴집니다.

Sorry to interrupt, but you have a visitor.
대화 중 끼어들어 죄송한데 손님 오셨어요.

Sorry to interrupt, but there's an urgent phone call for you.
대화 중 방해해서 죄송한데 급한 전화가 왔어요.

1 이 외에 상대가 뭔가에 집중하고 있는데 말을 걸어야 할 때도 Sorry to interrupt(방해해서 죄송해요)를 쓰세요.

Sorry to interrupt, but can I ask you a quick question?
방해해서 미안한데 간단한 질문 하나 해도 될까?

Sorry to interrupt, but I think we have a situation here.
방해해서 미안한데 지금 우리에게 문제가 생긴 것 같아.

Have a situation은 안 좋은 상황이나 문제가 있을 때 자주 씁니다. 예를 들어, I have a situation here.라고 하면 지금 내게 문제가 좀 생겼다는 의미가 돼요.

이럴 때는 이렇게!

A **Sorry to interrupt, but someone's here to see you.**
대화 중 끼어들어 죄송한데 손님 오셨어요.

B **Oh, thank you for letting me know.** 아, 말해 줘서 고마워.

A **Sorry to interrupt, but can I ask you a quick question?**
방해해서 미안한데 간단한 질문 하나 해도 될까?

B **Sure. Go ahead.** 그래, 말해 봐.

구슬쌤이 추천하는 미드 영어 학습법

초등학교 때부터 각종 영어 말하기 대회에서 수상한 화려한 경력을 자랑하며 전 자만심에 차서 미국에 갔지만, 결국 친구 한 명 못 사귀고 학교 수업이 끝나면 집에 와서 하루 종일 만화영화만 봤어요. 무슨 내용인지 잘 들리진 않았지만 할 게 없으니 장면과 중간중간 나오는 아는 단어들을 바탕으로 내용을 유추하며 봤는데요. 어느 정도 시간이 지나니 반복되어 나오는 표현들이 하나 둘 들리기 시작하더라고요. 제가 자막 없이 하루 종일 만화영화만 볼 수 있었던 건 정말 그거 말고는 할 게 없었기 때문이에요. 한글 자막 옵션도 없었고요. 하지만 여건상 이렇게 할 수 있는 분은 많지 않을 거예요. 그런 분들께 제가 한국에서 영어 공부를 할 때 가장 현실적인 미드 공부법을 알려드릴게요.

일단 자료가 가장 중요한데 다른 사람이 추천하는 미드나 영화를 선택하지 말고 여러분이 흥미를 느끼는 영상을 선택하세요. 아무리 공부하기 좋은 영상도 내가 흥미를 못 느끼면 좋은 자료가 아닙니다. 아, 좀비나 마약이 나오는 미드가 재미있긴 하지만, 현실적으로 그런 상황을 접하긴 어렵잖아요. 재미있으면서 현실적으로 접할 만한 상황이 많이 나오는 영상을 선택하세요. 다음은 제가 추천하는 미드 공부법입니다.

1 일단 한글 자막을 켜고 영상을 봅니다.

일단 선택한 미드나 영화를 짧으면 며칠, 길면 몇 개월 동안 매달려야 하는데 전반적인 내용 파악이 안 되면 흥미조차 가질 수 없어요. 마음 편히 한글 자막을 켜고 보면서 현실적으로 내가 일상에서 접할 만한 장면이 나온 부분을 표시해 주세요. 예를 들어, 비즈니스 영어를 공부하고 싶은 분들은 회의 영어가 나온 부분을, 일상 회화를 공부하고 싶은 분들은 레스토랑 장면이 나온 부분 등을 체크해 놓는 거죠. 참고로 30초짜리 영상도 제대로 공부하다 보면 2시간이 걸릴 수 있으니 전체 영상에서 체크해 놓은 부분이 1분밖에 안 돼도 괜찮아요.

2 체크해 놓은 부분의 영어 스크립트를 인쇄하세요.

구글에 'Script for (미드/영화 이름)'을 검색하면 대부분 쉽게 얻을 수 있습니다.

3 영어 스크립트를 보면서 문장 단위로 끊어서 재생하며 체크해 놓은 영상을 들어봅니다.

모르는 단어나 표현이 있다면 찾아보며 정리해 주세요. 특히 반복되어 나오는 표현이 있다면 그만큼 네이티브가 자주 쓴다는 의미겠죠. 어차피 네이티브가 일상에서 자주 쓰는 표현들은 한정되어 있으니 반복되어 나오는 표현들은 꼭 정확히 익혀 두세요.

4 자막을 끄고 문장 단위로 들어봅니다.

가능하면 이때 'shadowing(따라 읽기)'을 해도 돼요. 참고로 전치사, be동사, 조동사는 잘 안 들리는 게 정상입니다. 네이티브는 의미 단어를 크게 읽고 나머지는 상대적으로 작게 읽으니 의미 단어가 아닌 들러리 표현들을 들으려 자신을 지치게 만들지 마세요.

5 자막을 끄고 체크해 놓은 부분을 전체적으로 들어봅니다.

가끔 영화 하나, 미드 하나를 선택해 '씹어 먹을 정도'로 공부한다는 분들도 계신데, 솔직히 그럴 필요 없어요. 특정 표현이 정말 중요한 표현이었다면 다음 에피소드, 다음 영화에 분명히 또 나올 거예요. 그러니 어느 정도 공부했으면 과감히 다음 영상으로 넘어가세요. 지치지 않고 최대한 재미있게 공부하는 게 가장 중요하니까요.

미국에 가지 않고 네이티브의 삶을 가장 잘 엿볼 수 있는 게 결국 미드나 영화 같은 영상이기에 미드로 영어를 공부하는 건 분명 좋은 방법입니다. 내 자신이 흥미를 느끼는 자료, 내가 필요한 내용, 이렇게 모든 걸 내 중심으로 내 속도에 맞춰 나가다 보면 지치지 않고 꾸준히 재미있게 할 수 있을 거예요. '정답'이 아니더라도 영어 공부를 재미있게 접근할 수 있는 게 가장 효과적인 영어 공부법이겠죠.

PART 3

쓸수록 빛나는
매너 표현과
반전 표현

CHAPTER 1

이보다 더 매너 있기 힘든 영어 표현

UNIT 1

손님에게 음식을 대접하며 많이 먹으라고 할 때는

(x) Please eat a lot.

(o) Please help yourself.

MP3 178

우리도 손님에게 음식을 대접하며 '많이 드세요'란 말을 하는 것처럼 네이티브도 똑같아요. 전형적인 미국식 가정 식사는 테이블 중앙에 여러 요리를 세팅해 놓고 각자 접시에 먹고 싶은 양만큼 덜어 먹는 건데요. 그때 눈치 보지 말고 많이 덜어 먹으라는 Please help yourself.를 자주 씁니다. 이 표현은 손님에게 음식을 대접할 때 외에도 회사나 세미나에서 다과를 눈치 보지 말고 양껏 먹으라고 할 때, 또는 무료로 비치된 제품을 원하는 만큼 가져가라고 할 때도 자주 쓰여요. Help yourself의 정확한 뉘앙스는 to take something without permission(허락 받지 않고 가져가는 것)으로, 누군가 임의로 나눠 주는 게 아닌, 원하는 만큼 스스로 가져갈 때 쓸 수 있습니다. 격식을 차린 상황이라면 Please help yourself.를 쓰세요.

Help yourself to anything in the fridge.
(**집에 놀러 온 친구에게**) 냉장고에 있는 거 아무거나 편히 꺼내 먹어.

Please help yourself.
(**집에 온 손님에게 음식을 대접하며**) 많이 드세요.

Please help yourself to some refreshments.
(**회사나 세미나에서**) 다과가 있으니 편히 가져다 드세요.

Thank you for coming. Please help yourself to cookies and coffee on your way out.
(**행사에서**) 와 주셔서 감사합니다. 나가시는 길에 쿠키와 커피가 있으니 편히 가져가세요.

Please help yourself to some postcards.
(**행사에서**) 엽서가 있으니 편히 가져가세요.

추가 연관 표현으로 눈치 보거나 부끄러워하지 말고 편히 가져가라고 할 때 Don't be shy.도 자주 써요. 특히 장난스레 타이르는 느낌으로 쓰는 표현입니다.

이럴 때는 이렇게!

A **Help yourself to anything in the fridge.**
냉장고에 있는 거 아무거나 편히 꺼내 먹어.

B **I will. Thank you.** 그럴게. 고마워.

A **Please help yourself to some refreshments.**
다과가 있으니 편히 가져다 드세요.

B **Thank you.** 감사합니다.

자동차 뒷좌석에 다른 사람이 탔을 때는

(x) 아무 말 안하고 그냥 출발.

(o) Is there enough room?

MP3 179

조수석 혹은 운전석에 앉아 있는데, 바로 뒤의 좌석에 다른 사람이 타면 '자리 괜찮으세요?' 라고 예의상 물어보죠. 내 뒤에 앉은 사람이 불편하면 내 의자를 앞으로 당기며 조절할 수 있으니까요. 이걸 영어로는 Is there enough room?(공간 충분하세요?)이라고 합니다. 누군가 내 뒤의 좌석에 타면 뒤를 쳐다보며 당연히 물어봐야 하는 기본 에티켓 표현이니 꼭 기억해 주세요. 여기에서 room은 방이 아닌 '(여유) 공간'이란 의미입니다.

Is there enough room?
(**뒷좌석에 탄 사람에게 여유 공간이 충분한지 물어보며**) 자리 괜찮으세요?

Is there enough room for everything?
(**차에 물건을 실으며 여유 공간이 충분히 되는지 물을 때**) 다 들어갈 자리 있어?

Is there room for one more?
한 명 더 탈 자리 있어?

1 이 외에도 '(여유) 공간'의 room은 이렇게도 쓸 수 있어요.

Save room for dessert.
디저트 먹을 배 남겨 놔.

Hope you saved room for dessert.
(**식사 후 디저트를 서빙하며**) 디저트 먹을 배는 남겨 놨길 바라.

우리는 후식으로 과일을 자주 깎아 먹는데 미국인들은 주로 파이나 아이스크림을 후식으로 먹습니다. 참고로, 미국인들은 사과나 배 같은 과일을 먹을 때 우리처럼 예쁘게 깎아 먹지 않고 영화나 미드에서 본 것처럼 통째로 들고 한 입씩 베어 먹습니다. 그게 익숙한 전 지금도 그렇게 사과는 통째로 들고 우적우적 먹는 게 더 맛있더라고요.

I always have room for your pie.
(**상대의 파이가 정말 맛있다는 뉘앙스**) 네가 만든 파이 먹을 배야 언제나 있지.

이럴 때는 이렇게!

A **Is there enough room?**
(뒤의 좌석에 탄 사람에게 여유 공간이 충분한지 물어보며) 자리 괜찮으세요?

B **Yeap! There's plenty of room.** 네, 넉넉해요.

A **Save room for pie.** 파이 먹을 배 남겨 놔.

B **But I'm already getting full. I'll have some later.**
그런데 벌써 배부른데. 난 이따 먹을게.

UNIT 3

집에 지인이 놀러 와서 편히 쉬라고 할 때는

(x) 아무 말도 안 함.

(o) Make yourself at home.

MP3 180

우리도 집에 지인이 놀러 오면 '편히 계세요'라고 하는 것처럼 미국인들도 똑같아요. 집에 지인이 놀러 왔을 땐 Make yourself at home.(네 집처럼 편히 있어.)을 쓰세요. 마치 네 집에 온 것처럼 편히 있으라는 뉘앙스로, 놀러 온 지인을 편안하게 해주는 좋은 문장입니다. 우리가 말할 때 외래어를 종종 섞어 쓰는 것처럼 미국인들도 스페인어와 프랑스어를 일상 회화에서 종종 쓰는데요. Make yourself at home.은 스페인어로 Mi casa es su casa (= My house is your house) 즉, '내 집이 네 집이니 네 집처럼 편히 있어'라고도 씁니다. 자주 쓰이니까 꼭 알아두세요.

Please make yourself at home.
(**격식을 차려**) 편히 계세요.

Mi casa es su casa.
네 집처럼 편히 있어.

1 내 사무실에 놀러 온 지인에게는 이렇게 쓰세요.

Go ahead and have a seat. Make yourself comfortable.
앉아서 편히 있어.

Feel free to have some snacks and make yourself comfortable. I'll be right back.
간식도 먹고 편히 있어. (**잠시 자리를 비워야 할 때**) 잠깐 갔다 올게.

2 또 신경 쓰거나 눈치 보지 말고 내 물건을 편히 쓰라고 할 땐 이렇게 쓰세요.

What's mine is yours. 내게 네 거지. 눈치 보지 말고 편히 써.

이럴 때는 이렇게!

A **Thank you for having us.** 초대해 주셔서 감사합니다.
B **Thank you for coming. Please make yourself at home.**
와 주셔서 감사해요. (격식을 차려) 편히 계세요.

A **Wow, it's a nice office. I like the view of Central Park.**
우와, 사무실 좋다. 센트럴 파크 뷰가 정말 좋은데.
B **Thank you. Make yourself comfortable. Would you like something to drink?** 고마워. 편히 있어. 마실 것 좀 줄까?

종교적인 느낌을 줄이며 성탄절을 축하할 때는

(Δ) Merry Christmas!
(o) Happy Holidays!

MP3 181

대다수의 미국인들에겐 크리스마스가 일 년 중 가장 큰 명절인데요. 그만큼 많은 사람들에겐 크리스마스가 의미 있는 날이고 연말 인사로 Merry Christmas를 쓰는 게 절대 틀린 표현이 아니지만, 요즘엔 Happy Holidays도 선호하는 추세입니다. 대부분의 미국인들이 크리스마스를 기념하지만, 유대교 명절인 하누카도 있고 여러 종교를 존중하자는 취지로 Happy Holidays가 좀 더 politically correct(정치적으로 올바른)하다는 분들도 있거든요. 둘 중 어떤 게 옳다고 하긴 어렵지만, 전 개인적으로 크리스마스를 기념한다는 걸 아는 지인에겐 Merry Christmas를 쓰고, 상대가 크리스마스를 기념하는지 확실치 않은 상황에서 비즈니스 이메일로 연말 인사를 전할 땐 종교적인 느낌을 줄여서 Happy Holidays를 씁니다.

1 연말 인사로 Merry Christmas 외에 다양한 표현들이 있다는 걸 참고하세요.

Merry Christmas!
(**크리스마스를 기념하는 사람들끼리 가장 보편적으로 쓰는**) 즐거운 크리스마스 보내세요!

Happy Holidays!
(**종교적인 느낌을 줄여 주는**) 연말연시 즐겁게 보내세요!

Season's Greetings!
연말연시 즐겁게 보내세요!

Happy New Year!
새해 복 많이 받으세요!
참고로 우리의 설날은 Lunar New Year라고 해요. 그런데 네이티브에게는 음력설이라는 이 표현보다 Chinese New Year가 조금 더 익숙하니 참고하세요.

이럴 때는 이렇게!

A **Happy Holidays!** 연말연시 즐겁게 보내세요!
B **Happy Holidays!** 네, 연말연시 즐겁게 보내세요!

A **Merry Christmas! I got something for you. It's nothing fancy.**
메리 크리스마스! 너 주려고 뭘 좀 준비했어. 비싼 건 아냐.
B **Aw, you shouldn't have.** 아이고, 뭘 이런 걸 준비했어.

참석 여부를 꼭 말해 줘야 하는 RSVP에 답할 때는

(x) 참석하지 않으면 굳이 얘기하지 않아도 됨.

(o) 참석하든 하지 않든 얘기해 줘야 함.

MP3 182

결혼식, 파티는 물론 사내 행사까지 RSVP를 하라고 얘기하는데요. RSVP는 프랑스어 Répondez s'il vous plaît의 줄임말로 '참석 여부 회신 부탁드립니다'란 의미입니다. RSVP를 해 달라고 하면 참석하든 안 하든 초대한 사람에게 꼭 얘기를 해 줘야 인원 수에 맞춰 음식, 음료 등을 준비할 수 있겠죠. 참석 못한다고 말하기 미안해서 그냥 아무 답장도 하지 않는 건 초대한 호스트를 배려하지 않는 행동이니, I wish I could be there, but I already have plans that night.(갈 수 있으면 좋을 텐데 그날 밤에 이미 약속이 있어서요.)처럼 간단하지만 정중히 참석하기 어렵다고 말해 주세요.

1 캐주얼한 파티인 경우 종이 초대장보다는 이메일 초대장이 더 흔하기에 단순히 참석 여부를 Yes, No로 클릭하면 되는 경우도 있어요. 하지만 특히 지인의 파티나 행사에 참석하지 못할 때는 다음과 같이 얘기해 주세요. 구구절절 설명할 필요 없이 간단히 말해도 충분합니다. 참석하지 못하는 사람들마다 장문의 메일이나 문자를 보낸다면 오히려 그게 호스트를 힘들게 하겠죠.

I'd love to go, but I already have plans at that exact time.
정말 가고 싶은데 딱 그 시간에 이미 약속이 있어.

I'd love to be there, but my husband and I will be out of town that weekend. I'm really sad, but when we get back, I will be the first to visit you and find out everything about the party! 정말 함께하고 싶은데 남편과 그 주말에 타 지역에 방문해야 해서 말이야. 정말 속상하지만 돌아오면 파티가 어땠는지 들으러 방문할게!

2 추가로 이 표현들을 덧붙여도 좋아요.

Thank you for thinking of me. 나를 생각해 줘서 고마워.

Please keep me in mind for the next party.
(**다음에 초대해 달라는 뉘앙스**) 다음 파티 때도 나 생각해 줘.

I hope you have a great time! 좋은 시간 보내기 바라!

3 참석한다면 이렇게 간단히 답변하세요.

That sounds great! I'll be there. 정말 재미있겠다! 꼭 갈게.

Thank you for the invitation. I wouldn't miss it for the world.
초대해 줘서 고마워. 무슨 일이 있어도 꼭 갈게.

I wouldn't miss it for the world.는 무슨 일이 있어도 절대 놓치지 않을 거란 의미로 꼭 참석하겠다는 강한 의지를 보여주는 표현입니다. 이 표현은 파티 전에 쓰고요, 파티 당일이나 이후에 호스트가 Thank you for coming.(와 줘서 고마워.)이라고 할 땐 과거로 I wouldn't have missed it for the world.(무슨 일이 있어도 절대 놓치지 않았을 거야.)라고 하면 됩니다.

상대에게 전화 건 후에는

(x) 바로 용건부터 말하기.

(o) Is this a good time?

MP3 183

우리도 지인에게 또는 업무상 전화를 건 후 상대에게 '지금 통화해도 괜찮아?'라고 예의상 물어보죠. 물론 가족이나 연인 사이에서라면 굳이 쓰지 않아도 되지만요. 이건 네이티브도 똑같아요. 누군가에게 전화를 걸고 지금 통화하기 괜찮은지 물어봐야 하는 사이라면, Is this a good time?을 쓰세요. 사실 이 표현은 전화 영어의 기본 에티켓이나 다름없으니, 상대가 전화를 받으면 바로 용건부터 말하지 말고 잠시 통화해도 괜찮은지 물어봐 주세요. 비슷한 표현으로 Did I catch you a bad time?(혹 지금 통화하기 어려워?)도 있는데요. 특히, 전화를 받은 상대가 평소와 달리 바쁜 것 같은 느낌일 때 자주 쓰는 표현입니다.

Is this a good time? 지금 통화해도 괜찮아?

Did I catch you at a bad time?
(**전화 받은 상대의 목소리가 분주해 보일 때**) 혹 지금 통화하기 어려워?

1 Is this a good time?은 이렇게도 쓰여요.

Is this a good time?
(**상대에게 질문하거나 말 걸기 전에**) 지금 시간 괜찮으세요?

Is this a good time to talk? 지금 대화해도 괜찮으세요?

Is this a good time to buy a house? 지금이 집을 사기 좋은 때인가요?

이럴 때는 이렇게!

Q **Is this a good time?**
지금 통화해도/얘기해도 괜찮아?

통화나 대화하기 좋은 시간일 때

A **You bet. What's up?** 그럼, 무슨 일이야?

You bet은 돈을 베팅해도 될 만큼 확실하다는 뉘앙스로 '당연하지, 그럼' 이란 의미입니다.

A **Sure. What's going on?** 그럼, 무슨 일인데 그래?

통화나 얘기하기 좋은 시간이 아닐 때

A **Actually, I'm in the middle of something. Can I call you back in 5 minutes?**
실은 내가 지금 뭐 좀 하는 중이라서. 5분 있다 전화해도 될까?

A **Actually, I'm driving. Can we talk about this over dinner?** 실은 운전 중이라서. 저녁 먹으면서 얘기해도 될까?

A **Ben, this is not a good time. I have company.**
Ben, 지금 얘기하기 좀 곤란해. 손님이 와 계셔서 말이야.

UNIT 7

너무 늦은 시간에 전화할 때는

(x) 바로 용건부터 말하기.

(o) I'm sorry to call you so late.

MP3 184

특히 퇴근 시간 지나서 비즈니스 관계에 있는 누군가에게 연락을 하거나,
캐주얼하게 알고 지내는 지인이라도 너무 늦은 시간에 연락할 땐 바로 용건부터 말하지 말고
I'm sorry to call you so late.(너무 늦은 시간에 전화해서 미안해.)라고 하세요.
우리도 평소에 자주 하는 기본 전화 예절인데, 막상 영어로는 깜박할 때가 있는 것 같아요.
꼭 전화 통화가 아니더라도 밤늦게 문자를 보낼 땐
I'm sorry to text you so late.(밤 늦게 문자 보내서 미안해.)을 써 주세요.

I'm sorry to call you so late, but I couldn't wait till the morning.
너무 늦은 시간에 전화해서 미안한데 아침까지 기다릴 수가 없어서.

Sorry to bother you this late, but I really need your help.
이렇게 늦은 시간에 귀찮게 해서 미안한데, 네 도움이 정말 필요해.
부사 this는 '이렇게, 이 정도로'란 의미입니다.

1 상대에게 너무 이른 시간에 연락할 땐 이렇게 쓰세요. 비즈니스 관계에 있는 사이에선 출근 시간 전인 9시 이전은 이른 시간으로 여기겠죠.

I'm sorry to bother you this early. I hope I didn't wake you.
이렇게 이른 시간에 귀찮게 해서 미안해. 내가 깨운 게 아니길 바라.

I'm sorry. I know it's early, but there's an urgent situation.
미안해. 이른 시간인 거 아는데 급한 상황이 있어서 말이야.

이럴 때는 이렇게!

A **I'm sorry to call you so late. I hope you weren't asleep.**
너무 늦은 시간에 전화해서 미안해. 잠든 게 아니었길 바라.

B **It's okay. I was just watching TV. What's going on?**
괜찮아. 그냥 TV 보고 있었어. 무슨 일이야?

A **I'm sorry to bother you this early, but I really need your help.**
이렇게 이른 시간에 귀찮게 해서 미안한데, 네 도움이 정말 필요해.

B **Sure. I hope it's nothing serious.**
그래. 심각한 건 아니면 좋겠는데.

타인과 나를 묶어 주격으로 얘기할 때는

(x) Me and my wife like it here.

(o) My wife and I like it here.

MP3 185

나와 타인을 같이 묶어 얘기할 땐 항상 내 자신보다 타인을 먼저 언급하는 게 보편적인 매너인데요. 나보다 상대를 먼저 챙겨 주는 느낌을 주는 거죠. 예를 들어, 주격에서 '내 아내와 나'를 얘기할 땐 'My wife and I'라고 해야 합니다. 주격이기에 me 대신 I를 써야 하죠. 'I and my wife'를 문법적인 측면에서 봤을 때 틀렸다고 할 수는 없지만, 특히 격식을 차려서 말할 땐 예의상 타인을 먼저 언급하고 그 다음으로 나를 언급하는 게 보편적이에요.

My wife and I like it here.
제 아내와 전 여기가 마음에 듭니다.

Janet and I are about to go to the gym.
Janet하고 나 막 헬스장에 가려던 참이야.
Be about to는 '막 ~하려는 참이야'란 의미입니다.

My friends and I saw that movie last weekend.
친구들과 나 지난 주말에 그 영화 봤어요.

1 목적격일 때도 나보다 타인을 먼저 언급하는 게 보편적인 매너입니다.

This is a picture of my husband and me.
이거 우리 남편과 제 사진이에요.

She gave it to Greg and me.
그분이 그걸 Greg와 제게 주셨어요.

이럴 때는 이렇게!

A **What are you up to?** 뭐 하고 있어?

B **Janet and I are fixing to go to the store. Do you need anything?**
Janet하고 나 막 마트에 갈 참인데 뭐 필요한 거 있어?

Be fixing to는 '막 ~할 참이야'란 의미입니다. 그리고 마트나 식료품점을 grocery store라고도 하지만 줄여서 그냥 store라고도 해요. 처음 미국에 갔을 때 친구들이 store에 가자고 해서 길가에 있는 상점을 가자는 건가 착각했는데, 알고 보니 마트나 식료품점에 가자고 하는 거였더라고요. 아니면 그냥 Walmart, Target, Whole Foods 등 상점 이름을 얘기하기도 합니다.

A **If you can pick up some milk, that would be great.**
우유 좀 사 오면 좋겠다.

A **This is a picture of my husband and me.**
이거 우리 남편과 제 사진이에요.

B **You look great together.** 두 분 함께 있는 모습이 정말 좋아 보이세요.

UNIT 9

약속 시간에 늦을 것 같다고 미리 말해 줄 때는

(x) I am going to be late.

MP3 186

(o) Sorry. I don't mean to be late, but I'm stuck in traffic.

차가 막히든 갑자기 예상치 못한 일이 생기든 약속 시간에 늦을 것 같을 땐 미리 연락을 줘야겠죠. 약속 시간에 늦을 때 가장 많이 하는 변명이 '차가 막혀서'이니 이걸로 연습해 볼게요. 차가 막혀 늦을 것 같을 땐 'Sorry. I don't mean to be late, but I'm stuck in traffic. (미안해. 일부러 늦으려고 한 건 아닌데 차가 막혀 꼼짝 못하고 있어.)'이라고 하세요. 단순히 늦을 거라고 통보하는 'I am going to be late'보다 'I don't mean to + 동사원형'을 쓰면 '일부러 ~하려는 건 아니야'란 뉘앙스로 특히 특정 일이 일어나기 전에 의도한 건 아니라고 미리 변명하는 뉘앙스입니다.

I don't mean to be rude, but I need to get going.
(**대화 중 가 봐야 한다고 말을 끊으면 상대가 무례하다고 생각할 수 있으니**) 무례하게 굴려고 하는 건 아닌데 저 가 봐야 해요.

I don't mean to put pressure on you, but I need you to decide now.
(**부담되는 말을 하기 전**) 네게 부담 주려는 건 아닌데 네가 지금 결정해 줘야 해.

I don't mean to complain, but how much longer is it going to take?
(**불평하기 전**) 불평하려는 건 아닌데 얼마나 더 걸려요?

1 일이 일어난 후에 의도한 건 아니었다고 변명할 땐 'I didn't mean to + 동사원형'을 쓰세요.

I didn't mean to be late, but I was stuck at work.
(**약속 시간에 늦은 후**) 일부러 늦게 온 건 아닌데 회사에 일이 많아 꼼짝 못했어.

I'm sorry. I didn't mean to upset you.
(**상대를 속상하게 한 후**) 미안해. 속상하게 하려고 한 건 아니었어.

이럴 때는 이렇게!

A **I don't mean to be late, but I am stuck in traffic.**
(약속 시간에 늦기 전) 일부러 늦으려는 건 아닌데 차가 막혀서 꼼짝 못하고 있어.

B **Thank you for the heads-up. Drive safely.**
미리 말해 줘서 고마워. 조심히 운전해서 와.

A **I didn't mean to be late, but I was stuck in traffic.**
(약속 시간에 늦은 후) 일부러 늦게 온 건 아닌데 차가 막혀서 꼼짝 못했어.

B **Well, you could have at least called.**
글쎄, 최소한 전화 정도는 해 줄 수 있었잖아.

친한 친구에게 이메일을 보낼 때 끝 인사말로는

(x) Sincerely,

(o) Always,

MP3 187

이메일 끝인사말로 상대와 나의 관계를 추측해 볼 수도 있을 만큼 네이티브는 친한 정도에 따라 다양한 표현들을 씁니다. 그런데 친한 친구에게 마치 비즈니스 이메일을 쓰듯이 Sincerely,나 Respectfully, 같은 표현을 쓰면 너무 딱딱하게 느껴질 수 있어요. 친한 친구에겐 Always, 또는 With love,처럼 친근한 표현을 써 주세요.
또 많은 분들이 비즈니스 이메일에서 Sincerely,만 쓰시는 경향이 있는데, 네이티브는 Sincerely, 외에도 다양한 표현들을 섞어 쓰니 아래 표현들도 참고해 주세요. 다 격식을 차린 상황에서 쓸 수 있는 표현입니다.

Best regards,

Warm regards, 또는 **Warmest regards,**
(회사 문화에 따라 조금 더 다정한 느낌을 주는 이 표현들을 써도 됩니다.)

Cordially,

1 특별한 끝인사말 없이 고마움을 표현하는 Thank you, 또는 좀 더 다정하게 Many thanks,로 끝내도 괜찮아요. 상대가 요청한 자료를 보낼 땐 특별한 끝인사말 없이 Hope this helps,(도움이 되었으면 좋겠네요.)로 끝내도 됩니다.

2 친한 지인에게 이메일을 보낼 땐 좀 더 다정한 끝 인사말을 써 주세요.

Always, **Take care,** **Thinking of you,**

Missing you, **Love, / With love,** (정말 친한 사이에서)

추천하는 표현은 아니지만 XOXO는 kisses and hugs의 줄임말입니다.

이럴 때는 이렇게!

격식을 차린 비즈니스 이메일에선

Best regards,
Amie Stein
Amie Stein 드림

정말 친한 친구에게 이메일을 보낼 땐

With love,
Amie
사랑을 담아서 Amie가

선후배 구별 없이 모두를 지칭할 때는

(x) I'm hanging out with my seniors.

(o) I'm hanging out with my friends.

MP3 188

우리는 학창시절 선후배라는 게 있지만 미국에는 선후배란 게 없이 모두 친구처럼 지냅니다. 그래서 선배들과 놀고 있다고 할 때 I'm hanging out with my seniors.라고 하면 정말 어색하게 들려요. Senior를 보면 네이티브는 '노인의' 또는 '고등학교 3학년/대학교 4학년'이란 뜻이 생각나니깐요. 대신, I'm hanging out with my friends.라고 하세요. 선후배를 따지지 않고 그냥 친구들과 놀고 있다고 하는 게 더 자연스러워요.

1 회화에서 Senior는 선배라는 의미가 아닌, 다음과 같은 뜻으로 쓰입니다.

We offer a senior discount. (고령자의)
저희는 경로 우대 할인을 제공합니다.

My daughter is a senior in high school. (고등학교 3학년)
제 딸은 고등학교 3학년입니다.

I'm a senior in college. (대학교 4학년)
저는 대학교 4학년입니다.

We're looking to hire a senior engineer. (경력직의)
저희는 경력직 엔지니어를 찾고 있습니다.

2 선후배 없이 그냥 친구이기에 부를 때도 그냥 이름을 부르면 됩니다.

This is my friend, Erika.
이쪽은 내 친구 Erika야.

Hey, Thomas, do you still have your notes from English 101? I was wondering if I could borrow your notes.
Thomas, English 101 수업 들었을 때 필기한 거 아직 가지고 있어? 필기한 것 좀 빌릴 수 있나 해서.
수업에 101이 붙으면 '000 개론'의 의미입니다.

이럴 때는 이렇게!

A **Sorry I missed your call. I was hanging out with some friends.** 전화 못 받아서 미안해. 친구들과 놀고 있었어.
B **Oh, it's okay.** 아, 괜찮아.

A **How was your weekend?** 주말은 어땠어?
B **It was good. I just hung out with my friends.** 좋았어. 그냥 친구들하고 놀았어.

'Hang out(놀다/어울리다)'의 과거형은 hanged out이 아닌 hung out이니 주의하세요.

I'm
hanging out
with
my friends.

어색한 침묵을 깨게 도와줄 비장의 스몰토크 무기 7개!

미국에 살면서 제가 정말 어려워했던 게 자연스러운 스몰토크였는데요. 잘 모르는 사람이 말을 걸어올 때는 대충 어느 정도에서 말을 끊을 수 있었는데, 특히 동료나 고객과 엘리베이터나 차에 같이 탈 때 음악으로도 가려지지 않는 어색함을 없애기 위해 늘 고군분투했어요. 여러분은 다음에 동료나 상사와 엘리베이터에 탔을 때 오늘따라 엘리베이터가 느리다며 속도를 탓하지 않고 가볍게 스몰토크를 시작할 수 있길 바라는 마음으로 아래 표현들 알려드려요.

1 안부를 물어봤을 때 좀 더 길게 답변하기

Q: **How are you?** 안녕하세요/ 오늘 하루 잘 보내고 계세요?

A: **Busy. I've been running around all morning. How's your day going?**
바쁘게 보내고 있어요. 아침 내내 여기 저기 다니느라 정신없네요. 오늘 하루 잘 보내고 계세요?

A: **Tired. It's been a long day today. It's only Tuesday, and I'm already ready for the weekend. How's your day going?**
피곤하네요. 오늘 정말 힘든 하루네요. 화요일밖에 안 됐는데 벌써 주말이 기다려져요. 오늘 하루 잘 보내고 계세요?

2 날씨

It's pouring out there, isn't it? 밖에 비가 엄청 쏟아지네요. 그렇죠?

It's a beautiful day today. 오늘 날씨가 정말 좋네요.

날씨에 따라 헤어질 때도 Have a good day.만 쓰지 말고 Stay dry.(비 안 맞도록 조심해.), Stay hydrated.(날씨가 더우니 물 많이 마셔.), Stay warm.(몸 따뜻하게 해.) 또는 Bundle up.(옷 따뜻하게 입어.), Enjoy the weather.(좋은 날씨 만끽하세요.) 등 다양한 인사말을 쓰세요.

3 시기

I can't believe it's already Christmas. 벌써 크리스마스라니 믿기지가 않는걸.

I can't believe it's already March. 벌써 3월이라니 믿기지가 않네요.

Spring is in the air. 봄기운이 완연하네.

덧붙일 수 있는 표현:

Time flies. 시간 참 빨리 가네요.

4 간단한 칭찬하기

I like your shirt. It looks good on you. 셔츠가 예쁜데요. 잘 어울리세요.

I heard you just got promoted. Congratulations. 승진하셨다면서요. 축하드려요.

5 고향 묻기

Are you originally from Atlanta? 원래 애틀랜타 출신이세요?

Did you go to school here? 학교도 여기에서 다니셨어요?

덧붙일 수 있는 표현:

Do you miss Atlanta? 애틀랜타가 그립지는 않으세요?

6 공통적으로 아는 지인 얘기하기

Do you still talk to Brooke? 아직 Brooke과 연락하세요?

I heard April just had a baby. April이 얼마 전 출산했다고 들었어요.

7 회사 얘기하기

How long have you been working here? 여기서 근무하신 지 얼마나 되셨어요?

스몰토크는 말 그대로 잡담이기에 끝이 없고 이 외에도 정말 다양한 주제들에 대해 얘기할 수 있지만, 정말 할 얘기가 마땅히 없을 때는 위의 표현들로 일단 시작하세요.

CHAPTER 2

전율이 느껴지는
반전 영어 표현

UNIT 1

I lied.의 숨은 뜻은?

MP3 189

(x) 나 거짓말했어.

(o) (실수로 잘못된 정보를 준 후 툭 던지는 말) 제가 잘못 말씀드렸어요.

I lied는 단순히 착각하거나 실수로 잘못된 정보를 준 후 인정할 때 자주 쓰입니다. 이땐 정말 죄책감에 시달리며 거짓말해서 미안해하는 느낌보단 '아이쿠, 죄송해요. 잘못 알려 드렸네요'라고 툭 던지듯 하는 말이 돼요. 예를 들어, 착각해서 실수로 동료에게 오늘 날짜를 잘못 알려 주고 I lied.(아이쿠, 미안. 잘못 알려 줬네.)하며 제대로 된 정보를 줄 때 쓰지요. 평소 정말 자주 쓰는 표현이니 네이티브가 I lied.라고 했다고 해서 매번 거짓말했다는 걸 인정하는 거라고 착각하면 안 돼요.

It's Tuesday. Oh, I lied. It's actually Wednesday.
화요일이야. 아, 아이쿠, 미안. 실은 수요일인데 잘못 알려 줬네.

I lied. I said that was the last item. I actually have one more to talk about.
(미팅이나 프레젠테이션 진행 중 마지막 안건이라고 생각했는데 사실 한 가지 주제가 더 남았을 때)
아이쿠, 죄송해요. 마지막 안건이라고 잘못 알려드렸는데 실은 말씀드릴 게 한 가지 더 있네요.

1 물론 정말 거짓말했다는 걸 인정할 때도 씁니다.

Yes, I lied. What are you going to do about it?
그래. 내가 거짓말했다. 그래서 뭐 어쩔 건데?

I'm sorry that I lied.
거짓말해서 미안해.

이럴 때는 이렇게!

A **What day is it today?** 오늘 무슨 요일이야?
B **It's Tuesday. Oh, I lied. It's actually Wednesday.**
화요일이야. 아, 아이쿠, 미안. 실은 수요일인데 잘못 알려 줬네.

A **I'm sorry that I lied.** 거짓말해서 미안해.
B **Honestly, I'm a little disappointed in you.**
솔직히 말해서, 너한테 조금 실망했어.

You're silly.를 듣고도 화를 내지 않는다?

MP3 190

(x) 넌 멍청해.

(o) 넌 참 엉뚱해, 못 말린다니깐.

네이티브들이 농담처럼 쓴 You're silly.를 듣고 '설마 나보고 방금 멍청하다고 한 건가' 하며 속상해하시는 분들이 많더라고요. 사실, 전 누군가 장난스레 You're silly라고 하면 오히려 '그만큼 우리가 친해졌다고 생각하는구나' 하며 좋아해요. Silly는 상대가 엉뚱한 말이나 행동을 했을 때 '에이~ 바보야~'처럼 쓰는 거지, 정말 머리가 나쁘다는 stupid와는 다르거든요. 그러니 누군가 내게 장난스레 You're silly라고 하면 기분 나빠하지 마세요. 물론 You're stupid.이라고 하면 발끈하며 Excuse me?(뭐라고요?)라고 해야 합니다. 이 silly는 장난스런 말투로 가볍게 말하는 게 중요합니다. 마치 귀여운 아이가 엉덩이를 씰룩거리며 춤을 출 때 엉뚱한 행동이 사랑스럽기도 하고 황당하기도 한 느낌이 silly라고 생각해 주세요.

Oh, you're silly.
(**상대가 엉뚱한 말이나 행동을 했을 때**) 에이, 넌 참 엉뚱해. 못 말린다니깐.

Don't be silly.
(**상대가 엉뚱한 말을 했을 때**) 그게 무슨 소리야~

Don't be silly.
(**내가 베푼 호의에 상대가 미안해 할 때**) 에이, 뭐 그런 거 가지고 그래.

1 좀 더 부드럽게 쓰고 싶다면 You're silly. 대신 You're being silly.를 쓰세요. You're silly.는 상대가 늘 엉뚱하다는 뉘앙스이지만, You're being silly.는 특정 상황에서만 엉뚱하게 굴고 있다는 의미거든요.

You're being silly.
(**머리가 나쁜 게 아닌 특정 상황에서 엉뚱하게 행동한다는 뉘앙스**) 너 바보처럼 왜 그래.

I'm just being silly.
그냥 바보처럼 장난치는 거야.

이럴 때는 이렇게!

A **Look! I made up a new dance move!**
봐 봐! 내가 새로운 춤 동작을 개발했어.

B **You're so silly.** (못 말린다며 귀엽게 보고 웃으면서) 진짜 엉뚱해. 못 말린다니깐.

A **What if you change your mind?**
(미리 걱정) 네가 마음을 바꾸면 어떻게 해?

B **You're being silly. I'm not going to change my mind. I promise.**
(상대를 타이르듯) 너 바보처럼 왜 그래. 마음 안 바꿀 거야. 약속해.

UNIT 3

Of course가 Thank you의 답변?

(x) (거만) 당연히 네가 고마워 해야지.

(o) (겸손) 당연히 해드려야죠.

MP3 191

Thank you의 답변으로 네이티브가 Of course를 자주 쓰는데요. 이때 Of course의 정확한 뉘앙스를 모르면 '그럼, 네가 당연히 고마워해야지!'란 뉘앙스로 받아들이고 상대를 거만한 사람이라고 오해할 수 있어요. 사실, 이때 Of course의 의미는 정반대나 다름없거든요. 거만한 게 아닌, 오히려 겸손하게 '당연히 해드려야죠/도움 드려야죠'란 뉘앙스로 쓰인 거예요. 자칫 오해할 수 있는 표현이니 꼭 정확히 알아두세요. 회화는 물론 비즈니스 상황에서도 자주 쓰이는 표현입니다.

1 Of course 뒤에 추가로 덧붙여 말해도 좋아요.

Of course. It's the least I can do.
당연한 일인걸요. (**내가 할 수 있는 최소한의 도리**) 이 정도는 제가 해드려야죠.

Of course. Anytime.
당연히 도와드려야죠. 언제든지요.

2 또 당연히 누군가에게 고마움을 표현해야 한다고 할 때도 이렇게 쓸 수 있습니다.

Of course, I'd like to thank you all for your support.
당연히 제 편이 되어 주신 모든 분들께 감사 인사 전합니다.
네이티브가 Thank you for your support.란 표현을 자주 쓰는데요. 좋을 때든 나쁠 때든 나를 지지해 주고 도와줘서 즉, 내 편이 되어 줘서 고맙다는 뉘앙스입니다.

Of course, thank you both, for being with us today.
두 분, 오늘 함께해 주셔서 당연히 감사 인사드립니다.

이럴 때는 이렇게!

A **Thank you for coming.** 와 주셔서 감사합니다.
B **Of course. I wouldn't have missed it for the world.**
당연히 와야죠. 무슨 일이 있어도 놓치지 않았을 거예요.

A **Thank you for your help.** 도와줘서 고마워.
B **Of course. Anytime.** 당연히 도와줘야지. 언제든지 말이야.

This place is sick!의 놀라운 뜻

(x) 이 장소는 나를 아프게 해!

(o) 여기 정말 끝내준다!

MP3 192

쓰는 사람들이 한정된 슬랭을 개인적으로 좋아하진 않지만, 그래도 우리말로 '쩌는'의 느낌이 나는 sick은 생각보다 많은 사람들이 쓰는 표현이고, 정확한 뉘앙스를 모르면 의사소통이 안 될 수 있기에 여러분이 의미 정도는 알고 계셨으면 좋겠어요. This place is sick!(여기 정말 끝내준다!)은 아프다는 뜻이 아닌 멋지다고 칭찬할 때 쓰여요. 이와 비슷하게 This place is neat!(여기 정말 근사하다!)도 정리정돈 됐다란 뉘앙스보다 뭔가 멋지고 훌륭하단 의미로 씁니다.

This music is sick, bro.
야, 이 노래 진짜 끝내준다.

It may be neat, but it's also very expensive.
멋질지는 몰라도 동시에 정말 비싸기도 해.

1 정말 뭔가 훌륭하고 근사할 땐 다음 표현들을 추천합니다. 비즈니스 환경에서도 쓸 수 있는 표현입니다.

This is impressive.
(**감명 깊고 인상 깊을 정도로 정말 멋질 때**) 이거 정말 훌륭한걸.

This is incredible.
(**믿기지 않을 만큼 좋을 때**) 이거 정말 놀라운걸.

This is mind-blowing.
(**정말 신선한 충격이라 신나고 흥분될 때**) 이거 정말 놀라운걸.

This is remarkable.
(**주목할 만큼**) 이거 정말 놀라운걸.

이럴 때는 이렇게!

A **Dude, this car is sick.** 야, 이 차 진짜 끝내준다.

B **Yeap. It cost me a fortune, but it's worth it.**
응, 엄청 비쌌는데 그래도 그만한 가치를 해.

Fortune은 '(엄청난) 재산, 거금'이란 의미가 있어요. 매출액 기준 미국 최대 기업 500개를 Fortune 500라고 하는 것처럼요. 그래서 It cost me a fortune.이라고 하면 엄청난 거금이 들었다는 의미로 정말 비쌌을 때 씁니다. 같은 의미로 'It cost me an arm and a leg.(팔, 다리 하나씩을 내줘야 할 정도로) 정말 비쌌어.'도 은근 자주 쓰입니다.

A **How was the show?** 쇼는 어땠어?

B **It was literally mind-blowing.**
(정말 신선한 충격이라 신나고 흥분될 때) 진짜 놀라웠어.

UNIT 5

상황에 따라서 의미가 다른 Speak English!

(x) 영어가 서툰 사람에게 하는 인종 차별 발언

(o) 알아듣게 말해!

MP3 193

Speak English를 영어가 서툰 사람에게 하는 인종 차별 발언이라고만 알고 있으면 안 돼요. 물론 불쾌한 상황에서 쓰이기도 하지만, 상대가 기술, 의학 등 특정 분야의 전문 용어를 써 가며 알아듣기 어렵게 설명할 때 무슨 말인지 이해되지 않으니 '쉽게/알아듣게 (영어로) 말해'란 의미로도 쓰이거든요. 특히 원어민들끼리는 자주 쓰는 표현이기에 정확한 뉘앙스를 알아두세요. 줄여서 English!라고 쓰기도 합니다.

1 영화 〈어벤져스〉에서 아이언맨이 기술 용어를 써 가며 복잡하게 설명하자 다들 무슨 소리인지 모르겠다는 표정을 지었어요. 그때 헐크인 Dr. Banner가 자신의 말을 이해하자 이렇게 말합니다.

"Finally, someone who speaks English. It's good to meet you, Dr. Banner."
드디어 말이 통하는 사람을 만났네요. 만나서 반갑습니다, Banner 박사.

2 Speak English는 특정 상황에 따라서는 영어로 말하라는 의미로도 쓰이긴 합니다. 특히 학교에서 한국 학생들끼리 몰려다니며 아무도 이해 못하게 한국어로만 얘기할 때 선생님이 Speak English!(영어로 말해야지!)라고 하시면, 이땐 선생님이 인종 차별 발언이 아닌 학생들의 영어 공부를 돕기 위한 의도로 하신 말씀이겠죠. 하지만 모르는 사람이 다짜고짜 와서 인종 차별 발언으로 Speak English! 이렇게 말하면, 이땐 불쾌함을 표현하며 'Excuse me?(뭐라고요?)' 또는 'What did you say?(방금 뭐라고 하신 건가요?)'라고 하며 발끈해야겠죠.

이럴 때는 이렇게!

A **Speak English.**
(너무 어렵게 설명해서 무슨 말인지 모르겠으니) 알아듣게 말해.

B **What I'm trying to say is, we don't have much time.**
내가 하려는 말은, 우리에게 시간이 얼마 안 남았다는 거야.

A **Speak English!**
(학교에서 한국 학생들끼리 몰려다니며 한국어만 쓰자 선생님이) 영어로 말해야지!

B **Okay. Sorry.** 알겠어요. 죄송해요.

칭찬의 의미인 You're on fire!

(x) **너 얼굴이 빨개!**

(o) (열정이 활활 타오를 만큼) 불 붙었구나!

MP3 194

네이티브들은 탄력 받아 열심히 한다는 칭찬의 말로 You're on fire!를 자주 씁니다. 특히 학교나 회사에서 누군가 열정이 활활 타오를 만큼 뭔가 열심히 할 때, 더 열심히 하라고 동기를 부여해 주기 위해 자주 써요. You're on fire.가 단어로만 보면 칭찬으로 쓰이는 게 아닌, 불이 붙은 것처럼 얼굴이 빨갛다는 뉘앙스로 오해할 수도 있으니 정확히 알아두세요. 참고로, 상대의 얼굴이 빨개졌다고 할 땐 You're on fire.가 아니라 You're blushing.(볼 빨개졌네.), You're turning red.(너 얼굴이 빨개지고 있어.)라고 하면 됩니다.

You're on fire!
(**잘하고 있다는 뉘앙스로**) 완전 탄력 받았네!/ 불 붙었네!

I'm on fire!
(**뭔가 열정적으로 몰입할 때**) 나 완전 탄력 받았어!/ 불 붙었어!

1 비슷한 형태로 상대가 탄력 받아 불 붙어서 승승장구할 땐 be on a roll을 쓰는데요. 그 어떤 것도 막는 것 없이 데굴데굴 잘 굴러간다는 뉘앙스로 정말 잘 나간다는 의미입니다.

You're on a roll!
(**승승장구하며 잘하고 있을 때**) 너 정말 잘 나간다!

2 상대가 내게 승승장구한다고 칭찬해 주면 이렇게 말하세요.

Thank you. I couldn't have done it without your help.
고마워. 다 네가 도와준 덕분에 잘된 거지.

Oh, I just got lucky, but thank you.
그냥 운이 좋아서 그런 건데 뭐. 그래도 고마워.

I still have a long way to go, but thank you.
아직 갈 길이 멀긴 하지만 그래도 고마워.

이럴 때는 이렇게!

A **You're on fire!** (잘하고 있다는 뉘앙스로) 완전 탄력 받았네!
B **Aw, thank you.** 아, 고마워요.

A **You're on a roll. I'm so proud of you.**
너 정말 승승장구하는걸. 아주 대견해.
B **Oh, I still have a long way to go, but thank you.**
아이고, 아직 갈 길이 먼데요. 그래도 감사합니다.

UNIT 7

음식 앞에 mean이 쓰일 때는

(x) 못된

(o) 기막히게 맛있는

MP3 195

형용사 mean은 사람의 성정이 못되거나 심술궂게 행동하는 걸 묘사할 때 쓰이지만,
음식 앞에 놓이면 기막히게 맛있고 훌륭하다는 의미가 됩니다.
특히, 누군가의 요리 실력을 칭찬할 때 자주 쓰이기에 정확한 뉘앙스를 꼭 기억해 주세요.

Brian makes a mean curry.
Brian은 카레를 기가 막히게 잘 만들어.

My mom makes a mean kimchi stew.
우리 엄마는 김치찌개를 끝내주게 잘하셔.

This place up here makes a mean burger.
여기 위에 있는 음식점은 버거를 끝내주게 잘 만들어.

1 이 외에 누군가의 요리 실력을 칭찬할 땐 이렇게 쓰세요.

You are a great cook!
(**특히 누군가 내게 음식을 대접했을 때**) 너 요리 정말 잘한다!

She made this from scratch.
그녀가 이거 처음부터 직접 다 만들었어.

Make from scratch는 '맨 처음부터 만들다'란 의미로, 특히 맛집이나 요리를 잘하는 사람이 자신만의 레시피로 모든 재료를 직접 공수해 처음부터 다 만들 때 쓰는, 능력자를 나타내는 표현입니다. 음식을 만들 때 외에도 뜨개질이나 자수처럼 뭔가를 처음부터 직접 다 만들었다는 걸 강조할 때 자주 쓰기도 합니다.

이럴 때는 이렇게!

A **Do you want to come over for dinner tonight? I'm making kimchi stew.**
오늘 밤에 저녁 먹으러 올래? 김치찌개 만들 거거든.

B **I'd love to! You make a mean kimchi stew. It's my absolute favorite.**
좋지! 너 김치찌개 정말 끝내주게 잘 끓이잖아. 내가 정말 좋아하는 건데.

Favorite은 '매우 좋아하는'이란 형용사로도 쓰이지만, '특히 좋아하는 것/물건'이란 명사로도 쓰입니다.

A **Wow, this is delicious! You're a great cook!**
(상대가 내게 음식을 대접했을 때) 이거 정말 맛있다! 너 요리 정말 잘한다!

B **Oh, I just followed the recipe.** 에이, 그냥 레시피대로 따라 했을 뿐인걸.

그동안 몰랐던 freak의 다른 뜻

(x) 괴짜, 괴물

(o) ~에 광적으로 관심이 많은 사람

MP3 196

Freak는 괴짜처럼 이상한 사람이란 의미도 있지만 뭔가에 광적으로 관심이 많은 사람이란 뜻으로 더 자주 쓰여요. 예를 들어, 전 어릴 때부터 몸에 좋다는 건 다 챙겨 먹으려고 하는, 건강 관리에 지나칠 정도로 관심이 많은 health freak인데요. 이때 health freak는 건강 괴짜가 아닌, 유난히 건강을 챙기는 사람이란 의미입니다.
물론 너무 과할 만큼 지나치게 건강을 챙긴다는 부정적인 뉘앙스로도 쓸 수 있지만, 건강한 라이프 스타일을 유지한다는 긍정적인 뉘앙스로도 쓰이니 freak를 안 좋은 단어로만 생각하지 마세요.

neat freak (**긍정적**) 유난히 깔끔을 떠는 사람, 정리정돈 잘하고 깔끔한 사람
(**부정적**) 결벽증이라고 느낄 정도로 과하게 깔끔을 떠는 사람

control freak (**부정적인 뉘앙스**) 모든 걸 제멋대로 통제하는 사람

1 Freak는 동사로도 자주 쓰이는데, 동사로 쓰일 땐 뒤에 out을 붙여 freak out(깜짝 놀라다, 어쩔 줄 몰라 하다)으로 쓰입니다. 마치 괴짜, 괴물(freak)이 나와(out) 깜짝 놀라 당황할 때마냥 쓰여요.

I think I lost my passport. I'm freaking out!
나 여권 잃어버린 것 같아. 어떻게 해!

Don't freak out until you're 100 percent sure.
100% 확실할 때까지 당황하지 마.

이럴 때는 이렇게!

A **Did you take your vitamins? Also it's hot out there, so make sure to stay hydrated.**
비타민 먹었어? 또 밖의 날씨 더우니까 물 많이 마셔야 해.

B **You're such a health freak.** 넌 정말 건강 엄청 챙긴다.

A **I think I lost my ID. I'm freaking out!**
나 신분증 잃어버린 것 같아. 어떻게 해!

B **Emma, just breathe. Don't freak out until you're 100 percent sure.**
Emma, 숨 쉬면서 진정해. 100% 확실할 때까지 당황하지 마.

UNIT 9

have an attitude의 놀라운 뜻

(x) 태도를 갖다

(o) 건방진 태도를 취하다

MP3 197

Attitude가 그냥 단순히 태도나 마음가짐을 의미할 때도 쓰이지만,
'반항적인/고집스런 태도'란 의미로도 쓰입니다. 그래서 have an attitude라고 하면
'건방진 태도를 취하다, 끝까지 우기다'란 뜻이 돼요.
Attitude 단어에 숨겨진 뜻이 있다는 걸 꼭 기억해 주세요.

She has an attitude. 그녀는 건방져.

I don't have an attitude. 전 건방지지 않아요.

1 Attitude는 단순히 태도나 마음가짐을 의미할 수도 있어요.

I don't like your attitude.
(**특히 상대방의 건방진 태도에 대해 불평할 때**) 난 네 태도가 맘에 안 들어.

That's the right attitude!
그게 올바른 마음가짐이지!

2 상대가 무례하게 굴어서 한마디 안 할 수 없는 상황이라면 이렇게 말하세요.

I know you're going through a lot, but that doesn't excuse your poor attitude.
요즘 널 힘들게 하는 일이 많은 건 아는데, 그렇다고 해서 이렇게 안 좋게 행동하면 안 되지.

You always have something negative to say.
넌 항상 불평불만이더라.

Enough. This conversation is over now.
그만해. 더 이상 얘기하지 말자.

이럴 때는 이렇게!

A **She has an attitude.** 그녀는 건방져.
B **Really? She seemed nice to me.** 정말? 난 좋게 봤는데.

A **I'm going to give it another shot.**
(원하는 대로 안 됐지만 그래도) 다시 한 번 해 볼 거예요.
B **Atta girl. That's the right attitude!** 역시! 그게 올바른 마음가짐이지!

Atta girl은 자신보다 어린 여성에게 '역시, 잘한다, 장하다'의 격려의 말로 자주 쓰입니다. 자신보다 어린 남성에게 격려를 할 땐 Atta boy를 씁니다. 친분이 있는 사이에서 쓰이는 표현이니 참고하세요.

먼저 가라고 양보할 때는

(Δ) You first!

(o) Go ahead! 또는 After you!

MP3 198

상대에게 양보할 때 You first가 틀린 건 아니지만 말투에 따라 서로 원치 않은 일을 상대에게 미룰 때 '네가 먼저 해!'란 느낌으로 쓰일 수 있어요. 그래서 You first보다는 덜 예민한 Go ahead나 After you를 쓰는 게 더 안전해요. 사실 상대가 한 후에 내가 하겠다는 뉘앙스인 After you보다 주저하지 말고 원하는 대로 계속 진행하라는 뉘앙스인 Go ahead를 쓸 수 있는 상황이 더 많습니다.

Go ahead/ After you.
(**엘리베이터에서 버튼을 눌러 주며 먼저 내리라고 양보할 때**) 먼저 내리세요.

Go ahead. I need more time to think.
(**카페 주문대 앞에서 뒷사람에게**) 먼저 하세요. 생각할 시간이 더 필요해서요.

Go ahead.
(**대화 중 말이 겹쳤을 때**) 먼저 말씀하세요.

1 You first는 이렇게 쓰여요.

You first.
(**상냥한 미소와 함께 친절히 양보하며**) 먼저 가세요/하세요.

You first.
(**하기 싫은 걸 상대에게 서로 미루며**) 네가 먼저 해!

2 Go ahead는 'Go ahead and + 동사원형'으로 결정한 대로 고민 없이 진행하거나 추진하는 걸 권장할 때도 쓰입니다. 굳이 go ahead 없이 동사원형만 써도 의미 전달이 되기에 생각보다 쉽게 쓰기 어려운 표현이죠.

I'm running late, so go ahead and start without me.
난 늦을 것 같아서 나 없이 먼저 시작해.

It's already 5:30. Let's go ahead and call it a day.
벌써 5시 반이니 (**주저 말고**) 오늘은 여기까지 하고 마무리하자.

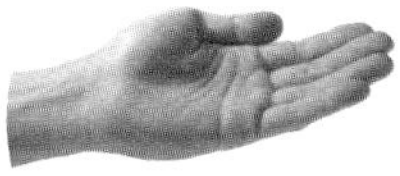

이럴 때는 이렇게!

A **Go ahead.** (엘리베이터 버튼을 눌러 주며 먼저 내리라고 양보할 때) 먼저 내리세요.
B **Thank you.** 고맙습니다.

A **You first!** (서로 하기 싫은 걸 미루며) 네가 먼저 해!
B **No, you first!** 싫어, 네가 먼저 해!

UNIT 11

I'm happy for you.의 정확한 뜻

(△) 너 때문에 행복해.

(o) (상대에게 좋은 일이 생겼을 때) 잘됐다!

MP3 199

상대에게 잘됐다고 축하해 줄 때 Good for you가 틀리지는 않지만
Good for you는 말투에 따라 '잘됐네, 잘됐어~'라며 비꼬아 말할 때도 쓰여요.
물론 모든 게 말투가 가장 중요하지만, 상대를 빈정 상하게 할 수 있어
특히 조심해야 하는 표현이니 오해의 소지가 더 적은 I'm happy for you.를 쓰세요.
I'm happy for you.는 직역하면 '난 널 위해 행복하다'라고 생각할 수 있지만
정확한 뉘앙스는 '잘됐다'란 의미로 좋은 일을 축하해 줄 때 자주 쓰입니다.

1 상대에게 좋은 일이 생겨서 축하해 줄 땐 다음 표현도 많이 쓰입니다.

Congratulations on your promotion! I'm very happy for you.
승진 축하해! 정말 잘됐다.

You deserve it.
넌 그럴 만해.

No one deserves this more than you.
(**네가 잘돼야 마땅하다는 뉘앙스**) 너 말고 이걸 누릴 사람이 누가 있겠니.

Congrats. Your hard work finally paid off.
축하해. 열심히 노력한 게 드디어 빛을 발했네.

Congratulations on a new chapter in your life. This calls for a celebration!
(취업, 결혼, 출산 등 인생의 새 출발을 기념할 때) 인생의 새로운 장을 축하해. 같이 기념해야지!

I know it wasn't the easiest decision to make, but congrats on your new beginning.
결코 쉬운 결정이 아니었다는 거 알지만 그래도 새 출발 축하해.

이럴 때는 이렇게!

A **Hope you're thrilled about your new job. I couldn't be happier for you.**
새로운 직장에 가는 게 정말 설레길 바라. 진심으로 너무 잘됐다.

B **Thank you. I couldn't have done it without you.**
고마워. 잘된 건 다 네 덕분이야.

A **I just bought another Lamborghini.**
(평소 재력을 지나치게 과시하는 친구가) 이번에 람보르기니 한 대 더 샀어.

B **Good for you.** (비꼬며) 잘됐네.

interesting이 무조건 좋은 뜻만은 아니다?

MP3 200

(△) 흥미로운

(o) (호기심을 자극해서) 흥미로운, 특이한, 별난

Interesting을 재미있고 흥미로울 때 쓴다고 생각하시는 분들이 많은데요. 사실 interesting은 재미있는 fun과 달리 뭔가 호기심을 자극해서 흥미로울 때도 쓰지만, 특이하고 별날 때도 자주 쓰여요. 음식에 쓰면 진짜 평소에 먹어 보지 못한 흥미로운 맛이라고 할 때도 쓰고, 단순히 이상하고 별난 맛일 때도 씁니다. 사람에게 쓸 땐 정말 신기하고 특별한 사람이라는 의미도 있지만, 이상하거나 별종이란 의미로도 쓰이기에 상황에 따라 부정적인 뉘앙스를 갖기도 합니다. Interesting의 이런 이중적인 의미가 걱정돼 평소 편히 쓰기가 고민된다면, 정말 흥미로울 땐 아예 강조해서 fascinating(대단히 흥미로운)을 쓰세요. 마음을 사로잡을 정도로 대단히 흥미로울 때 쓰는 좋은 표현입니다.

It's interesting to see the difference.
차이점을 보니 흥미롭네요.

That's an interesting question.
(**정말 호기심을 자극해서 흥미로울 수도 있지만, 주로 상대가 이상한 질문을 할 때 부드럽게 돌려 말하며**) 그건 예상치 못한 질문이네요.

It has an interesting texture.
(**음식을 먹는데 평소에 먹어 보지 못한 식감일 때**) 특이한 식감이네.

David is an interesting character.
(**평범한 사람과는 다른 별종일 때**) David는 정말 특이한 성격/기질을 가졌어.

I find it very interesting.
난 그게 정말 흥미롭다고 생각해.

이럴 때는 이렇게!

A **How was the seminar?** 세미나는 어땠어?
B **It was very interesting.** 정말 흥미로웠어.

A **Why is a tennis ball fuzzy?**
왜 테니스공에는 솜털이 보송보송하게 나 있나요?
B **That's an interesting question.**
(정말 호기심을 자극해서 흥미로울 수도 있지만, 주로 상대가 이상한 질문을 할 때 부드럽게 돌려 말하며) 그건 예상치 못한 질문이네요.

UNIT 13

이중적 뉘앙스의 I wish you the best.

(△) 좋은 일만 가득하길 바라.

(o) (정말 진심일 수도 있지만 헤어질 때 인사차) 앞으로 좋은 일만 가득하길 바라.

MP3 201

제가 대학교 4학년 때 미국은 금융 위기에서 아직 회복 중이라 취업 비자를 스폰서 해 주는 회사를 찾기가 정말 힘들었는데요. 수많은 회사에 지원서를 넣어도 결국 답변은 'We wish you the best.(앞으로 좋은 일만 가득하길 바랍니다.)'로 끝나는 메일만 받은 것 같아요. 이때 'wish + 명사'의 이중적 뉘앙스가 정확히 느껴지더라고요. 'Wish + 명사'는 'We wish you a merry Christmas' 캐럴처럼 정말 진심으로 상대에게 바라줄 때도 쓰지만, 앞으로 딱히 볼 일 없는 사이에서 예의상 인사차 쓰이기도 합니다. 연인들이 헤어질 때, 앞으로 장기간 볼 일이 없는 사이에서 상대에게 '앞으로 좋은 일만 가득하길 바라요', '늘 행복하세요' 식의 말투가 'wish + 명사'에 숨어 있으니 꼭 알아두세요.

I wish you all the best. I really do.
(**연인과 헤어지며**) 앞으로 좋은 일만 가득하길 바라. 정말로.

I wish you the very best of luck. Thank you.
(강연을 마무리하며 참가자들에게 진심으로 앞으로 좋은 일만 있길 바라줄 수도 있지만, 단순히 인사말로 쓰였을 수도 있음)
앞으로 정말 좋은 일만 가득하시길 바랍니다. 감사합니다.

1 'Wish + 명사'는 정말 진심으로 바랄 때도 쓰입니다.

I called to wish you luck at the conference.
컨퍼런스 잘하고 오라고 빌어 주려고 전화했어.

I wish you and James all the best.
(**결혼하는 친구에게**) 너와 James에게 앞으로 좋은 일만 있길 바라.

이럴 때는 이렇게!

A **I wish you all the best. I really do.**
(연인과 헤어지며) 앞으로 좋은 일만 가득하길 바라. 정말로.

B **Good-bye, Harvey.** 잘 있어. Harvey.

A **I called to wish you luck at the conference.**
컨퍼런스 잘하고 오라고 빌어 주려고 전화했어.

B **Aw, you're so sweet. Thank you.** 아. 다정하기도 하셔라. 고마워.

I wish you the best.

YOU'RE A WINNER!

여기까지 오느라 정말 고생 많으셨습니다.
끝까지 온 여러분은 진정한 승리자입니다!
끝까지 했다는 희열은 해본 사람만이 느낄 수 있지요.
앞으로도 여러분의 영어 학습이 승승장구하기를 기원합니다.